AF414190

ESTRATEGIA

Diseño de tapa:
JUAN PABLO OLIVIERI

ALBERTO LEVY

ESTRATEGIA

Comando cognitivo del conflicto
entre organizaciones complejas

GRANICA

ARGENTINA - ESPAÑA - MÉXICO - CHILE - URUGUAY

Levy, Alberto
  Estrategia : comando cognitivo del conflicto entre organizaciones complejas / Alberto Levy. - 1a edición especial - Ciudad
Autónoma de Buenos Aires : Granica, 2023.
  328 p. ; 22 x 15 cm.

  ISBN 978-987-8935-54-6

  1. Estrategias Empresariales. I. Título.
CDD 658.40301

*Puedes detectar si un ser humano es inteligente
por sus respuestas.
Puedes detectar si un ser humano es sabio
por sus preguntas.*
NAGUIB MAHFOUZ

*Mi continua pasión es correr una cortina,
esa sombra invisible que cae entre la gente,
el velo de la indiferencia ante la presencia del otro, del
asombro del otro, de su condición humana.*
EUDORA WELTY

*Todos los días me recuerdo a mí mismo que mi vida
interna y externa están basadas en el esfuerzo de otros,
vivos y muertos, y que debo esforzarme para dar en la
misma medida que he recibido y que sigo recibiendo.*
ALBERT EINSTEIN

*Os di para escoger entre el bien y el mal
y entre la vida y la muerte.
Y os exhorté a escoger el bien y la vida.*
DEUTERONOMIO 30:19

*Contén el llanto de tu voz, y tus ojos de derramar lágrimas
porque hay una recompensa por tu esfuerzo y hay
esperanza en tu futuro -
Tus hijos van a retornar a su tierra.*
JEREMÍAS 31:16-17

Índice

Introducción y reconocimientos

En las últimas épocas, muchos están hablando de la "economía del comportamiento" asumiendo que esta perspectiva explica más adecuadamente la forma de actuar del ser humano al tomar decisiones de consumo o de inversión. Pues bien, a nosotros nos suena despreciativamente "pavloviana" esta perspectiva ya que el comportamiento no es lo que nos debe importar. Le muestro la galletita al perro y el perro saliva.

En lugar del comportamiento, en el mundo de la estrategia, lo que nos debe importar es la cognición. Entre el estímulo y la respuesta resulta que hay una mente que emerge de cien mil millones de neuronas y sus interrelaciones sinápticas en un cerebro. Con esto queremos decir que preferimos hablar de economía cognitiva en lugar de economía del comportamiento (peor aún "economía conductual"). Y esto lo traemos a este trabajo ya que todo lo que pretendemos compartir en este libro con respecto a estrategia se basa en la sinergia y en la oposición de cogniciones de las que emerge inteligencia colectiva. Cognición social. A veces aliadas. A veces opuestas. A veces complementarias. A veces simétricas. Sucede en el mundo lamentable de la guerra y también sucede en el mundo empresarial.

En este trabajo haremos especial énfasis en las herramientas eficientes y efectivas para la formulación y la ejecución de la estrategia empresarial bajo el supuesto central de que la estrategia, en todos los dominios en los que la humanidad diseña y ejecuta estrategia, sucede en el mundo de la mente. Baron-Cohen formuló la hipótesis de la "teoría de la mente", también conocida como "empatía cognitiva", que se basa en que el cerebro dispone de mecanismos parcialmente innatos para darle sentido al comportamiento social. Se basa en la atribución de estados mentales –creencias, intenciones, deseos, emociones y conocimiento– a los otros, permitiendo la capacidad de predicción de comportamientos y habilidades de comunicación social (Baron-Cohen, S., 1995). En este trabajo de estrategia nos referimos a la teoría de la mente como la "teoría del otro".

Según Premack y Woodruff (1978) la teoría de la mente (para nosotros la teoría del otro), nos permite comprender que cada otro construye, en su arquitectura mental representaciones diferentes que las nuestras y permitiéndonos interactuar con cada otro, interpretar esas representaciones e inferir sus comportamientos, ya sea se trate de aliados, como de adversarios. Estrategia es teoría del otro.

Mi reconocimiento a quienes tanto influyeron en mi vida académica, profesor Pedro Pavesi, profesor Federico Frischknecht y profesora Maribel Mikulic de la Universidad de Buenos Aires, profesores Theodore Levitt y

Stephan Greyser de la Universidad de Harvard, profesor Itamar Rogovsky del GR Institute for Organizational Development de Israel y del Center for Leadership Development de las Fuerzas de Defensa de Israel y profesores Paul Watzlawick y Karin Schlanger del Mental Research Institute de Palo Alto, California.

Mi reconocimiento a las autoridades, a mis colegas profesores, a los auxiliares docentes, a los miembros del Centro de Estudiantes y a mis queridos amigos del personal no docente de mi querida Facultad de Ciencias Económicas de la Universidad de Buenos Aires.

Mi reconocimiento a quienes tanto influyeron en mi vida profesional, verdaderos líderes empresariales de cientos de empresas con las que tuve el honor de haber trabajado en casi todos los países de América, en varios países de Europa y, en Asia, tanto en Filipinas y Japón como en mi querida y sagrada Israel. Si bien son muchos y no puedo nombrar a todos, yo sé y yo siento qué fue cada uno de ellos en el devenir de mi vida y no voy a olvidar a ninguno.

Mi reconocimiento a Marcela Rivero, Rocío González Ruiz, Luis Sequeira por haber colaborado con la edición de este libro y a Gabriel Demarco por demostrarme su constante dedicación profesional, su lealtad y su nobleza tanto en nuestra vida en la Universidad de Buenos Aires como en las empresas que nos honran con su confianza.

Mi reconocimiento a los miembros de mi cátedra de Dinámica Estratégica-Operacional de la Facultad de Ciencias Económicas de la Universidad de Buenos Aires, mi querida banda de hermanos, María Florencia Terreno, Rocío González Ruiz, Andrea Castelluccio, Carolina

Puente, María Mendoza, Rosario Maitía, Florencia Rodríguez, Marcela Rivero, Lucas Gómez, Walter Coronel, Bruno Di Pascuo, Francisco Brea, Brahian Camacho, Pablo Scolieri, Tomas Grassi y Luis Sequeira.

Mi reconocimiento a mis queridos amigos del Consejo Profesional de Ciencias Económicas de la Ciudad Autónoma de Buenos Aires que jamás han dudado en darme su apoyo para la publicación de mis últimos libros.

Cualesquiera que sean los logros de una persona, ellos serán incuestionablemente el producto de gente afectuosa que alimentó sus aspiraciones. Aquellos que a uno le brindan estima, que lo alientan en momentos de confusión y desánimo, que lo apuntalan hacia el futuro por su expresada fe en sus capacidades son, seguramente, los agentes de su desarrollo.

Muchos han hecho esto por mí. Algunos, como mis padres, Rafael y Mary (que sean eternas y benditas sus memorias), Claudia, mi mujer, y mis hijos, Diego, Nando y Hannah, han sido verdaderamente excepcionales aliados. Si Dios quiere, Ilan y Noam Levy, mis nietos, también lo serán en el futuro.

Especialmente, mi reconocimiento a Claudia, con mi cariño y mi agradecimiento por todos los caminos que recorrimos juntos, por todas esas caravanas que compartimos en las que, desde chiquita, me enseñaste el valor de la fuerza, de la esperanza y de la fe en los momentos de debilidad y de angustia, y en los que me demostraste el valor de la humildad y de la nobleza en los momentos de éxito, de aplausos y de triunfo.

Me enseñaste el valor de la bondad y el valor de la caridad. Nunca te vi dejar vacía la mano de quien te pidió ayuda. Te admiro como hija de tus padres, como hermana de tus hermanos Marcelo y Cecilia, como la "Tía Clau" de Gaspar, de Lucas, de Brunito, de Salvador, de Simón, de Connie de Vinicio y de Antonio. Te admiro por todo lo que hiciste por mi familia y por sentirla tu familia.

Vos sabés el honor que me da que seas la madre de Hannah, nuestra hija.

Querida Claudita, sos el viento que sustenta mis alas.

AVI LEVY
Enero de 2023

PENTA como modelo y método de comando empresarial. *Changegineering*™: Reinvención o mutación de empresas

Introducción

En los últimos veinte años hemos leído y escuchado innumerables explicaciones y recomendaciones con respecto a la importancia del abordaje sistémico, no solo para ser empleado en la fase de diagnóstico de la postura estratégica, operacional y táctica de las organizaciones en sus entornos, sino también para las fases de formulación e implementación de la estrategia y de su anclaje operacional y táctico (Von Bertalanffy,1976; Churchman, 1984; Senge,1990; Ackoff, 1970, 1981, 1986; Wilson, 2001; Gharajedaghi, 2005; Skyttner, 2006).

La metáfora mecánica de la práctica sigue imponiéndose sobre la metáfora orgánica de la teoría. Sin embargo, muchas organizaciones siguen condicionadas por la visión vertical funcional, apresadas en mapas mentales tipo "túnel" provocados por los "muros" que separan esas áreas funcionales y por las "lozas" que separan los niveles decisorios, a pesar de que esas organizaciones, al traducir las estrategias en acción, todos los días operan procesos que atraviesan esas áreas.

Mientras tanto, esos entornos incrementan su nivel de complejidad (otro término quizás trivializado como una moda más) al ser cada vez más significativo el impacto de los emergentes surgidos de la red de interacción recursiva que entrelaza a las variables económicas, tecnológicas, demográficas, políticas, legales, sociales, culturales, ambientales y comunicacionales entre sí.

En escenarios de altísima turbulencia competitiva, de discontinuidades y de saltos bruscos, muchos esfuerzos por crear cambios organizacionales significativos y sostenibles han resultado en graves fracasos. Creemos que la acumulación de esos fracasos en la transformación y en la reinvención (mutación) de organizaciones en el intento por mejorar su desempeño económico puede ser derivada de la aún fuerte influencia en las arquitecturas mentales gerenciales del supuesto de que las organizaciones son máquinas, en lugar de "sistemas vivientes", a pesar de que todos coincidimos en que las máquinas no "tienen" mente, especialmente en el nivel de decidir estrategias para migrar desde lo que somos a lo que pretendemos ser enfrentando intenciones opuestas de actores antagónicos imposibles de tener en cuenta en un algoritmo de inteligencia artificial.

Esta creencia supone que las relaciones causa-efecto son simples y directas, que podemos hacer pronósticos del futuro extrapolando las variables del pasado, que las organizaciones y la gente pueden ser racional y eficientemente "diseñadas" como soluciones alineadas tras visiones comprendidas, compartidas y comprometidas.

Para colmo, hemos adoptado la visión de que las organizaciones son "sistemas de procesamiento de información", cuando en realidad son, nada más y nada menos, "sistemas de procesamiento de significado".

El objetivo de este capítulo es presentar un modelo y su método de aplicación, el PENTA, que realmente permite a las empresas, entendidas como Sistemas Psico-Socio-Técnicos Complejos (SPSTC), emplear un abordaje sistémico en las fases de apreciación de situación, formulación de estrategias, ejecución de esas estrategias y ajuste recursivo continuo a través de la constante innovación y reinvención (o mutación), para hacer a esas empresas sostenibles y sustentables, crear valor económico y asumir niveles aceptables de exposición al riesgo. Es este, entonces, un proceso de incrementalismo cognitivo (Levy, A., 1981, 1983, 1985, 2000, 2003, 2007, 2010, 2013, 2015 a, 2015 b, 2016, 2017 a, 2017 b, 2018 a, 2018 b, 2019 a, 2019 b). Nosotros llamamos a este proceso "*Changegineering*™" o Ingeniería Sistémica del Cambio Radical. *Changegineering*™ es una marca registrada de LEVY Dinámica Empresarial.

Llamaremos comando empresarial a la conducción de la organización basada en la autoridad formal otorgada al número 1, gerente general, presidente o *chief executive officer* por parte del órgano superior a ese cargo ejecutivo de máximo nivel. En las empresas cuya propiedad pertenece a los accionistas, este órgano superior sería la Asamblea de Accionistas. El presidente de la Junta de Accionistas podría coincidir o no con el principal ejecutivo. En una empresa de menor envergadura estamos hablando del director general. en estos casos, en los que no se diferencian los accionistas de los ejecutivos, el comando o la conducción (para nosotros son sinónimos), es asumido por quien cumple ambos roles. Este enfoque se replica en todos los niveles decisionales de la organización. El modelo y el método PENTA es nuestra herramienta idónea para el comando.

Llamaremos mando o liderazgo a la autoridad conferida a un individuo por sus seguidores, es decir, de abajo hacia arriba (Levy, A. y Terreno, M.F., 2018 b). Este enfoque se replica en todos los niveles decisionales de la organización. El modelo y el método PENTA es nuestra herramienta idónea para el Liderazgo.

Llamaremos "conjuntés" a la integración de las conducciones de al menos dos componentes de una organización compleja (por ejemplo, las Fuerzas Armadas) en un esfuerzo coordinado para lograr un objetivo común. Esto implica la combinación cruzada de sus fuerzas en la que se entiende que la capacidad de la fuerza conjunta es sinérgica, porque la suma es mayor que sus partes (la capacidad de componentes individuales). En nuestro modelo orientado a la gestión horizontal por procesos más que a la gestión vertical por funciones, la conjuntés requiere el valor cultural de la "organicidad", el acople entre los miembros de unidades diferentes, para evitar los compartimentos estancos, las islas, trastorno que llamamos "síndrome Palomar". Esto lo veremos más adelante. Este enfoque se replica en todos los niveles decisionales de la organización. El modelo y el método PENTA es nuestra herramienta idónea para la conjuntés.

En el ámbito militar, la unidad de esfuerzo es la coordinación y cooperación hacia objetivos comunes, incluso si los participantes no son necesariamente parte del mismo comando u organización, producto de una acción unificada exitosa. Esta facilita la acción unificada decisiva enfocada en los objetivos nacionales y conduce a soluciones comunes frente a los desafíos de la seguridad nacional.

Llamaremos "Sistemas Psico-Socio-Técnicos Complejos" (SPSTC) a los sistemas humanos que emplean técnicas, habilidades y pericias, orientados a lograr finalidades y objetivos, en entornos de alta turbulencia, saltos bruscos y discontinuidades, compitiendo contra otros SPSTC que persiguen finalidades y objetivos opuestos (Von Bertalanffy, 1950; Emery y Trist, 1960; Bandura, 1986; Alonso,1990; Prigogine, 1996; Sanders, 1998; Schelling, 1960; Ropohl, 1999; Levy, 2007 y 2010; Osman, 2010)

Esto cambia nuestra concepción sobre qué es estrategia, qué es cognición y qué es poder y que ninguno de los tres puede ser entendido aisladamente de los otros dos ya que resulta difícil distinguir la separación entre los tres elementos. Estrategia es "qué quiero", cognición es "qué sé". Poder es "qué puedo". En este libro se quiere resaltar que "qué quiero" debe ser una función de "qué sé" y de "qué puedo". También se quiere resaltar que el "qué puedo" es una función de "qué quiero" y de "qué sé". Y también se quiere resaltar que el "qué sé" es una función de "qué quiero" y de "qué puedo".

Y también cambia nuestra visión sobre qué es información. Significa dar significado. Pero damos significado según nuestros mapas mentales individuales y colectivos. El modelo PENTA está basado en el principio de la cognición social y de la inteligencia colectiva de que cuando la información pertenece a todos, cuando involucra a todos, la gente puede organizarse y alinearse rápida y efectivamente en relación a los cambios bruscos del entorno. Cuando la información es compartida, la gente ve cosas diferentes y todos ayudan a implementar aquello que ayudaron a crear. La relación entre la gente y su interacción comunicacional es la única vía hacia la inteligencia del sistema. La relación organizacional sistémica, interactiva y recursiva es la que absorbe información para transformarla en significado –información que nadie hubiera previsto que alguna vez fuera necesario conocer, diseminar y compartir– expandiendo la capacidad de Estrategia, de cognición y de poder para lograr el círculo virtuoso de la dinámica empresarial.

El sustento teórico

La propuesta teórica central de este trabajo se basa en considerar la interacción de los siguientes once puntos:

1. Dentro de los SPSTC, así como entre los seres humanos en general, el lenguaje constituye la interfaz por excelencia (Maturana Romesín, 1984, 1996, 1997).
2. La palabra es el coordinador conductual primario, mientras que la estrategia es el coordinador conductual de orden superior. La estrategia marca el norte del cambio estructural del sistema que debe traducirse en un cambio conductual de sus miembros. Por eso, la ejecución de la estrategia requiere el alineamiento cognitivo (coordinaciones conductuales consensuales del conjunto de los integrantes).

3. El aprendizaje constituye la vía regia del alineamiento cognitivo y la dinámica intrínseca de la calidad del proceso de decisión. Los temas presentados hasta aquí ponen de relieve la necesidad de comprender y profundizar de qué manera los SPSTC operan cognitivamente y, en particular, cómo aprenden (Gore, 2003 y 2006). Apelaremos al concepto de inteligencia colectiva como el conocimiento grupal compartido por los miembros del sistema y al concepto de alineamiento cognitivo, entendido como la mayor o menor coincidencia de las percepciones y representaciones de esos individuos. Como veremos en todo este trabajo, consideraremos cinco niveles de aprendizaje: 1. aprender, 2. aprender a aprender, 3. aprender a desaprender, 4. aprender a reaprender y 5. aprender nuevas formas de aprender. Este punto lo repetiremos varias veces aunque resulte redundante.

4. Compartimos la postura epistemológica (Von Glasersfeld, 1991) que considera a toda estrategia como una teoría siempre inadecuada (pues no tenemos modo de comprobar su correspondencia con algo real) y siempre perfectible en su encaje respecto de nuestras construcciones cognitivas. En suma, cualquier estrategia es siempre provisoria. El camino hacia su mejora y superación depende fuertemente de que el SPSTC desarrolle esta conciencia metaconceptual (Vosniadou, 1994) y busque de manera consecuente no solo ejecutar su estrategia sino cuestionarla, reflexionando sobre las percepciones, los signifi-

cados, las representaciones, las comprensiones y los razonamientos, emociones y sentimientos del sistema a fin de someterlos a una confrontación sistemática contra otras opciones y alternativas posibles.

5. La teoría de la mente (Premack y Woodruff, 1978) es un constructo teórico que señala el fenómeno por el cual un sujeto se explica, predice e interpreta su conducta y la de otros en función de estados mentales, es decir, se adjudica a sí mismo y a sus semejantes la capacidad de determinar su comportamiento. Evidentemente, este tema resulta de importancia crítica al analizar el proceso estratégico.

6. La cultura constituye una de las dimensiones más complejas de los SPSTC que llamamos matriz vincular racional-emocional (Bar-Tal, 1990). Allí se alojan la historia, los héroes y los mitos del sistema; los valores, los rituales y las creencias; los símbolos, la jerga y demás artefactos que pintan la identidad del sistema, su credo y su ideología, "la forma en que las cosas se hacen acá", la "matriz vincular racional-emocional". La cultura es la memoria semántica de largo plazo, episódica y procedimental. El desempeño de un SPSTC se encuentra marcado por su cultura. Dado que esta determina los códigos de decisión y de acción aceptados y considerados por todos los miembros como la conducta apropiada a la que llamamos "doctrina". A veces, el proceso decisorio requiere cambiar el sistema de creencias, interviniendo en la cultura a fin de generar las

condiciones que permitan la transformación del repertorio cognitivo de los miembros del SPSTC.

7. Dado que los SPSTC desarrollan sucesiva y recursivamente percepciones, significados, comprensiones y razonamientos (no en el sentido de racionalidad absoluta), tanto acerca de sí mismos como del teatro de operaciones y formulan estrategias, pueden definírselos como sistemas de ideas, de representaciones. No solo actúan —según su naturaleza— en áreas de diversa índole a partir de ideas, sino que constituyen, además, usinas que producen y prueban ideas, siendo, sin duda, las decisiones estratégicas las más importantes.

8. El concepto del saber cómo modelo cibernético (Von Glasersfeld, 1984) constituye un aporte clave. Los SPSTC construyen una cognición (por ejemplo, una estrategia) que supone, a su vez, una cognición acerca de sí mismos (el observador) y del teatro de operaciones (lo observado). La estrategia como modelo cibernético es una construcción que apuesta a su capacidad de encaje adaptativo y opera por retroalimentación recursiva.

9. El tradicional concepto de cadena de medios-a-fines, definiendo como metaobjetivos o propósitos a los objetivos de tipos lógicos superiores al objetivo u objetivos operativos que se tratarán de alcanzar en una estrategia específica. Todo objetivo es un eslabón de una cadena que, hacia arriba, opera como medio para lograr otro objetivo de mayor nivel hasta llegar al propósito superior o finalidad,

y hacia abajo opera como fin a alcanzar por un objetivo de nivel menor, hasta llegar a la acción.

10. El concepto de "relatividad situacional" (Levy, 2010) de los medios. Los medios y recursos son el conjunto de "activos" tangibles e intangibles de los que se dispone para lograr los objetivos. La consideración como tal de un recurso es una otorgación subjetiva de valor que surgirá de la representación que de ese "recurso" emerja de los mapas mentales del paso anterior y de su viabilidad instrumental para lograr cada objetivo en particular. El mismo recurso (tangible o intangible) puede ser un recurso para lograr un objetivo pero no serlo para lograr otro, en el mismo momento o en otro. Por otra parte, en el caso de las decisiones en situaciones de conflicto ante un otro, tal como un ajedrecista oponente, un competidor, un enemigo, una enfermedad o una catástrofe natural, un recurso será "recurso" en términos relativos a la apreciación de situación específica, a la prospectiva y a los escenarios posibles construidos (Levy 2007 y 2010).

11. El concepto de la teoría del caos (Prigogine, 1996) describe cómo las potencialidades del cambio dependen de las condiciones iniciales. La teoría de la complejidad (Sanders, 1998) trata de dar cuenta de cómo el orden y la estructura surgen de un proceso de adaptación puesto en marcha por la recepción de nueva información desde el entorno, lo que hace ingresar al sistema en un episodio caótico. Ambas teorías advierten sobre el peligro de extrapolar eventos del pasado como pronós-

ticos de situaciones probables de repetirse en el futuro, cuando, especialmente en la decisión estratégica, es imprescindible hipotetizar escenarios futuros como prospectivas del mañana.

La mayoría de las empresas y, en general, la mayoría de las organizaciones humanas –incluyendo a la sociedad– están creando nuevas formas de inteligencia. Nuestra indagación teórica y nuestra práctica de asesoramiento a esas "redes sociales con objetivos estratégicos compartidos" la complementamos con los grandes aportes que los centros de investigación académica pueden sumar, recopilando, analizando y destilando los resultados de nuestra experiencia en el mundo real.

La investigación científica rigurosa que esos centros pueden conducir permite detectar los patrones que subyacen a los casos específicos con los que nos ocupamos todos los días. Con el ejemplo del Massachussets Institute of Technology (MIT) y del GR GLOBAL Human Organizations Research Center de Israel profundizando en el campo de la inteligencia colectiva, en la Universidad de Buenos Aires hemos plantado la semilla de un *"think tank"* que legitime la investigación y el estudio académico que se potencia con nuestra práctica activa en empresas y otras organizaciones, con la misión de constituirlo en una importante fuente regional dedicada a identificar las tecnologías y conceptos que impactarán en esas "redes sociales" en los próximos 10 a 20 años: es el CEADE (Centro de Estudios Avanzados en Dinámica Empresarial).

La interacción entre nuestra práctica y los desarrollos metodológicos orientados a maximizar el desempeño de esas organizaciones, se basa en el dominio de los campos emergentes y convergentes que confluyen en la comprensión y el desarrollo de la inteligencia colectiva. El concepto de inteligencia colectiva (núcleo central de cualquier organización social) tiene que ver con "la potenciación de los mapas mentales del sistema completo" (*whole system*).

A pesar de que, como hemos expresado más arriba, para muchos esto puede ser una pose o una moda pasajera, en el campo de las organizaciones se están usando, cada vez más, metodologías, lenguajes, metáforas y conversaciones comunes que están produciendo profundas transformaciones sobre el concepto mismo de qué es en realidad una empresa o cualquier SPSTC. Desde un hospital hasta una industria pesada, desde una ciudad hasta una compañía aérea, desde un banco hasta una organización no gubernamental (ONG) o un ministerio.

En nuestra práctica diaria y en las investigaciones sobre esa práctica hemos comprobado que son numerosos los factores importantes en la generación de inteligencia colectiva (IC). Cinco de ellos son los que se destacan con más nitidez y que muestran su íntima interrelación. Son los que "gatillan" las comunicaciones que hoy requerimos: las "conversaciones disruptivas".

1. **Diversidad**. En la medida en que los modelos mentales de todos los integrantes del grupo sean idénticos, la IC no puede agregar algo más que cualquiera de ellos. Esto es especialmente peligroso en un grupo de alta dirección o en un Estado Mayor militar. La diversidad enriquece las posibilidades a través de más información, perspectivas, estimulación y recombinación.

2. **Sinergia.** Es la relación generativa (emergencia) que las conexiones entre las partes de un sistema producen, dándole muchas más capacidades que las de sus partes individualmente consideradas. Es el factor clave que determina si la diversidad lleva a una mayor inteligencia o a una mayor estupidez colectiva.

3. **Significado.** Valores, lenguaje, propósito, reglas y objetivos compartidos, razones y emociones que proveen un trasfondo de "sentido común" en el que se apoya el grupo mientras aprovecha creativamente la diversidad. Un propósito común potencia una "búsqueda conjunta" que es la clave de la autoorganización y de la IC.

4. **Fluidez comunicacional.** La inteligencia tiene íntima relación con el procesamiento de información. Esto implica apertura para compartir conocimientos. En nuestra práctica en el mundo real, lo primero que buscamos es detectar esos puntos de vista (mapas mentales individuales), analizar su dispersión y aprovecharla para capitalizar la diversidad a través de poderosas "conversaciones disruptivas" que son las que facilitan no solo la innovación sino también la reinvención del SPSTC que nosotros llamamos "mutación".

5. **Apreciación de la complejidad.** La diversidad de los datos y de la información nos obliga a enfrentar una figura más compleja de la realidad para poder obtener significado. Es escapar de las graves sobre-simplificaciones y tener la habilidad de incorporar en nuestra visión del mundo la gran cantidad de categorías de fuerzas que operan conjuntamente

en una aproximación más sistémica del entorno en el que la empresa será viable o vulnerable. Es nuestra "teoría de campo" que trata de dar un tratamiento más serio a la complejidad que la ya trivializada sigla VICA: volatilidad, incertidumbre, complejidad y ambigüedad (que para colmo explica la complejidad empleando el mismo concepto para explicarla). Entendemos por complejidad a la conjunción de (Levy y Pla, 2022):

- Volatilidad: variabilidad o fluctuación de los valores de las variables intervinientes.
- Incertidumbre: falta de seguridad, certeza, confianza de cuáles son y serán las variables intervinientes y sus respectivos valores.
- Convergencia: unión en un punto de varias variables cuyas trayectorias eran previamente independientes.
- Ambigüedad: información contradictoria sobre un mismo evento proveniente de dos o más fuentes confiables.
- Significación: dos o más significados otorgables a un mismo dato o evento.
- Acoplamientos: alianzas a favor o en contra nuestro de otros actores previamente independientes entre ellos o con nosotros.
- Fricción: nivel de rivalidad creciente entre fuerzas antagónicas en el teatro de operaciones en el que debemos lograr aspiraciones propias.
- Urgencia: requerimiento de inmediatez, instantaneidad, criticidad, emergencia.
- Incognoscibilidad: incapacidad de un individuo, de un grupo o de una organización de equiparar

la tasa de crecimiento de la era del conocimiento de la humanidad provocando el ingreso de ese sistema humano en la era del desconocimiento.

- Nihilismo: crisis de valores, consideración como absurdo al intento de dar sentido a la vida, carencia de sentido de la vida, pérdida del sentido de las virtudes, de lo ético, de lo moral.
- Exponencialidad: reacción en cadena de progreso tecnológico.

Peter Diamandis, cofundador de Singularity University y Steven Kotler (2020) presentan las seis "Des" de la "exponencialidad" como una reacción en cadena de progreso tecnológico, cuyo rápido desarrollo siempre conduce a enormes trastornos y oportunidades. Que, desde la biotecnología hasta la inteligencia artificial, las poderosas tecnologías que antes solo estaban disponibles para grandes organizaciones y gobiernos, hoy se están haciendo más accesibles y asequibles gracias a la digitalización. Que el potencial de las empresas para interrumpir las industrias, por un lado, y las que inesperadamente se extinguieron, por el otro, nunca ha sido mayor. Que, a medida que se digitaliza una mayor parte de la economía desde la medicina hasta el sector manufacturero, las industrias saltarán en una curva exponencial y se verán afectadas de manera similar.

Su contribución es la noción de que el ciclo del crecimiento de las tecnologías digitales se lleva a cabo en seis pasos claves, las 6 Des:

Las 6 Des de las organizaciones exponenciales están digitalizadas, son engañosas (*deceptive*), disruptivas, desmonetizadas, desmaterializadas y democratizadas.

Las fases propuestas por Diamandis y Kotler, las seis Des, son las siguientes:

1. *Digitalized* (digitalizado): el primer paso de la exponencialidad es convertir el producto o servicio en un bien digital, representable por unos y ceros, es decir, convertirlo en información.
2. *Deceptive* (engañoso): en el sentido de que el crecimiento exponencial es inicialmente muy lento, pudiendo no llamar la atención... pero eso no tarda en cambiar, y de forma radical...
3. *Disruptive* (disruptivo): disrupción que se produce cuando el producto o servicio digitalizado alcanza unas mayores prestaciones que el físico / analógico.
4. *Demonetized* (desmonetizado): el dinero se elimina de la ecuación puesto que el coste marginal de producción de bienes digitales es prácticamente nulo.
5. *Dematerialized* (desmaterializado): lo físico se elimina de la ecuación, puesto que lo digital es lógico, virtual, incorpóreo.
6. *Democratized* (democratizado): lo digital es más accesible para todo tipo de públicos y escapa del control gubernamental o grandes organizaciones.

Las conversaciones disruptivas son aquellas basadas en potentes preguntas de ruptura que permiten que la organización se embarque en el proceso de "comunicación de segundo grado", que es aquella que crea nueva información y descubre expectativas profundas. Es la que enfoca en "lo que podría ser" y en la participación activa que permite revelar la profunda incertidumbre que está oculta en toda realidad tras la fachada de las peligrosas certezas y dudosas seguridades. Preguntas que transforman instituciones y culturas. Preguntas de ruptura que abren más opciones que llevan a soluciones inesperadas. Preguntas que son "impreguntables". Preguntas que ya no se preguntan. Preguntas que jamás se preguntaron.

Las que parecían ideas inmutables sobre el ser humano y las organizaciones han sido directa y contundentemente desafiadas y transformadas en una escala sin precedentes. Las organizaciones del mundo real son hoy comprendidas por todos los expertos como "redes simbólicas socialmente construidas", producto de la interacción de mentes humanas, en lugar de organigramas miopes o visiones declamadas. A esta interacción la llamamos "organicidad".

La experiencia nos demuestra y nos previene que existe un muy importante paralelismo entre toda esta área de pensamiento sobre las organizaciones y los desarrollos producidos por las neurociencias, los estudios de la cognición individual y colectiva. Los fenómenos mentales deben ser reconocidos como los únicos que determinan aquello que los sistemas humanos pueden hacer y la posibilidad de qué pueden llegar a ser (Levy, 2007).

Jaulas del cerebro

La mayoría de las veces asumimos que cuando tomamos decisiones usamos la información disponible sobre los hechos. Pero nadie puede actuar basado en datos que no puede ver. El problema es que, casi siempre, hay muchos datos que no los vemos debido al tremendo poder de las expectativas y de las preferencias que cargamos en el cerebro y que bloquean o distorsionan la información del mundo que nos rodea. El resultado puede ser todavía peor que "realmente" no tener la información.

Este es un foco fundamental del método PENTA de dinámica empresarial (2015 a, 2015 b, 2017 b, 2018 a, 2018 b, 2019 b). Las expectativas funcionan como filtros inconscientes que autorizan el ingreso al cerebro exclusivamente a aquellos datos que "encajan" con la figura preexistente del mundo y bloquean el ingreso a los datos que no "encajan". Muchas empresas no "vieron" el ingreso de nuevos competidores o de innovaciones en los productos o en los mercados hasta que ya era demasiado tarde. Para colmo, como esta distorsión no es consciente, las consecuencias en el proceso de toma de decisiones son peligrosísimas.

La psicología cognitiva ha demostrado ya hace mucho tiempo que tendemos a ser más capaces de ver y escuchar aquello que **esperamos** ver y escuchar. Por lo tanto, la tendencia natural es hacia no percibir lo inesperado. A pesar de que esté ahí nomás frente a nuestros ojos. Entonces o bloqueamos completamente nuestros sentidos ante este evento o le damos un masaje hasta que nos resulte más simpático. Las expectativas nos dicen cómo deben funcionar las cosas. Nada menos. Desde cómo debe atender el teléfono nuestra secretaria hasta la dinámica de la economía mundial. ¡Pero en este espectro mental están incluidos qué quieren y qué van a querer nuestros clientes y qué hacen y qué van a hacer nuestros competidores! Para colmo, estas expectativas nos son muy útiles porque nos ayudan a no estar sobre-inundados de información imposible de abarcar y procesar. Si no tuviéramos un "punto de vista", una "opinión", no tomaríamos decisiones. El desafío consiste en tratar de descubrir si no hay OTRO punto de vista mejor.

Las preferencias, en cambio, sí son conscientes. Estas también funcionan como filtros, pero estos filtros son conscientes y se especializan en reconocer los datos no deseados y negarlos. Resulta que las preferencias son más fáciles de detectar en un autoanálisis cerebral, pero son más dañinas porque lo más probable es que hayamos invertido muchísimo en mantenerlas vivas. Las preferencias son formas más activas de bloquear selectivamente los datos que nos molestan o de reformularlos y reconstruirlos o representarlos para que sean compatibles con nuestras emociones. Es como una expectativa pero inflada por nuestra omnipotencia porque explicitan el deseo de escuchar lo que queremos escuchar y punto final ("Te pago para que hagas y no para que pienses"). No son mansitas e imperceptibles. Toda información que viola mis preferencias no debe ser tenida en cuenta.

Impedir que estos filtros cognitivos se nos metan en el camino requiere que hagamos una apreciación de cómo el cerebro selecciona y distorsiona los hechos.

Saber escuchar lo que uno no quiere escuchar no es una habilidad natural. Esta habilidad supone el enorme esfuerzo consciente de tener en cuenta datos que, sin ese esfuerzo consciente, serían expulsados o mal interpretados. Lo malo es que este esfuerzo nos molesta, nos hace mal y nos duele. Pero la alternativa es peor. Es correr el riesgo demasiado alto de que las decisiones que tomamos las tomemos solo basados en los agradables y cómodos datos que nos resuenan bonito en nuestras mentes y en nuestras emociones.

El rol del "co-pensor"

El co-pensor **piensa en conjunto** con los diferentes grupos de la empresa para instalar una fuerte cultura estratégica, basada en la innovación y la eventual mutación, y que esta se irradie en toda la organización para impulsarla a liderar el futuro (Pichón Rivière, 1999).

A diferencia del coach o del facilitador, el co-pensor transfiere la tecnología, el conjunto de modelos conceptuales con los cuales la organización desafía individual y grupalmente las visiones, las percepciones, las creencias, las hipótesis, las opiniones y las predicciones que hasta ese momento dominaban los mapas mentales con los cuales tomaba decisiones.

A diferencia del profesor, el co-pensor ayuda a aplicar. A diferencia del consultor, el co-pensor piensa en conjunto **con** los miembros de la organización y no **por** ellos.

El co-pensor debe ayudar a la integración y al alineamiento, tras una visión comprendida, compartida y comprometida, sustentada en una cultura de innovación, crecimiento y competitividad como vector de su Dinámica Estratégica-operacional.

La competitividad dependerá de cómo elegimos ser y de cómo elegimos transformar lo que somos en lo que queremos ser. El "devenir". Siempre en relación a la morfología del contexto conformado por el escenario general, al escenario inmediato y por la complejidad de la arena competitiva de clusters y cadenas en donde operan nuestros competidores frontales, laterales y sustitutivos.

El modelo PENTA

Con el objetivo de poder contar tanto teóricamente con un esquema conceptual, como también en la práctica disponer de un esquema referencial y operativo que permita intervenir en las fases de diagnóstico y de formulación e implementación de la estrategia de un SPSTC, presentamos el modelo PENTA (Levy, 2003, 2007 y 2010). Este modelo ha sido confrontado teóricamente en muchas oportunidades y ha sido experimentado con altos niveles de desempeño en decenas de organizaciones de todo tipo en varios países.

El PENTA es el núcleo central de la metodología de dinámica empresarial, específicamente de la dinámica estratégica-operacional, y consiste en la articulación de los cinco engranajes clave de cualquier organización: la estrategia, la cultura, los recursos, los procesos y los mercados y sus interrelaciones. Este modelo PENTA, por otra parte, es un mapa exhaustivo del total de las fuentes posibles de generación de iniciativas de innovación. Lo vemos en la Figura 1.

Debemos tener cuenta que si bien estamos hablando de iniciativas de cambio en el PENTA tal como lo presentamos en la Figura 1, los procesos de transformación de una empresa, de reinvención de mutación, de *Changegineering*™, los hemos de presentar en capítulos posteriores.

Pero aclaremos un tema de alto nivel de importancia. Lo sepa o no lo sepa, lo conozca o no lo conozca la empresa, toda empresa tiene un PENTA. Los cinco engranajes, conscientemente o no, los "tienen", los "hacen", los "actúan" absolutamente todas las empresas. Las ocho ligas entre los cinco engranajes, conscientemente o no, los "tienen", los "hacen", los "actúan", absolutamente todas las empresas. Bien o mal. El análisis de prospectiva, aunque no se den cuenta, conscientemente o no, lo "tienen", lo "hacen", lo "actúan" absolutamente todas las empresas. Y el aprendizaje en cinco niveles, conscientemente o no, lo "tienen", lo "hacen", lo "actúan" absolutamente todas las empresas. No pueden no "tenerlo", no pueden no "hacerlo" y no pueden no "actuarlo". A este PENTA "borroso", "oculto", "desconocido" y "no consciente" que está operando en toda empresa aunque nadie lo sepa lo llamamos **"PENTA SUBYACENTE"**.

Entonces usted y su equipo aceptan nuestra postura de que hay un PENTA subyacente y que sería mejor "descubrirlo", "detectarlo", "develarlo", para tratar de que sea como usted y su equipo quieran que sea. Entonces hay que ponerse a pensar en cómo "es" su empresa en estos quince elementos: los cinco engranajes, las ocho ligas, el análisis de prospectiva y el aprendizaje. Y entonces usted y su equipo comienzan a pensar cómo es y llegan a una conclusión sobre como creen que es. Cuidado. Esa conclusión a la que han llegado usted y su equipo no es cómo el PENTA "es" sino como usted y su equipo "piensan que el PENTA es". Seguramente, para llegar a esta conclusión, ustedes han discutido. Hasta, inclusive, acaloradamente. Claro, cada uno de ustedes tiene su "propia interpretación" de "cómo cree que es" y según cómo funcionen ustedes como grupo, probablemente se pongan de acuerdo. Y entonces, de la convergencia de esas "propias interpretaciones", han "construido" un acuerdo grupal, con mayor o menor esfuerzo. Ahora tenemos un PENTA. Pero, este PENTA, ¿es "el PENTA REAL" o es el resultado del acuerdo grupal? Evidentemente, es el resultado del acuerdo (con mayor o con menor cohesión entre ustedes). A este PENTA lo llamaremos el **"PENTA REVELADO"**.

Este **PENTA** va a ser muy efímero ya que, seguramente lo van a querer cambiar, por lo menos en algunas partes.

Y entonces, muy rápidamente aparecerá el primer PENTA más o menos trabajado. A este otro PENTA lo llamamos **"PENTA INTERVENIDO"** y, a lo largo de la "flecha del tiempo", constantemente se sucederán "n" PENTAS intervenidos. Pero nos falta un PENTA más. Es el **"PENTA DESEADO"**, el PENTA al que en cada hoy apuntamos para cada mañana. Claro. Siempre habrá otro y otro y otro más. Es el concepto de "empresa en marcha". El **PENTA DESEADO** hoy será mañana un **PENTA INTERVENIDO** que apuntará a otro **PENTA DESEADO** en el futuro de ese mañana.

En Estados Unidos he tenido el privilegio de haber tenido como profesor al doctor Ichak Adizes, uno de los principales especialistas internacionales en transformación organizacional y en conflicto, siendo ambos conceptos los componentes de todo proceso de cambio. Adizes define las diferentes etapas del ciclo de vida de toda empresa y sostiene que, desde su concepción, la empresa lucha por nacer. Que luego sufre los crecientes dolores de la infancia y de la adolescencia y puede evolucionar hacia convertirse en algo totalmente diferente que lo que sus fundadores imaginaron como visión de su futuro. Que las compañías que maduran y se convierten en vibrantes negocios rentables llegan a la cumbre del devenir de su ciclo de vida cuando alcanzan un estadio óptimo que él llama "Prime" (Adizes, 1988, 1996).

Define Prime como una condición eternamente cambiante, como un tramo de una travesía, de un viaje, no como un paraíso al final de ese camino. En Prime todos los aspectos del trabajo funcionan en unidad, prosperan todas las oportunidades y todos los miembros de la organización saben hacia dónde esta se dirige y cómo no desviarse de esa ruta. Explica que Prime es un estado de equilibrio: flexibilidad y control, forma y función, visión institucionalizada y creatividad, imaginar y producir, innovar y administrar. En Prime la empresa sabe qué está haciendo, hacia dónde está yendo y cómo llegar allí. Pero que alcanzar el estadio Prime no significa ser menos vulnerable que en cualquier otra etapa de su ciclo de vida. Que las empresas que consiguen este equilibrio exitoso, tan difícil de lograr y tan fácil de perder, continuamente deben enfrentar el riesgo de resbalar hacia atrás a hábitos infantiles o el de estrellarse contra la rigidez de la ancianidad.

En esa época yo todavía no había inventado el PENTA. Pero ahora me doy cuenta de que PENTA es una plataforma conceptual y práctica como para apuntar a todo el "sistema de equilibrios" requeridos para lograr un estadio Prime. Entonces, PENTA deseado debe ser **PENTA PRIME**.

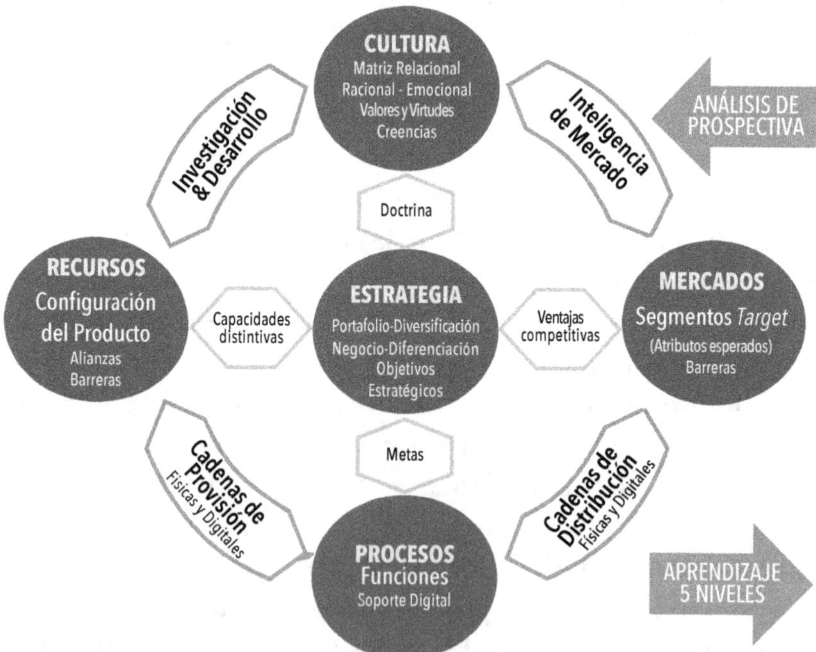

Figura 1. PENTA, el modelo de dinámica estratégica-operacional.

El proceso se orienta a que la empresa determine sistémica y sistemáticamente cuáles habrán de ser las iniciativas de innovación, especialmente a nivel estratégico, y los objetivos a alcanzar y cómo pretende lograrlos, a través de una cultura de innovación, también estratégica, pero fuertemente impulsora de las innovaciones tácticas y operacionales.

Pero hay todavía más. Como dijimos, las empresas tienden, especialmente las más exitosas, a la rigidez de sus mapas mentales. El co-pensor debe ayudar a detectar esas construcciones subjetivas para potenciar el alineamiento entre áreas y niveles.

El engranaje de la estrategia

Partimos de la base de que la estrategia de la empresa es cómo esta decide crear valor económico sostenible en el marco de un riesgo aceptable (más adelante reemplazaremos el concepto de crear solo valor económico por el de crear valor sustentable). En PENTA se tienen en cuenta dos dimensiones que constituyen "lo estratégico" de toda empresa. La primera es la formulación de objetivos de diversificación o de portafolio de negocios –en qué negocios pretende crear valor sostenible– y la segunda es la definición de objetivos de diferenciación o estrategia competitiva de cada uno de esos negocios –por qué pretende ser líder rentable y preferido en cada uno de esos negocios–. Estos dos grupos de objetivos o aspiraciones estratégicas serán o no logrados a través de la identificación de fortalezas, debilidades, amenazas y oportunidades para el logro de esas aspiraciones, y las imprescindibles iniciativas de innovación, para hacer lo mejor todavía mejor, para lograr resultados. Innovación para consolidar fortalezas, innovación para superar debilidades, innovación para neutralizar amenazas, innovación para aprovechar oportunidades. En definitiva, innovación estratégica para liderar el futuro.

Aspiraciones, fortalezas, oportunidades, debilidades, amenazas, resultados, AFODAR, es nuestra versión del antiguo "FODA". AFODAR considera que una fortaleza no es una fortaleza *per se*, sino que lo será según una o más aspiraciones previas. Lo mismo sucede con las oportunidades, las debilidades y las amenazas. Lo serán solo en relación a las aspiraciones previas. Por otro lado, el FODA tradicional consistía solo en un proceso de diagnóstico. AFODAR, en cambio, requiere resultados. En el párrafo anterior hemos dicho que los resultados implican consolidar fortalezas, superar debilidades, neutralizar amenazas y/o aprovechar oportunidades.

En este sentido, la "amplitud de rango de formulación de estrategias ejecutables posibles" para una empresa en un momento determinado no abarca ni una única opción ni un número ilimitado de opciones. El rango potencial de formulación de estrategias ejecutables depende de su capacidad de análisis de prospectiva (ver flecha en el ángulo superior derecho de la Figura 1), de lo que la empresa imagine como los escenarios verosímiles, y de su capacidad de aprendizaje en cinco niveles (ver flecha en el ángulo inferior derecho de la Figura 1), que determinará lo que la empresa se considere capaz de pensar, de saber y de hacer.

En la Figura 2 vemos graficada la finalidad última entendida como "la creación de valor sostenible y sustentable asumiendo un riesgo aceptable". Es en este punto cuando reemplazamos la búsqueda exclusiva de Creación de Valor Económico por la creación de valor sustentable. Como "sustentable" podemos entender el "triple balance" muy conocido como "RSE" o responsabilidad social empresaria y que implica la búsqueda de creación de valor económico, social y ambiental, o como nuestra propuesta de "séxtuple balance" que abarca la suma a las tres previas la creación de valor público, ya que la organización es una persona jurídica con obligaciones tales como el pago de impuestos y otras obligaciones, la creación de valor ético, esto tiene que ver especialmente con el concepto de "compliance" y la creación de valor emocional, centrado en el respeto irrestricto por cada uno de los miembros que integran la organización, por su autoestima, por su nivel de satisfacción como parte de ese grupo humano en el presente y en el futuro.

Esa finalidad última debe ser coherente con el "análisis proyectivo" que consiste en el estudio profundo de los datos concretos del pasado proyectado hacia el mañana y del "análisis de prospectiva" que es la construcción, la imaginación creativa y "sin mapas cognitivos petrificados" de escenarios "verosímiles" aunque poco probables del futuro para visualizar a la empresa en esos escenarios evitando cisnes negros y rinocerontes azules.

La estrategia de portafolio se define entre dos polos opuestos, igualmente peligrosos como "atractores del fracaso": el extremo de la concentración en muy pocas unidades de negocios y el extremo de la disipación en demasiadas unidades de negocios. Ambos atractores fatales incrementan el riesgo de depender de muy pocas fuentes de creación de valor o el riesgo de invertir y tratar de gerenciar tantas unidades. La estrategia de portafolio debe intentar configurar un nivel "sano" de diversificación, decidiendo, para cada unidad de negocios entre las siguientes estrategias:

- ingresar, si la empresa todavía no opera en ese negocio;
- escalar, esto es invertir para crecer;
- dostener, o invertir para mantener la posición actual
- fesescalar, transfiriendo con un determinado ritmo cronológico planificado los recursos tangibles e intangibles a otros negocios del portafolio, ya sea ingresando o escalando, o
- eliminar, que implica discontinuar inmediatamente ese negocio.

En cuanto a la diferenciación, en la Figura 2 distinguimos dos fuentes estratégicas imprescindibles: las ventajas competitivas y las capacidades distintivas.

Las ventajas competitivas consisten en las tradicionales percepciones desde el lado de la demanda, desde el cliente, ya sea consumidor final (B2C – *Business-to-Consumer*), una empresa que nos compra para incorporar en su propio producto como un insumo o materia prima (B2B – *Business-to-Business*) o un intermediario que revende lo que nos compra, sin transformarlo, en general los canales de distribución física o digital (B2T – *Business-to-Trade*, que algunos llaman B2B2C – *Business-to-Business-to-Consumer*).

Por otro lado, las capacidades distintivas son diferenciaciones internas versus los competidores, ya sean frontales (Coca-Cola vs. Pepsi), laterales (Coca-Cola vs. cerveza) o sustitutos, los que vienen para reemplazarnos y hacernos

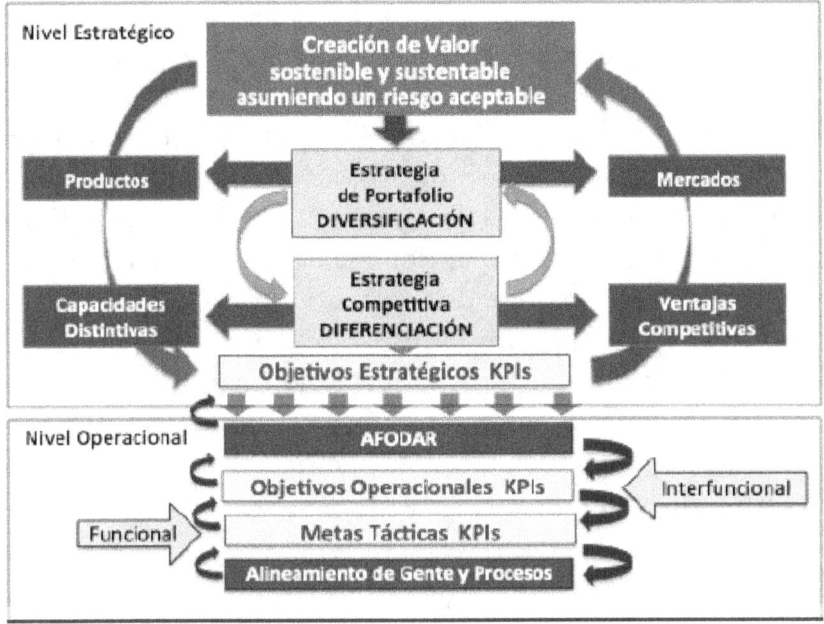

Figura 2. El Engranaje de la estrategia, finalidad última, diversificación y diferenciación.

desaparecer (Netflix vs. Blockbuster). Una diferenciación interna que resulta absolutamente admirable es la tremenda excelencia de Arcor en su logística capilar que quizás el consumidos final de un chocolate ni imagina.

Para lograr los resultados esperados, las empresas deben fijar objetivos estratégicos de diferenciar a cada una de sus unidades estratégicas de negocio tanto en capacidades distintivas como en ventajas competitivas (estrategia competitiva) y objetivos estratégicos de invertir ingresando, escalando, sosteniendo, desescalando o eliminando recursos tangibles e intangibles en cada unidad de negocios. Por último los objetivos estratégicos de diversificación y diferenciación con sus respectivos indicadores de desempeño (KPI a nivel estratégico) deben traducirse en objetivos operacionales que consisten en aspiraciones de acoples interfuncionales compartidos (con sus respectivos indicadores de desempeño a nivel operacional) y, por fin, estos objetivos operacionales deben ser ir en cascada hacia metas tácticas correspondientes a cada función vertical del organigrama (con sus respectivos indicadores de desempeño a nivel táctico). Este cuadro (Figura 2) es un poderoso resumen de la metodología DEO de dinámica estratégica-operacional.

En la Figura 3, que llamamos "Estrategia en una sola página", nos concentramos específicamente en las dos decisiones estratégicas.

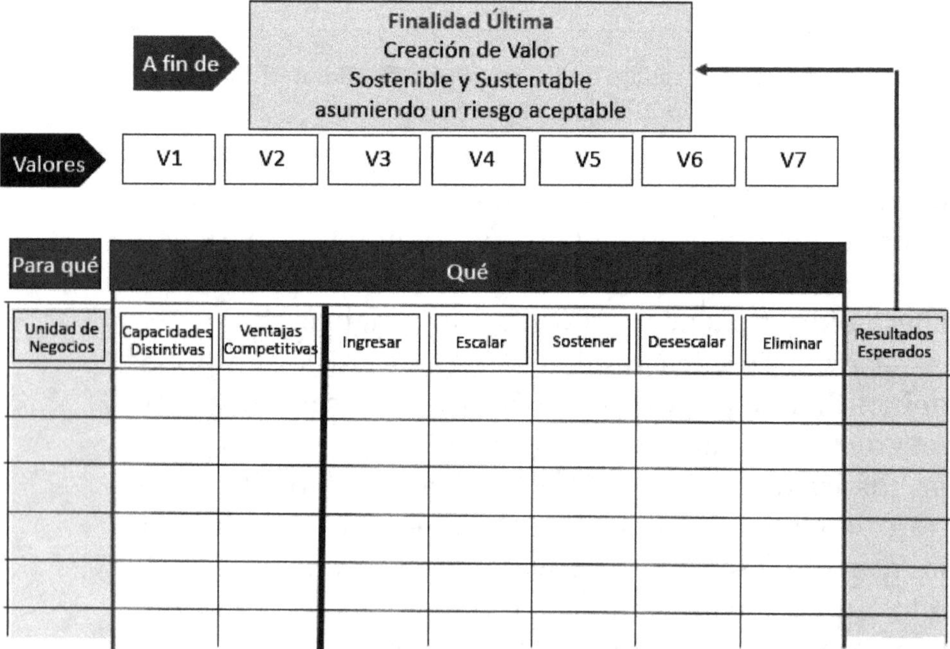

Figura 3. Estrategia en una sola página.

Estos dos grupos de objetivos o aspiraciones estratégicas serán o no logrados a través de la identificación de fortalezas, debilidades, amenazas y oportunidades para el logro de esas aspiraciones, y las imprescindibles iniciativas de innovación, para hacer lo mejor todavía mejor, para lograr resultados. Innovación para consolidar fortalezas, innovación para superar debilidades, innovación para neutralizar amenazas, innovación para aprovechar oportunidades. En definitiva, innovación estratégica para liderar el futuro.

Volvamos al engranaje de la estrategia

Hemos dicho que la estrategia de la empresa es cómo esta decide crear valor económico sostenible y sustentable en el marco de un riesgo aceptable. Que en PENTA se tienen en cuenta las dos decisiones. La primera es la decisión de Portafolio, en qué negocios pretende crear valor sostenible, y la segunda es la decisión de estrategia competitiva de cada negocio, por qué pretende ser líder rentable y preferido en cada uno de esos negocios a través de la identificación de fortalezas, debilidades, amenazas y oportunidades para el logro de las aspiraciones estratégicas, y las imprescindibles iniciativas de innovación, para hacer lo mejor todavía mejor: esto es, para alcanzar resultados. Innovación para consolidar fortalezas, innovación para superar debilidades, innovación para neutralizar amenazas, innovación para aprovechar oportunidades. En definitiva, innovación estratégica para liderar el futuro.

Es importante que el lector recuerde que no nos estamos refiriendo al tradicional análisis FODA.

- Una fortaleza no es una fortaleza *per se*. Una fortaleza es una fortaleza dadas las Aspiraciones a lograr. O sea los objetivos estratégicos, operacionales o tácticos.
- Una oportunidad no es una oportunidad *per se*. Una oportunidad es una oportunidad dadas las Aspiraciones a lograr. O sea los objetivos estratégicos, operacionales o tácticos.
- Una debilidad no es una debilidad *per se*. Una debilidad es una debilidad dadas las aspiraciones a lograr. O sea los objetivos estratégicos, operacionales o tácticos.
- Una amenaza no es una amenaza *per se*. Una amenaza es una amenaza dadas las Aspiraciones a lograr. O sea los objetivos estratégicos, operacionales o tácticos.

Pero si nos detenemos aquí solo terminamos con un diagnóstico. Y resulta que las empresas están saturadas de diagnósticos. Entonces:

- Detectada una fortaleza, debemos generar iniciativas para consolidarla. Esto significa lograr resultados.
- Detectada una oportunidad, debemos generar iniciativas para aprovecharla. Esto significa lograr resultados.
- Detectada una debilidad, debemos generar iniciativas para superarla. Esto significa lograr resultados.
- Y detectada una amenaza, debemos generar iniciativas para neutralizarla. Esto significa lograr resultados.

Entonces FODA lo sustituimos por AFODAR, empezando por Aspiraciones y terminando con resultados.

Las fortalezas y las debilidades no están solo "adentro" y las oportunidades y amenazas no están solo "afuera". Nosotros consideramos que las fortalezas y las debilidades están presentes, "ahora", antes de cambiar. Y nosotros consideramos que las oportunidades y amenazas están también presentes, "ahora", dependiendo de si podemos o no cambiar.

En este minuto, una <u>fortaleza</u> puede estar <u>amenazada</u> por el peligro de ser perdida o podemos darnos cuenta de que, en este minuto, tenemos la <u>oportunidad</u> de consolidarla. En este minuto podemos tener la <u>oportunidad</u> de superar una <u>debilidad</u> o la <u>amenaza</u> de no superarla. en este minuto podemos tener la <u>oportunidad</u> de neutralizar esa <u>amenaza</u>. o podemos tener la <u>amenaza</u> de no aprovechar una <u>oportunidad</u> porque tenemos una <u>debilidad</u> o podemos tener la <u>fortaleza</u> de neutralizar la <u>amenaza</u>. Las fortalezas y las debilidades no están en el engranaje de los recursos y las oportunidades y amenazas no están en el engranaje de los mercados (¡como yo escribí erróneamente en otros libros!).

Las fortalezas, las debilidades, las oportunidades y las amenazas están en todos los engranajes del PENTA y en las ligas entre los cinco engranajes. En este minuto, dependiendo de cuáles son nuestras aspiraciones y de la capacidad de generar iniciativas para lograr resultados dada nuestra movilidad y nuestro poder. Este es nuestro concepto de AFODAR. En las Figuras 4 y 5 presentamos al lector nuestra definición de estrategia empresarial. En la Figura 4 en forma de prosa y en la Figura 5 abriéndola en sus componentes críticos.

Estrategia es lo que la empresa
se enfoca a hacer (subestrategia de portafolio), diferente en capacidades
distintivas y en ventajas competitivas que los demás competidores
frontales, laterales o sustitutivos (subestrategia de negocio), en vínculos
Business-to-Consumer (B2C), *Business-to-Business* (B2B) y/o *Business-
to-Trade* (B2T), invirtiendo sus recursos tangibles e intangibles para
crear valor sostenible y sustentable, asumiendo un riesgo aceptable en
el marco de su cultura organizacional, innovando constantemente en
los procesos de sus cadenas de valor, en el campo sistémico de actores
aliados y/o adversarios de uno o más clusters, generando barreras de
protección y maximizando su plasticidad y su capacidad de maniobra para
anticipar y superar a los actores oponentes con objetivos simétricos en
conflictos competitivos actuales o potenciales.

Figura 4. Nuestra definición de estrategia empresarial.

**Figura 5. Nuestra definición de estrategia empresarial.
Componentes críticos.**

En la Figura 6 presentamos la metodología para evaluar la estrategia de cada unidad de negocios del portafolio.

Las columnas indican nuestra escala de evaluación versus cada competidor:

1. Muy negativo
2. Negativo
3. Regular negativo
4. Regular positivo
5. Positivo
6. Muy positivo

ESTRATEGIA	MN	N	RN	RP	P	MP
E1. Foco segmentos *target* y geográfico						
E2. Ventajas competitivas sostenibles vs. frontales						
E3. Ventajas competitivas sostenibles vs. laterales						
E4. Ventajas competitivas sostenibles vs. sustitutivos						
E5. Ventajas competitivas sostenibles vs. otros usos						
E6. Capacidades distintivas sostenibles vs. frontales						
E7. Capacidades distintivas sostenibles vs. laterales						
E8. Capacidades distintivas sostenibles vs. sustitutivos						
E9. Capacidades distintivas sostenibles vs. otros usos						
E10. Prioridad en la estrategia de portafolio						
E11. Contención de la cultura / acople con la doctrina						
E12. Soporte de los grupos de procesos / SMART-PI						
E13. Viabilidad efectividad y eficiencia operativa / AFA						
Evaluación general						

Figura 6. Evaluación de la estrategia de una unidad de negocio.

La primera variable, "foco segmentos *target* y geográfico" tiene que ver con la claridad de a qué segmento de mercado está dirigida la unidad de negocio. Por ahora no profundizaremos en nuestro concepto de segmentación. Solo aclaremos que, para nuestro enfoque, un segmento es una "subdemanda" dada la "heterogeneidad de la demanda en cuanto a perfiles de atributos esperados". No todo el mercado demanda el mismo perfil de atributos ideales por un smartphone. Un segmento es un determinado perfil óptimo esperado (conjunto esperado "1") diferente de otro perfil óptimo esperado (conjunto esperado "n"). No es una descripción de "cómo ni quienes" son los demandantes. Es una descripción de qué demandan. Lograr "foco" es intentar el *Perfect Match*, la máxima compatibilidad entre el conjunto de atributos que nos demanda el segmento y el conjunto de atributos que ese segmento "percibe" de lo que le ofrecemos. Esto será profundizado más adelante.

Las variables 2 a 5 consideran nuestras ventajas competitivas versus cada tipo de competidor. Recordemos que podemos estar operando en una "arena competitiva" B2C, B2B o B2T.

Las variables 6 a 9 consideran nuestras capacidades distintivas.

La variable 10 tiene en cuenta nuestra definición de prioridad de portafolio: ingresar, escalar, sostener, desescalar o eliminar.

La variable 11 evalúa si la cultura y la doctrina "amparan" a la estrategia de esta unidad de negocio (ver Figura 1 del PENTA).

La variable 12 evalúa si los procesos y los "SMART – PIs" (Indicadores de desempeño específicos, medibles, logrables, realistas y controlables – *Specific, Measurable, Achievable, Realistic, Trackable Performance Indicators*) "soportan" la estrategia de esta unidad de negocio (ver Figura 1 del PENTA).

La variable 13 evalúa si la estrategia de esta unidad de negocio es implementable operativamente con eficiencia y efectividad a través de iniciativas aptas, factibles y aceptables (AFA).

Consideraciones adicionales

Creemos muy importante complementar nuestro análisis realizado hasta este punto con los conceptos que siguen ya que estos nos permiten una mayor profundización analítica, metodológica y práctica. Estos conceptos son incorporados en la Figura 7.

1. Foco. La precisión de "enfoque" o de focalización en un determinado segmento *target* de mercado implica apuntar al conjunto de atributos esperados por ese segmento como el "satisfactor ideal" o el "producto ideal". Este es el concepto de "qué demanda la demanda" y tiene lugar en el plano simbólico, en la arquitectura mental de quien demanda. Ese segmento puede estar integrado por gente heterogénea desde el plano descriptivo de variables tales como edad, nivel de educación, nivel de ingreso o género. Hemos visto que la concepción fundamental es que un segmento está conformado por todos aquellos demandantes cuyo producto ideal es fuertemente homogéneo y significativamente diferente del producto ideal de otros demandantes. Por lo tanto, habrá tantos segmentos de mercado cuanto diferentes productos ideales podamos descubrir. Por ejemplo, todos aquellos cuyo smartphone ideal es fuertemente parecido, forman parte de un segmento. Otro segmento

sería el de aquellos que demandan un smartphone diferente. Pero, además de foco en lo simbólico, podría ser foco en una localización geográfica, sin tener en cuenta sus segmentos (alternativa que tienen en cuenta muchas empresas pero que no compartimos desde el punto de vista técnico). Una determinada localización geográfica puede estar segmentada en dos o más smartphones ideales. Lo mismo puede suceder con una edad, un género, un nivel de ingreso o, para un banco, el mal denominado "segmento pymes" que puede estar extremadamente segmentado en "ideales" diferentes de cualquier producto o servicio.

2. Diferenciación de las ventajas competitivas. Desde la perspectiva de la demanda, el nivel de cuánto se diferencian las ventajas competitivas de una marca contra las demás resulta clave para la competitividad de esa marca versus las marcas que le compiten. El nivel de competitividad es directamente proporcional a la capacidad de creación de valor sostenible y sustentable.

3. Diferenciación de las capacidades distintivas. Desde la perspectiva de la oferta, el nivel de cuánto se diferencian las capacidades distintivas de una empresa contra las demás resulta clave para la competitividad de esa empresa versus las empresas que le compiten. El nivel de competitividad es directamente proporcional a la capacidad de creación de valor sostenible y sustentable.

Con estos conceptos en mano, hemos de referirnos a la tremenda influencia que ha tenido para mí el profesor Bruce Greenwald de la Universidad de Columbia (Greenwald, 2005).

Como hemos visto hasta aquí, las claves de la estrategia son: foco en un *target* (o en más de uno pero con un foco particularmente distinguido para cada uno de esos *targets*), y diferenciación en ventajas competitivas en ese o esos focos y capacidades distintivas asignadas a ese o esos focos.

Evidentemente estos componentes iniciales de nuestro planteo estratégico son determinados como las condiciones básicas (no suficientes, a pesar de lo que yo creía hace pocos años) para lograr la finalidad última de cualquier empresa. Podemos llamarla "ganar una rentabilidad superior al costo del capital", EBIDTA, crear valor económico, retorno sobre los activos o cualquier otra finalidad última que hace que esta sea una empresa y no otra institución humana. No se trata de un objetivo ya que un objetivo es optativo. Una finalidad última, en cambio, es no discutible. Si no la busco, no soy una empresa. Es una verdadera "restricción ontológica".

Ahora bien, para que esta sea una empresa y no solamente un negocio (compro barato y vendo caro) necesito que esa finalidad última se mantenga dinámicamente. Para ello necesito tener un negocio sostenible, más allá de las continuas e imparables innovaciones que debo poner en marcha para mantener mi foco y mi diferenciación en ventajas competitivas y en capacidades distintivas. Esto quiere decir que un elemento refuerza al otro, generando un "emergente" sistémico más relevante que la mera existencia de las dos partes consideradas aisladamente.

Para, por ejemplo, lograr un retorno sobre el capital superior al "normal" (que sería el costo de ese capital), necesito un nivel de participación de mercado en el *target* en el que me focalicé y me diferencié mayor que mi competencia. Esta dominancia debe ser sostenible en el tiempo. Entonces,

4. *Share* superior y sostenible. Un nivel de participación de mercado constantemente mayor que el de las empresas competidoras puede llevar asociada una ventaja de productividad y de costos debido al efecto escala y al efecto experiencia.
5. Simbiosis de la demanda. Un fueknorte nivel de lealtad de los canales de distribución o de los clientes finales pueden asegurar una postura estratégica más sana que la de la competencia. Asimismo, la dificultad de cambio de proveedor puede incrementar la fortaleza estratégica si los costos de cambio de proveedor o de búsqueda de nuevos proveedores fueran significativos.

La simbiosis de la demanda, lograda ya sea por alta lealtad del cliente o por el costo o la dificultad de cambio de proveedor, nos permite reforzar la dominancia en participación de mercado y así asegurarnos una economía de escala mayor que la competencia. Esto, a su vez, nos permite tener menores costos que esos competidores. Y esta vinculación se refuerza como sistema.

Pero ahora incorporamos otro concepto. De las famosas fuerzas competitivas de Porter (Porter, 1985): nivel de rivalidad, poder de negociación de los proveedores, poder de negociación del cliente, peligro de nuevos ingresantes y presión de productos sustitutos, nos interesan especialmente las barreras de ingreso. Nosotros incorporamos en el concepto de barreras de ingreso las variantes de barreras de imitación y barreras de sustitución. Las Barreras generan un *loop* de refuerzo del foco y de la diferenciación (tanto en ventajas competitivas como en capacidades distintivas).

6. Barreras de protección de nuevos ingresantes. cuanto mayor dificultad de penetrar este sector tengan los potenciales nuevos ingresantes, mayor será la fortaleza estratégica de las empresas incumbentes. muchas veces, al analizar la viabilidad estratégica de un startup, los potenciales inversores se concentran en el foco y la diferenciación de ventajas competitivas y de capacidades distintivas y no tienen en cuenta este peligro. Evidentemente, debemos tener en cuenta la dinámica de las barreras. Desde la protección de las capacidades distintivas tales como un know how productivo o como el acceso a recursos, debemos considerar la innovación en cambios tecnológicos. Desde la protección de las ventajas competitivas tales como lealtad a la marca o dificultad de cambio de proveedor, debemos tener cuidado con los cambios en la demanda que pueden generar los procesos de innovación.

7. Efecto Network. Cuanta más gente tiene Waze, a más gente le conviene tener Waze. Cuanta más gente consume Nespresso, más oferta de nuevos gustos y de nuevas máquinas hacen más atractivo consumir Nespresso. Cuanto más se vende Windows de Microsoft, a mayor cantidad de desarrolladores les resulta interesante desarrollar aplicaciones para Microsoft y entonces se consi-

guen más clientes. Cuantos más establecimientos aceptan Visa, más conviene tener Visa.

8. Economía de escala de alto costo fijo relativo. Cuanto mayor es la escala en unidades de producción y venta de una empresa, cuanto más significativo sea el costo fijo en relación con el costo total, más se aprovecha la economía de escala. La incidencia tiene un efecto de disminución marginal decreciente a medida de la cobertura del costo fijo relativo.

9. Proliferación adyacente. Desde el punto de vista del riesgo estratégico, suele resultar más seguro penetrar en mercados nuevos con productos actuales o penetrar en mercados actuales con productos nuevos que embarcar a la empresa en una diversificación radical de ingresar en mercados nuevos con productos nuevos. Sin embargo, no siempre esta maniobra estratégica es posible ya que los crecimientos adyacentes pueden no ser fértiles. En esos casos no queda otra posibilidad que la diversificación para no frenar la generación de ingresos. En este caso, la diversificación en nuevos negocios deberá cumplir los ocho requisitos anteriores.

10. Innovación abierta. Implica no depender exclusivamente del área propia de investigación y desarrollo e innovación (R&D+I) sino desarrollar la capacidad de detectar innovaciones de otras empresas o de emprendedores que puedan ser aprovechadas por la empresa. Debemos incorporar el concepto de refuerzo de la proliferación adyacente al foco y la diferenciación y de la innovación abierta, tendencia ya muy proliferada en las empresas que se basa en que no solo se debe

depender de los logros de R&D+I, investigación, desarrollo e innovación generados internamente en las empresas por sus capacidades propias de "desarrollo orgánico" sino que también se debe estar atento a los desarrollos de otras empresas, desde StartUps hasta grandes y establecidas como para realizar adquisiciones, fusiones, alianzas estratégicas o cualquier otra figura de "desarrollo inorgánico". La innovación abierta también puede potenciar el efecto network. Esta innovación orgánica o inorgánica debe apuntar especialmente a los dos puntos siguientes: la innovación en capacidades distintivas y la innovación en ventajas competitivas. Lógicamente, esto implica también innovación en barreras de ingreso, barreras de innovación y barreras de sustitución.

11. Innovación en capacidades distintivas. Las capacidades distintivas son cada vez más imitables por lo que constantemente deben ser generadas nuevas, antes y mejores que los competidores.

12. Innovación en ventajas competitivas. Las ventajas competitivas son cada vez más imitables por lo que constantemente deben ser generadas nuevas, antes y mejores que los competidores.

13. Alineamiento a eficiencia operacional y táctica. Las doce variables anteriores deben ser rápida, efectiva y eficientemente ancladas a la acción real y concreta. La última característica de nuestra concepción de la estrategia es que esta debe ser formulada para potenciar la eficiencia y la efectividad en su ejecución. Paradójicamente, la "ejecutabilidad" es una parte central de la formu-

lación o del diseño. Formulación y ejecución son partes indisolubles de un continuo recursivo de feedbacks entre las ideas y las acciones. Este último requisito lo incorporamos en la Figura 7.

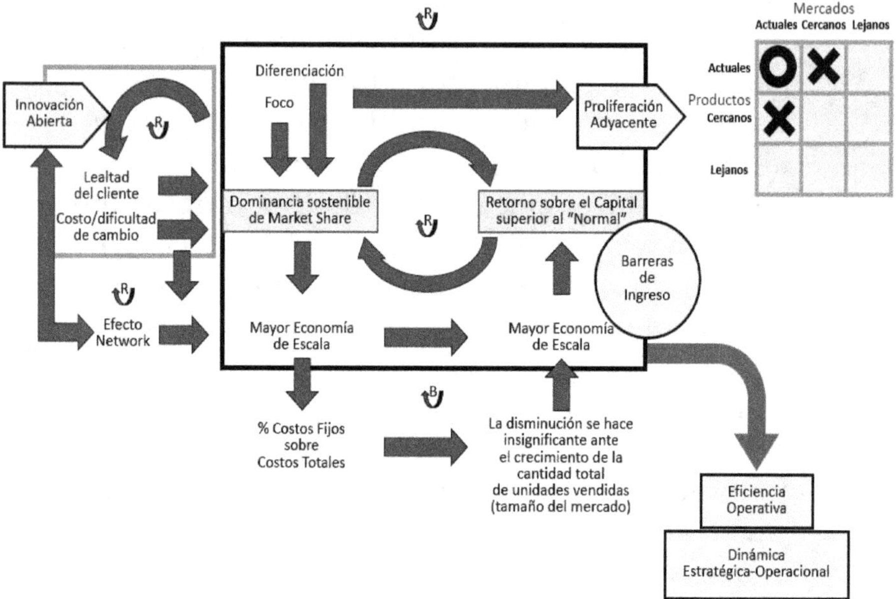

**Figura 7. Profundización analítica y metodológica
de la estrategia de una unidad de negocio.**

El símbolo de la R significa refuerzo y el símbolo de la B significa balance o equilibrio. Recordemos que el PENTA consiste en la interacción sistémica entre los cinco engranajes y sus ligas y que en este punto nos estamos concentrando en el engranaje de la estrategia. Sin embargo, en la Figura 7, en las variables 11 y 12 12 ya estamos sugiriendo la relación entre el engranaje de estrategia con la cultura y con los procesos. Pero además, en la variable 13 de la Figura 7 ya estamos refiriéndonos a la relación entre la formulación de la estrategia y su implementación o ejecución.

Dinámica Estratégica-Operacional

La misión de la Alta Dirección consiste en traducir las decisiones políticas al lenguaje de la acción. Convertir intenciones en criterios que orienten y coordinen las decisiones rutinarias de ejecución. Para ello, lidera la transformación de la estrategia en planes operacionales y luego en programas de acción táctica. A este proceso lo llamamos Dinámica Estratégica-Operacional que es la columna vertebral de la Dinámica Empresarial.

Aquí destacamos la noción de "potencia cognitiva" de la Dinámica Estratégica-Opcracional en el sentido de posibilidad de definición de mejores hipótesis, más simples, más efectivas, más eficientes, más rápidas y más plásticas. No potencia en dimensión. Por el contrario, al aumentar la dimensión es imprescindible controlar los efectos de estrangulación de interacción e innovación, capacidad de maniobra, libertad de acción y cambio dinámico que el tamaño puede acarrear. Aquí puede producirse la obsolescencia estratégica del comando por cualquier razón (siendo el paquidermismo una muy común), cuando este no consigue responder proactivamente con su conducta a los requerimientos cognitivos del cambio que requiere la complejidad.

En la Figura 8 presentamos la recursividad entre las dos dimensiones de la estrategia empresarial: la diversificación o estrategia corporativa de portafolio de negocios y la diferenciación o estrategia competitiva de cada unidad de negocios del portafolio. La representamos como una "banda o cinta de Moebius". Los peligros de cada una de las dos dimensiones son los riesgos por concentración o por disipación en la diversificación y la indiferencia o commoditización en la diferenciación.

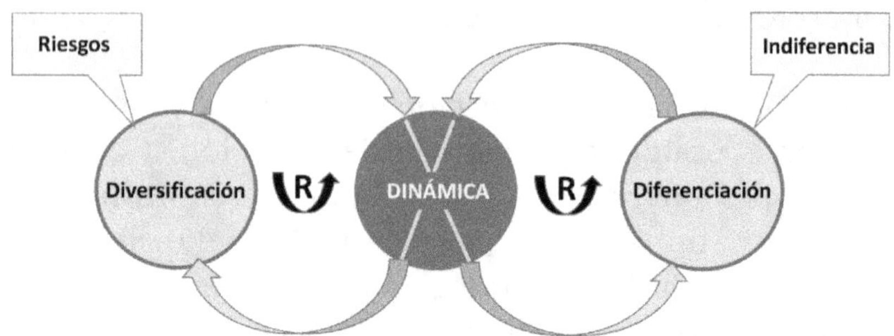

Figura 8. Recursividad entre las dos decisiones estratégicas y los peligros asociados.

En la Figura 9 presentamos, también como una cinta de Moebius, la recursividad entre la formulación y la ejecución de la estrategia. Aquí presentamos dos patologías que nos han parecido bien elocuentes por lo que hemos vivido en varias empresas. Una de ellas es la "estratesclerosis" o "endurecimiento" de la plasticidad mental requerida para formular estrategias y la "tacticopatía" o "dolencia de la inejecución" que afecta la plasticidad requerida para llevar la estrategia a la acción.

En la Figura 10 presentamos la "hélice estratégica" que representa la dinámica de formular y ejecutar las dos dimensiones estratégicas de manera recursiva como un "doble bucle" de incrementalismo cognitivo y sistémico.

La decisión estratégica se caracteriza por no ser "programable" como una "cuenta" o como un algoritmo (ni siquiera probabilístico) ya que no puede ser conocida objetiva y completamente su estructura, puesto que no pueden ser detectadas (i) todas las variables relevantes (ii) los valores de esas variables, y (iii) las interrelaciones entre esas variables.

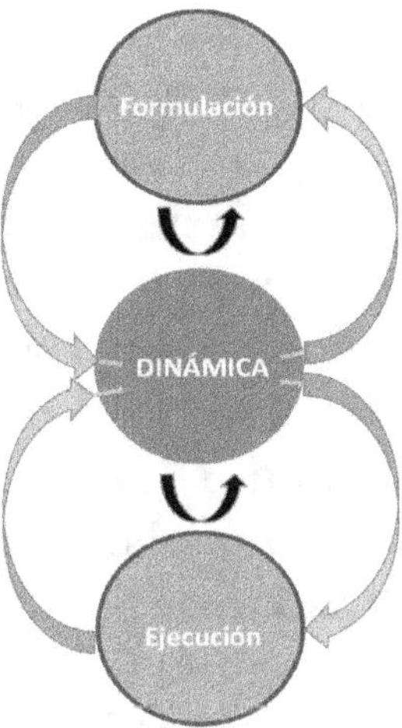

Figura 9. Recursividad entre la formulación y la ejecución de la estrategia empresarial y las patologías asociadas.

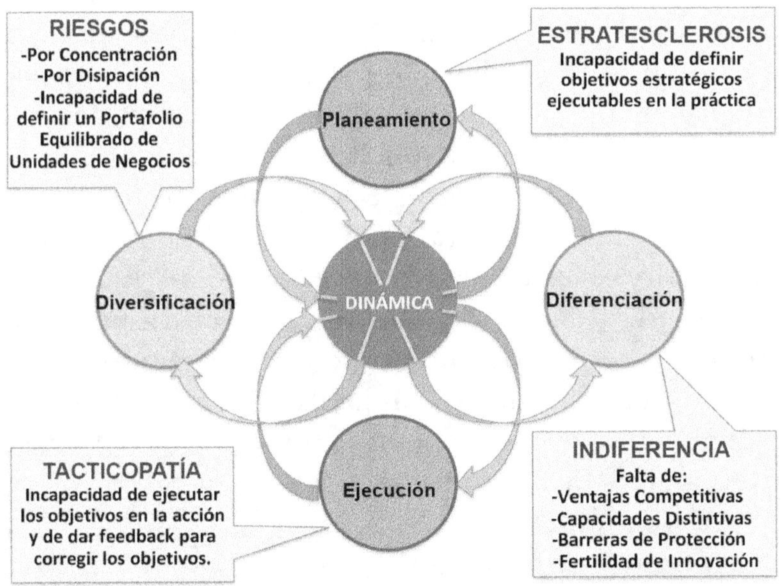

Figura 10. Recursividad de doble bucle o "hélice estratégica". Riesgos y "trastornos cognitivos organizacionales" que pueden afectar al funcionamiento de la hélice.

En dinámica estratégica-operacional, este nivel es el del "liderazgo cognitivo" que consiste en detectar, evaluar, seleccionar e incorporar capacidades distintivas que nos permitan aprovechar mejor los recursos disponibles en el presente y en el futuro y hacer máxima la eficiencia y la capacidad de maniobra o libertad de acción o "variedad requerida" (Ashby, 1957). Esto marca la diferencia entre el mero "crecimiento", la acumulación "apilada" de recursos, versus el "desarrollo", que responde al desafío de "qué hacemos cada vez mejor con qué recursos". Asimismo, el liderazgo cognitivo consiste en la capacidad de lograr eminencia a través de las ventajas competitivas posicionadas en la arquitectura mental de la demanda intermedia o final.

Sin embargo, muchas veces, sus modelos de pensamiento no son explícitos, no son comunicables, no sirven para influir, ni para delegar, ni para coordinar, ni para controlar. Para cumplir estas funciones, los modelos de pensamiento deben ser explícitos y coherentes. La quintaesencia de la dirección es el pensamiento, el manejo conceptual. La verdadera medida de desempeño de la conducción es la calidad del pensamiento estratégico que precede a la acción. Esto se agrava drásticamente cuando nos referimos a un grupo grande y no solo a una persona. Ya hemos dicho más arriba que tanto a nivel individual como grupal, debemos considerar cinco niveles o tipos lógicos de aprendizaje:

1. aprender,
2. aprender a aprender,
3. aprender a desaprender,
4. aprender a reaprender y
5. aprender nuevas formas de aprender.

El engranaje de la cultura

Es la matriz vincular que vincula a los miembros de un grupo, una organización, un equipo o hasta un país en las dimensiones de lo emocional y de lo racional que comparten, la cosmovisión, la idiosincrasia, el "modo de vivir" que surge de las ideas guía, de las creencias, valores, hábitos, estilos y clima, de coordinar las diversas áreas de la organización y de tratar de generar una visión comprendida, compartida y comprometida. Como vemos, nuestro enfoque de la psicología empresarial se focaliza en un "tejido" de perspectivas emocionales y racionales inseparables entre sí. El CEO alza la bandera de hacer de la innovación un valor central de la cultura de su organización, basada en el aprendizaje, en el conocimiento colectivo especialmente fomentando una cultura de "Descubrir" y de "inventar".

Pero además, fomentando un poderoso "factor Lamed", que es como llamamos a la capacidad de cambiar opiniones, debatir y discutir. Pero, por más acalorado que haya sido ese vínculo grupal, llegar a una cohesión poderosa entre quienes participaron y ejecutar lo que el grupo decidió sin importar las posturas personales que cada uno haya defendido. Lamed lo vemos como un concepto clave de psicología social-sistémica totalmente aplicable a una familia en el marco de la terapia familiar sistémica. Este ha sido un hito clave en nuestra formación en el Mental Research Institute de Palo Alto, California, durante 1989 bajo la dirección de Paul Watzlawick y el apoyo constante de Karin Schlanger. Por lo tanto, lo incorporamos como clave en el campo de la psicología empresarial como perspectiva humana en la dinámica estratégica operacional.

Rafael Echeverría (2000) profundiza en el concepto de la "confianza" que es una de las bases de la fortaleza del factor Lamed en una empresa. Dice Echeverría: "La vida nos expone a infinitas *contingencias*, a cosas que pueden pasar y que no podemos prever. Nunca estamos del todo seguros. La vida nos obliga a desplazarnos y en ese desplazamiento habrá siempre riesgos, habrá amenazas que nos acechan, así como posibilidades que podrían abrirse. *La confianza y la falta de confianza nos hablan de la manera como encaramos el futuro en función de los eventuales peligros que este nos pueda deparar. Ellas definen, por lo tanto, nuestra relación básica con el futuro*" (p. 116).

Esa capacidad de disentir, de debatir, de defender las ideas propias y, después, pase lo que pase, seguir "sintiéndose" parte de ese grupo es, para nosotros, confianza. Esa sensación indescriptible, ese gran "disolvente del miedo", ese saber que el otro o los otros no son amenazantes, que no comprometen nuestra integridad, que, en su actuar, sabrán "hacerse cargo" de mí, sabrán identificar mis inquietudes y las tomarán en consideración en su comportamiento. Eso me hace sentir cuidado, protegido. Y los otros sienten también esto de mí. Que pueden confiar en mí.

El engranaje de los recursos

Su gente, sus recursos tangibles –financieros, productivos, de infraestructura– y sus recursos intangibles: información, tecnología, mística, imagen, crédito, tiempo, capacidad de maniobra, organicidad y estabilidad. La innovación apunta a que esta constelación de recursos potencie a cada uno de ellos y a los vínculos que los conectan. De la configuración de los recursos surgen las capacidades distintivas, que a su vez, son las que permiten la reconfiguración cada vez más apropiada de esa base de recursos y la sustentación de las ventajas competitivas en los diferentes segmentos de los mercados servidos.

El engranaje de los procesos

Tiene que ver con su diseño organizacional, con sus sistemas de información y, MUY IMPORTANTE, con sus procesos. Las innovaciones que se deciden implementar deben ser consideradas como proyectos, y estos, gestionados por la metodología de dirección de proyectos (*Project Management, Project Management Institute*) para asegurar su ejecución. Aquí queremos destacar un tema crucial. Estamos acostumbrados a entender a las empresas como el organigrama de áreas funcionales verticales, tales como producción, finanzas, comercial, investigación y desarrollo, talento o capital humano o recursos humanos (no nos gusta esta última designación), etc. Pero, si bien debemos seguir pensando en las funciones verticales, creemos que lo importante, lo que logra ejecutar la Estrategia, es el acople horizontal entre estas funciones. Son los procesos que atraviesan horizontalmente a la estructura. Entre todos los procesos se genera la cadena de valor de cada negocio de la empresa. Nosotros pensamos en los procesos y no solo en las funciones que los alimentan.

El engranaje de los mercados

Incluyen a las ventajas competitivas en cada uno de los segmentos de los mercados servidos, el consiguiente posicionamiento, marca e imagen y el descubrimiento de las tendencias en la demanda que permita detectar nuevos segmentos y nuevos mercados atractivos. Tiene que ver con el impacto del escenario externo, la envergadura y la tasa de crecimiento, las barreras de entrada y de salida, el poder de negociación de los proveedores, de los distribuidores o clientes intermedios y de los clientes finales, la compatibilidad tecnológica y cultural, la sinergia y el riesgo. Todo esto hoy y mañana. La principal responsabilidad de la alta dirección, de la que depende la calidad de su pensamiento estratégico, es la de imaginar escenarios futuros basándose en la innovación directriz: la innovación en cómo reinventar el éxito. Cuál es el PENTA mejor para su empresa.

Las ligas entre los cinco engranajes

La estrategia resulta de la asignación de los recursos adecuados en los mercados atractivos para lograr el fortalecimiento entre las capacidades distintivas y las ventajas competitivas. Dada la base de recursos de la empresa, según el nivel de sus conocimientos, de sus mapas mentales, en definitiva, de sus capacidades distintivas, esta logrará un mayor o menor nivel de productividad en el empleo de sus recursos. La productividad genera un efecto de "presión" para ayudar a crear valor sostenible y sustentable.

Por otro lado, dado el posicionamiento de sus marcas en los mercados, estas generan un efecto de "atracción", que es la segunda fuerza de creación de valor. La estrategia competitiva se basa, entonces, en dos motores fundamentales: las ventajas competitivas desde el lado de los mercados, es decir, la atracción del posicionamiento de las marcas, y las capacidades distintivas, es decir la presión de la productividad en el empleo de sus recursos. Esta es la liga del "núcleo estratégico" o "Paradigma Vincular". Este es el eje horizontal de PENTA: estrategia, recursos y mercados. Es el eje de la Formulación. Veamos ahora el eje vertical de la implementación, estrategia, cultura, procesos.

La cultura puede ser endógena, orientada hacia la "Inventar" o exógena, orientada hacia "descubrir". Inventar nuevas configuraciones de recursos. Inventar satisfactores. Nuevas capacidades distintivas. Y, por otro lado, descubrir necesidades. Descubrir segmentos. Descubrir tendencias. Nuevas ventajas competitivas. Innovación en inventar e innovación en descubrir.

Necesitamos ayudar a que la empresa logre orientarse hacia ambos lados. La primera tiende a la optimización de los recursos y la segunda hacia la fidelización de los mercados. De la cultura surgen los hábitos que son las conductas diarias que promueven o dificultan la implementación de la estrategia.

Desde el engranaje de la estrategia se desprenden objetivos específicos en basados en los cuales se diseña el engranaje de los Procesos teniendo en cuenta la adaptación a los requerimientos de los distintos mercados servidos y la integración para la optimización del empleo de los recursos. Son los macroprocesos de posicionamiento y de productividad, surgidos de la optimización de todos los procesos y su alineamiento con la estrategia.

La misión de la alta dirección consiste en traducir las decisiones políticas al lenguaje de la acción. Convertir intenciones en criterios que orienten y coordinen las decisiones rutinarias de ejecución. Para ello, lidera la transformación de la estrategia en planes operacionales y luego en programas de acción táctica sobre la plataforma de un fuerte factor Lamed que implica alta cohesión grupal y compromiso individual.

Este punto es clave ya que ante un entorno turbulento una estrategia incorrecta puede implicar sorpresa, vulnerabilidad, derrota y colapso. Aquí no hablamos de eficiencia en la configuración de la asignación y aplicación de recursos, sino de la definición de las hipótesis estratégicas que orientan esas decisiones eminentemente operacionales (interfuncionales) y tácticas (funcionales).

Aquí destacamos la noción de "potencia cognitiva" y "potencia Lamed" del ámbito de la psicología empresarial en el sentido de posibilidad de definición de mejores hipótesis, más simples, más efectivas, más eficientes, más rápidas y más plásticas. No potencia en dimensión. Por el contrario, al aumentar la dimensión es imprescindible controlar los efectos de estrangulación de interacción e innovación, capacidad de maniobra, libertad de acción y cambio dinámico que el tamaño puede acarrear. Aquí puede producirse la obsolescencia estratégica del comando por cualquier razón (siendo el paquidermismo una muy común), cuando este no consigue responder proactivamente con su conducta a los requerimientos cognitivos del cambio que requiere la complejidad.

En psicología empresarial, este nivel es el del "liderazgo cognitivo" que consiste en detectar, evaluar, seleccionar e incorporar "capacidades o competencias distintivas" que nos permitan aprovechar mejor los recursos disponibles en el presente y en el futuro y hacer máxima la capacidad de maniobra o libertad de acción o "variedad requerida" (Ashby, 1957). Esto marca la diferencia entre el mero crecimiento, la acumulación "apilada" de recursos, versus el desarrollo, qué hacemos cada vez mejor con qué recursos. Esto se logra por la interacción de tres dimensiones clave: la intensidad direccional, la interpretación común y la identidad compartida (Baghai y Quigley, 2011). Lamed es el producto de estos tres conceptos más los de liderazgo transformacional y de valor emocional. Lamed es la interacción entre los cinco. De esta manera, la Psicología Empresarial sustenta a la Dinámica Empresarial en el funcionamiento estratégico, operacional y táctico de cualquier empresa en particular.

Bernard Bass y Bruce Avolio desarrollaron el modelo del "Liderazgo Transformacional" que se basa en la interacción humana que conduce a un elevado sentido de propósito, visión, misión y objetivos comprendidos, compartidos y comprometidos. Para Bass y Avolio el líder también transacciona pero en un marco superior de vinculación y respeto con su gente (Bass, B.M. y Avolio, B,J., 1994). El liderazgo transformacional está basado en cinco ejes fundamentales:

1. Influencia idealizada:
    - Magnetismo personal. Capacidad de comunicación y persuasión.

- Se ganan la confianza y el respeto de sus seguidores.
- Propician intenso apego personal de su equipo de trabajo.
- Obtienen esfuerzo extra de sus seguidores para lograr niveles óptimos de desempeño.

2. Motivación inspiradora:
   - Diseñan y transmiten una visión en la cual el futuro es mejor para todos.
   - Son creadores de significados.
   - Mueven a la gente hacia el logro de la visión.
   - Generan optimismo y confianza.
   - Propician el deseo de avanzar en el desarrollo personal de cada uno de sus colaboradores.

3. Consideración individualizada:
   - Tratan a sus seguidores como individuos.
   - Diagnostican sus necesidades y capacidades.
   - Se convierten en mentores: entrenan, delegan y retroalimentan.
   - Creen en las personas y son sensibles a sus necesidades.
   - Son flexibles y abiertos al aprendizaje de la experiencia.

4. Estimulación intelectual:
   - Inducen a mirar los problemas desde ángulos novedosos.
   - Estimulan la creatividad y la autocrítica.
   - Fomentan la colaboración y el comportamiento positivo.
   - Propician la innovación y la responsabilidad personal.

- Generan así la superación personal de sus seguidores.
5. Recompensa contingente
   - Explicitan claramente sus expectativas y recompensan el desempeño.
   - Todos comprenden como son evaluados y que van a ser recompensados si cumplen o exceden sus expectativas.

La presión por innovar es creciente en dimensión, en aceleración y en complejidad. Inclusive, hasta el mismo concepto tradicional de "innovación" hoy puede haber quedado obsoleto. De acuerdo a los estudios internacionales, los ejecutivos de las empresas esperan que el porcentaje del ingreso total de sus compañías, proveniente de productos nuevos, tiendan a representar porcentualmente cada vez más de su ingreso anual.

En los próximos años, cada vez más negocios han de quedar obsoletos debido a los cambios en la demanda de los mercados finales, la presión de los canales de distribución, los desarrollos tecnológicos, los cambios geopolíticos, los "saltos" psico-socio-culturales de los miembros de las organizaciones, las maniobras de los competidores y la cada vez mayor convergencia entre los distintos sectores industriales (por nombrar los ejes más relevantes). El nivel de rivalidad competitiva es máximo, por lo que los conceptos parciales de estrategia ya no serán instrumentos apropiados para crear valor. Ni para los accionistas, ni para los clientes, ni para la supervivencia. El riesgo estratégico aumenta en proporción geométrica con respecto a la "esterilidad de innovación". Este es el campo de la psicología empresarial que debe preparar a los equipos humanos y a sus miembros para ser viables en ese tipo de escenarios.

Para aumentar el nivel de complejidad de los desafíos de la psicología empresarial, muchas organizaciones ni siquiera tienen confianza en sus propias capacidades para manejar este riesgo. Sin embargo, la paradoja es que esas empresas tienen necesidades desesperantes por innovar y mantener su competitividad. Esta paradoja se incrementa cuando se debe tomar la decisión de a cuáles productos asignar cuántos recursos (decisión estratégica de portafolio y financiación de negocios), si proteger las líneas actuales evitando las innovaciones radicales, o las oportunidades de futuro que amenazan las ventas y los márgenes de corto plazo. Incentivos en conflicto, inversiones tradicionales y metodologías de control sin actualizar matan las grandes ideas o permiten que las mediocres o las malas se pongan en acción. Muchas veces esas empresas observan con incredulidad cuando sus competidores se adelantan y lanzan esas mismas ideas.

Para las empresas de mayor dinámica competitiva tan diversas como las de alta tecnología o de la moda, ese ritmo de obsolescencia puede ser menor de un año. Estériles de innovación, las compañías están condenadas a desaparecer. Pero generar innovación rentable está muy lejos de ser fácil y mucho más lejos de ser ejecutable con los viejos modelos mentales con los cuales hemos concebido la competencia hasta hoy.

Muchas empresas están fracasando en el impulso por crear o al menos descubrir nuevos conceptos y definir si están implementando una estrategia de "sustentación" (mejoras incrementales a las líneas actuales de productos o servicios) o si están formulando estrategias de "disrupción" (potencialmente canibalizando las líneas tradicionales de productos y servicios y, por lo tanto, signifiquen verdaderos nuevos negocios que cambien las reglas del juego) (Christensen, 1997; Christensen y Raynor, 2003; Christensen y Horn, 2008; Levy 2007, 2010, 2019).

La participación y el involucramiento generalizado que se propone en este libro apunta a resguardar a la organización de este trastorno a través de la implantación del concepto de liderazgo transformacional colectivo, la creación de valor emocional, la intensidad direccional, la interpretación común y la identidad compartida.

Las organizaciones que logran estas cinco dimensiones claves pueden ser consideradas verdaderas *"Gamechangers"* o "transformadoras de las reglas de juego", empresas preparadas no solo para la innovación incremental tradicional, sino también para generar innovaciones disruptivas que impliquen cambiar las reglas de juego de la dinámica competitiva. Las *Gamechangers* formulan y ejecutan estrategias competitivas avanzadas e integradas (Laffey y Charan, 2008). Las *Gamechangers* son las verdaderamente "estrategas", en lugar de las meramente "conservadoras", "superficiales" y, peor aún, "reactivas".

Pero es imprescindible tener en cuenta que cada vez que un nuevo concepto es desarrollado, la cadena de abastecimiento y distribución que permite concebirlo, fabricarlo y ponerlo a disposición del cliente final, puede no estar todavía preparada para operar en estos saltos bruscos hacia nuevos niveles de complejidad de los nuevos mercados globales. El modelo PENTA, al tenerlo en cuenta para analizar todos los eslabones de la "transvección" o cadena de valor (*Value Chain*) desde los proveedores iniciales hasta los clientes finales debe ser un instrumento idóneo para esta transformación verdaderamente sistémica.

Las *Gamechangers,* las compañías líderes apuntan a identificar mejor y antes tanto las innovaciones de "sustentación" (incrementales) como las de "disrupción", estas últimas típicamente ignoradas por los ejecutivos responsables por líneas ya establecidas tratando de proteger sus productos actuales. Son mejores en la generación de ideas o en la incorporación de conceptos, no comunes en los mapas mentales de sus organizaciones y desarrollando modelos de negocios en los que las inversiones pueden ser mucho más atractivas. Comprendiendo la brecha entre el desempeño de los productos tradicionales y la evolución de la demanda, proponiendo nuevas promesas y decidiendo los mejores diseños organizacionales para poner esas innovaciones en acción.

Esto requiere un abordaje radicalmente sistémico como el que PENTA ayuda a lograr, explotando interactiva y participativamente la innovación convirtiendo las ideas en desarrollo y el desarrollo en creación de valor.

Capítulo 2

Estrategia competitiva

En nuestra concepción la actual hipercompetencia es el producto de empresas compitiendo, convergiendo, colisionando y enfrentándose entre ellas por un determinado *target* de un determinado mercado o de una determinada demanda. Y, también según nuestra concepción, la demanda es la que le específica a la oferta cuál es el "*Job to be done*" (trabajo a realizar) para lograr el "*Perfect Match*" (compatibilidad entre lo que la demanda espera y lo que la oferta promete).

Todo negocio y, por lo tanto, toda estrategia, comienza con una chispa de emprendimiento. Ya sea de un emprendedor en su inicio creando una aplicación para pedir pizza y recibirla lo antes posible, o el *intrapreneur* científico más sofisticado inventando un producto de telecomunicaciones corporativas en "la nube".

En todos los casos, esa chispa se produce por el contacto entre, por lo menos, un requerimiento del mercado con un recurso de la empresa. En la Figura 11 alguien descubre un requerimiento, un deseo no satisfecho o mal satisfecho en cualquier mercado y tiene o puede tener un recurso que piensa que puede servir para construir un producto o un servicio para satisfacerlo o para satisfacerlo mejor que otro que lo está satisfaciendo en un nivel inferior.

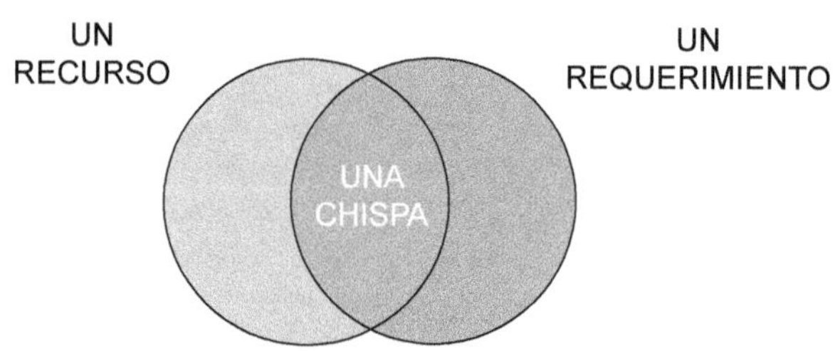

Figura 11. La chispa.

Entonces nace un **CONCEPTO** que surge de la chispa. El **recurso** se transforma en un **"satisfactor"** del requerimiento que es un **deseo**. En la Figura 12 representamos este segundo momento. Usamos el término "necesidad" en la figura, pero ya vamos a ver que, técnicamente, nos estamos refiriendo a deseos y no a necesidades (estas son más animales que humanas e incluyen el aspecto animal de nosotros como humanos).

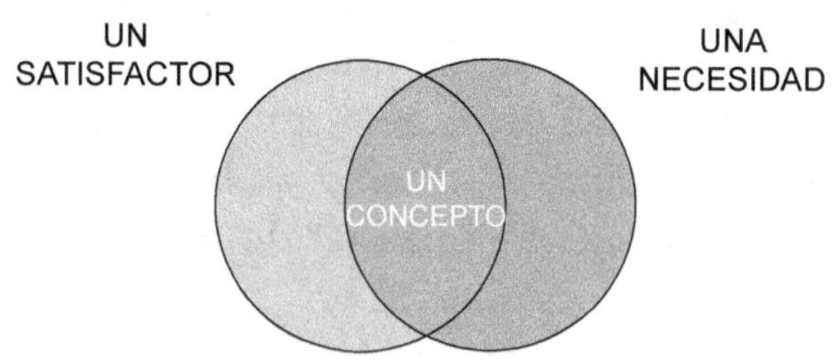

Figura 12. El concepto.

Por fin, el NEGOCIO en la Figura 13.

Figura 13. El negocio.

Ya en el ámbito de nuestro lenguaje más técnico, hemos dicho que el lado del recurso o de los recursos es entendido como capacidades distintivas que significan "lo que la oferta tiene y sabe hacer con lo que tiene". Este es el "sujeto de la oferta". La empresa.

Desde el lado de la demanda, el "sujeto de la demanda", o sea el cliente, el consumidor final, o el usuario a quien usted apunta para que asegure su automóvil con su oferta de seguro online, **percibe** en la oferta que usted propone ventajas competitivas comparadas con otras ofertas alternativas. Una de ellas es la de no preocuparse u ocuparse de satisfacer ese deseo. Por ejemplo, no asegurar el automóvil, o asegurarlo con un competidor que quiere hacer el negocio con ese potencial asegurado y que no lo haga usted.

El negocio surge como negocio cuando las capacidades distintivas transformadas en un producto o un servicio por la oferta y las ventajas competitivas percibidas en ese producto o servicio por la demanda versus ofertas competidoras forman un acople. esto lo hemos llamado "núcleo estratégico". La competitividad es función de la potencia del núcleo estratégico" de un producto de una empresa versus los "núcleos estratégicos" de los productos de los competidores frontales, laterales y sustitutivos. La oferta le ofrece a esa demanda y la demanda le demanda a esa oferta. Nació el negocio. ¿Vivirá? Para esto se hace estrategia. Ahora veamos en la Figura 14 las 13 variables que vamos a tener en cuenta para evaluar el atractivo de un mercado.

Mercados

En la Figura 14 presentamos nuestra metodología de análisis del atractivo de un determinado mercado.

En todos los casos, las variables deben ser entendidas como factores a tener en cuenta para determinar ese atractivo para quien lo está evaluando.

MERCADOS	MN	N	RN	RP	P	MP
M1. Atractivo macroeconómico social (PESTAL)						
M2. Atractivo relevancia en clusters / Cadenas						
M3. Atractivo segmentación						
M4. Atractivo diferenciación en ventajas competitivas /posicionamientos						
M5. Atractivo diferenciación en capacidades requeridas/ productividades						
M6. Atractivo del tamaño, tasa de crecimiento y efectos complementarios						
M7. Atractivo cadenas de provisión (físicas y digitales)						
M8. Atractivo cadenas de distribución (físicas y digitales)						
M9. Atractivo patrones de fidelidad cliente/consumidor final						
M10. Atractivo compatibilidad cultural						
M11. Atractivo barreras de protección						
M12. Atractivo riesgo empresarial relativo						
M13. Atractivo sinergia entre negocios/Productos efecto conjunto						
Evaluación general						

Figura 14. Atractivo de un mercado.

ATENCIÓN: un mercado no es atractivo *per se*. Un mercado es atractivo según quién lo está evaluando.

Disculpe las redundancias que voy a usar con fines didácticos. Por ejemplo, dado el impacto del escenario macroeconómico y social (en realidad debemos considerar lo político, lo económico, lo social, lo tecnológico, lo ambiental y lo legal – PESTAL) ¿cuán atractivo es este mercado para usted que está considerando operar en este mercado? El atractivo de un mercado va a depender de cuáles son los otros cuatro engranajes de su PENTA: estrategia, recursos, cultura y procesos. Ahora debemos seguir con las demás variables de la Figura 14. Varias de las variables consideradas tienen en cuenta los aportes de Porter (Porter, 1985).

Otro ejemplo. Dada la relevancia de esta unidad de negocios del portafolio de negocios de su empresa en el sector, la industria o el cluster en el que este negocio opera, ¿cuán atractivo es este mercado para usted que está considerando operar en este mercado? El atractivo de un mercado va a depender de cuáles son los otros cuatro engranajes de su PENTA: estrategia, recursos, cultura y procesos.

Y así sucesivamente, ¿cuán atractivo es este mercado para usted dada la estrategia de esta unidad de negocio, sus recursos, su cultura y sus procesos?

Hágase una copia del cuadro de la Figura 14 para tener a mano mientras lee este capítulo de estrategia competitiva. Como ve, esta es una metodología ITERATIVA. Usted solo podrá completar este cuadro en la medida en que vaya decidiendo la estrategia y usted solo podrá decidir la estrategia en la medida en que vaya completando este cuadro.

Esto es lo lógico. Cualquier otra forma sería solo un *check list* teórico.

Gatillo. En todo lo que vimos hasta ahora, lo importante es que usted haga un listado de temas que considere clave para emplear como *inputs* para su estrategia. Nuestra recomendación es que haga un análisis de cada una de estas variables con el siguiente método.

Aclaración fundamental: la demanda no es homogénea. No todos los demandantes demandan exactamente los mismos atributos. Como hemos adelantado más arriba, consideraremos el concepto de segmentación del mercado de la siguiente manera:

Un segmento de mercado es un determinado conjunto de atributos demandados, diferente de otro u otros conjuntos de atributos. Esto aplica en una relación B2C, *Business-to-Consumer*, B2B, *Business-to-Business* o B2T, *Business-to-Trade* y compitiendo, en los tres casos, contra competidores frontales (Smartphone Apple versus Smartphone Samsung), laterales (Coca-Cola versus cerveza Budweiser) o sustitutivos (Netflix versus Blockbuster).

Los segmentos no deben ser entendidos como "compartimentos" inventados por usted del mercado total como si fueran socioparámetros de la gente. Cada segmento está compuesto por "pedazos" o "lonjas" o "porciones" de atributos demandados, el conjunto esperado, del total de todos los atributos posibles. Ahora piense que si la demanda no es homogénea, la Figura 14 debe ser aplicada segmento por segmento.

Ya sabemos. Usted no va a poder tener precisión en el análisis. Pero lo único importante es incorporar el concepto y darnos cuenta de que en lo estratégico no puede haber precisión. Tal como lo explicáramos más atrás, cuando nos referimos al plano de la estrategia estamos hablando de decisiones no estructurables.

Primero es necesario DESCUBRIR (no INVENTAR) los segmentos así entendidos. Están ahí, en el mercado. Más manifiestos o más latentes. Más parecidos o completamente diferentes. Más borrosos o más nítidos. Pero inmediatamente hay que analizar el perfil de la gente que demanda lo que demanda cada segmento. Los atributos demandados se localizan en la arquitectura mental, subjetiva del demandante como "construcciones representacionales esperadas". En un segundo paso, debemos DESCRIBIR a los demandantes que integran ese segmento por el simple hecho de que lo que demandan es muy parecido.

El segmento está compuesto por un conjunto parcial de atributos del total de atributos posibles. Quienes demandan un conjunto muy similar de atributos configuran un determinado segmento. Ahora es necesario describir, en el plano descriptivo, quiénes son, cómo son, de qué edad, de qué sexo o género, de qué nivel socioeconómico, dónde viven y todos los demás socioparámetros que nos permitan llegar a ellos si quisiéramos llegar a ellos. Tanto desde el punto de vista comunicacional tradicional, desde el comunicacional virtual y desde el logístico físico y financiero físico o virtual.

En la explicación que sigue supondremos que ya hemos elegido un segmento como *target* o "blanco de mercado". Pero, CUIDADO, es imprescindible DESCUBRIR cómo está segmentado el mercado en conjuntos diferentes de expectativas; ver si podemos INVENTAR el satisfactor apropiado configurando nuestros recursos de forma diferente que nuestros competidores, a través de capacidades distintivas, si existieran. y que logren en el segmento de mercado apuntado a lograr, en la mente del demandante, ventajas competitivas de nuestra marca versus las marcas enemigas. Aquí aparece nuevamente el concepto de "núcleo estratégico".

Entonces, hay que DESCUBRIR la segmentación de mercado e INVENTAR la diferenciación del producto.

RECUERDE: La innovación del núcleo estratégico debe ser constante porque las ventajas competitivas que los clientes intermediarios o finales le adjudican a su marca son cada vez más transitorias y las capacidades distintivas que usted domina internamente, ya sean activos tangibles o intangibles, también son provisorias y fugaces. Todo se copia. ¡Especialmente cuando usted tiene algo bueno! Los "océanos azules", cuanto más azules y calmos y teóricamente "paradisíacos", antes se transformarán en "ríos rojos", rojos como la sangre, repletos de saltos bruscos y obstáculos mortales que su empresa debe "surfear" para pretender seguir siendo viable.

Ahora continuemos la formulación de la estrategia de su unidad de negocio, suponiendo que ya hemos elegido el segmento que consideraremos como segmento-objetivo o *target*.

En la Figura 15 aparecen dos planos vitales imprescindibles para la viabilidad dinámica del negocio. Por un lado, una **cultura** organizacional que lo contenga.

Por el otro, **Procesos** que lo soporten, esto es, una estructura de procesos que acoplen a las funciones entrelazándose como una cadena de valor apoyada en tecnologías apropiadas.

Así es que hemos retornado al PENTA: hemos reunido los cinco engranajes: estrategia, recursos (capacidades distintivas), mercados (ventajas competitivas), cultura y procesos.

En la Figura 15 es necesario descubrir que el modelo PENTA está subyacente e incipiente. Empezamos a prepararnos para ir entendiendo con mayor profundidad.

Pero ahora volvamos a un verdadero modelo a imitar como empresa en América Latina. 123Seguro brinda una solución integral, ofrece una multi-cotización online, además de asesoramiento en la contratación, gestión de siniestros y de cualquier trámite relacionado con la póliza de seguro.

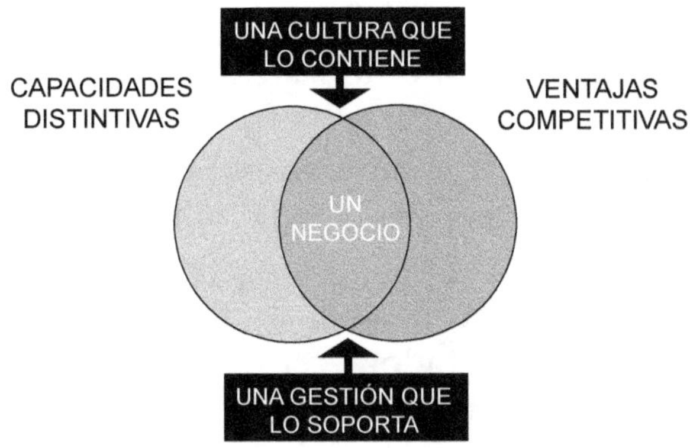

**Figura 15. La cultura que contiene y los procesos
que soportan a la estrategia.**

Un broker de seguros es una empresa que actúa como intermediario de varias compañías aseguradoras, sin estar vinculado en exclusiva a ninguna de ellas, comercializando contratos de seguro a sus clientes. En Argentina 123 hoy ofrece los seguros de casi 20 compañías. En Colombia, Chile y Brasil otras tantas.

Si bien 123Seguro se lanzó en Argentina en 2010, en 2017, publicado por EDICON, hemos lanzado el libro sobre StartUps relatando el caso 123 como único ejemplo en todo el libro. En ese momento todavía seguía trabajando con el capital autogenerado por su propio giro comercial (*"bootstrapping"*) pero hoy ya ha recibido inversiones de Mercado Libre, NXTP Ventures y Alaya Capital, entre otros inversores.

Pensemos cuáles pueden ser los requerimientos de la demanda por un seguro online para automóviles:

La demanda: expectativas de un seguro online ideal para un asegurado:

– Que me cubra el valor real del auto.

– Que me ayuden a elegir el mejor precio entre aseguradoras.

- Que la póliza llegue rápido.
- Que tenga respaldo de las compañías aseguradoras.
- Que me permita comparar entre aseguradoras.
- Que tenga acceso a la toda la información que necesito.
- Que recuerde mi nombre y mi problema si me atiende otro operador.
- Que tenga mi historia clínica.
- Que me resuelva el siniestro rápido.
- Simplicidad para entender y operar en la página Web.
- Que en pocos pasos me resuelvan el problema.
- Que no me dejen esperando en el teléfono.
- Que no me pongan la musiquita y me digan que soy muy importante.
- Que me entiendan.
- Que me den asesoramiento en lo que no entiendo.
- Que me cumplan lo que me prometieron.
- Que me ayuden en el seguimiento de mi consulta.
- Que no se inspeccione.
- Que la baja del seguro sea igual que el alta.
- Que me avisen cuando mi póliza se emite, rechaza, anula o no entra un débito.
- Mayor red de sucursales para abonar una deuda y que no sea solo en casa central de una aseguradora.
- Que los empleados estén disponibles cuando los necesito.
- Que me envíen el original de la póliza.
- Conocer la persona que me atiende.
- Que me expliquen la letra chica.

- Que el costo sea aproximadamente $xxx/mes con una franquicia de $zzz por una suma asegurada de $yyy.
- Que tengan fuerza dentro de las aseguradoras.
- Que no hagan lo que quieran con mis datos.
- Que tengan conciencia ambiental.
- Que pueda conocerlos personalmente.
- Que pueda contactarme por Facebook.
- Que no me bombardeen con publicidad.
- Que tengan participación activa en la sociedad.
- Que hagan eventos.
- Que se acuerden de mi cumpleaños.
- Que haya un descuento especial para mi familia.
- Que haya una tarjeta de beneficios.

En la Figura 16 representamos este listado como "Expectativa del seguro ideal". Recordemos los conceptos de significación que hemos visto anteriormente cuando presentamos las contribuciones sobre "significación" de Saussure y Rifflet-Lemaire.

También en la Figura 16 representamos la percepción que un potencial asegurado ha "subjetivamente construido" con respecto a 123Seguro. Este conjunto de atributos percibidos lo llamamos "Posicionamiento de 123". Es importante destacar que el concepto de "posicionamiento" no siempre está bien empleado ni en las empresas ni en el mundo académico. El posicionamiento de una marca es todo el conjunto de características, desde las más negativas hasta las más positivas, que el "intérprete" de "lo que le marca una marca en su arquitectura mental" ha construido subjetivamente y guardado en su memoria con mayor o menor nitidez.

No queremos extendernos en este punto desarrollando en profundidad el concepto psiconeurológico de "memoria", pero recomendamos al lector que indague más sobre este punto. Especialmente en lo que tiene que ver con la "memoria de trabajo" (*Working Memory*) y las memorias de largo plazo semántica, episódica y procedimental. Desde ya le pedimos que no trate de asimilar a nuestro cerebro con una computadora ya que esa metáfora es extremadamente débil, más allá de todo el desarrollo impresionante de la inteligencia artificial.

En la Figura 16 también representamos el posicionamiento de los competidores de 123 (conjunto de atri-

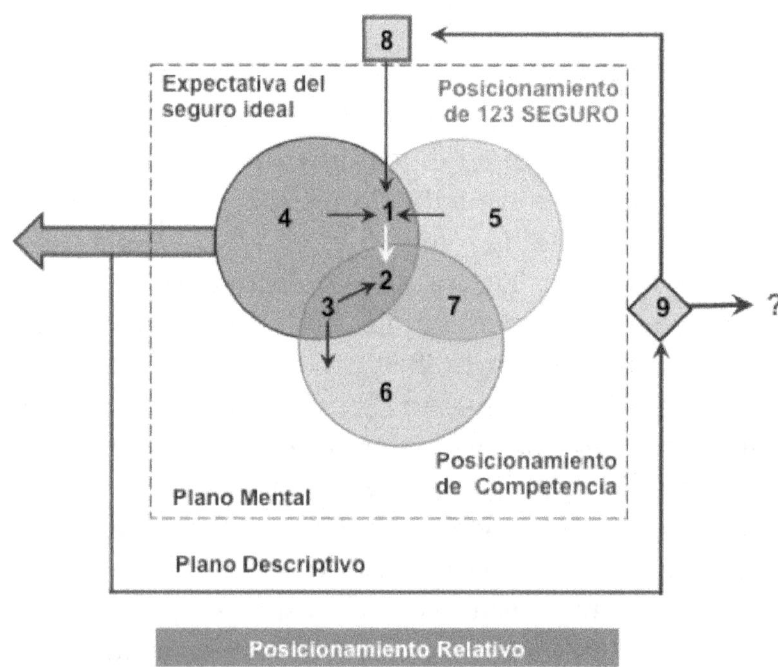

Figura 16. Posicionamiento y ventajas competitivas desde el lado de la demanda.

butos percibidos en cualquier oferta competitiva directa, indirecta o sustitutiva). Estos competidores pueden ser otras empresas brokers de seguros online o productores tradicionales, o bancos, o compañías de seguro de venta directa al asegurado.

Buckminster Fuller dijo:

Nunca se cambian las cosas peleando contra la realidad existente. Para cambiar algo, es necesario construir un modelo que haga obsoleto al modelo existente.

Ahora veamos los campos de la figura:

El campo 4 corresponde a los atributos esperados (demandados) por el asegurado potencial, pero que no percibe en ninguna de las ofertas.

El campo 5 corresponde a los atributos percibidos en 123Seguro por ese mismo asegurado potencial, pero que no valora. El campo 6 corresponde a los percibidos, pero no valorados en las marcas competitivas. El campo 7 corresponde a los percibidos, pero no valorados ni en 123Seguro ni en sus competidores.

Ahora bien, el campo 2 corresponde a los atributos valorados (demandados) por ese asegurado, pero que percibe en las dos ofertas. Si lo percibe en las dos, cualquiera le da lo mismo. Si somos 123Seguro, ESTO NO NOS SIRVE. Necesitamos estos atributos para competir, pero no nos sirven para ganar.

En cambio, el campo 1 corresponde a los atributos que el asegurado potencial valora y que solo percibe en 123. Son las ventajas competitivas de 123 contra las demás ofertas competidoras. Y estas deben ser bien claras y contundentes. En 123, el campo 1 está integrado por cuatro atributos y un valor cultural central. Los atributos son confianza, servicio, rapidez y respaldo. El valor cultural central es la nobleza, valor que resume todos los demás valores de su cultura organizacional.

Albert Einstein dijo:
Haz todo lo más simple posible, pero no más simple.

Si no tenemos ninguna ventajas competitiva, o inventamos/descubrimos alguna, **se terminó la estrategia,** el negocio debe ser descartado. Terminado. Desconectado. Desinvertido. Abandonado.

Pero el campo 3 corresponde a las ventajas competitivas de nuestros competidores. El plan del negocio puede seguir si y solo si creemos que el asegurado va a preferir las nuestras.

Pero hay algunas maniobras posibles:

Una puede ser incorporar en nuestra oferta un atributo tipo 4 (que demanda el asegurado potencial) que no teníamos en nuestra oferta o que no hemos comunicado bien si lo teníamos.

O podemos tratar de explicarle la conveniencia de los atributos del campo 5 para que, si está de acuerdo con que le convienen, entonces los demande y se transformen en campo 1, ya que el competidor no lo ha hecho.

O podemos imitar los atributos del campo 3, con lo cual lo dejamos al competidor sin ventajas competitivas. O podemos demostrarle al usuario potencial (en el marco de la ética y de la ley) que los atributos del campo 3 no le sirven.

Pero fíjese en la flecha que va del campo 1 al campo 2. ¿Qué significa? Que el competidor nos la hizo. Nos arrancó nuestra ventaja competitiva. Nos imitó. Nos neutralizó. NOS ARRUINÓ EL NEGOCIO.

Por lo tanto, siempre debemos tener disponibles atributos tipo 8. Esto son atributos que los oferentes todavía nunca han ofrecido y que los demandantes nunca han demandado. Si tenemos atributos tipo 8, se debe considerar la conveniencia y la oportunidad de transformarlos en tipo 1, ofreciéndolos y demostrándole a la demanda que le conviene demandarlos.

Pero el sector de los seguros online seguramente cambia, migra dinámicamente, como el sentido de la flecha más gruesa, que simboliza ese desplazamiento del sector en el tiempo. Entonces debemos tratar de adelantar esa migración y tratar de imaginar y diseñar absolutamente nuevos atributos, los tipo 9 de la figura. Estos pueden no ser útiles, por lo cual se deben descartar. Pero, si fueran útiles, esto quiere decir que se pueden transformar en tipo 8 y, por lo tanto, en tipo 1, y entonces recuperar una ventaja competitiva que sea una verdadera proposición única de valor.

Si todo esto no es posible, usted debe
abortar la estrategia

Pero ahora repasemos cuáles pueden ser los requerimientos de la oferta de un seguro online para automóviles:

- La oferta: capacidades distintivas requeridas para estar en el negocio del seguro online
  - Ganarse la confianza de las compañías.
  - Capacidad de diseño de *Landing Pages*.
  - Desarrollo de multicotizador de seguros.
  - CRM de Call Center.

- Data Mining.
- Mantenimiento y optimización campaña de Adwords.
- Cálculo actuarial.
- Gestión de siniestros.
- Capacitación continua sobre técnicas de venta.
- Capacitación continua sobre producto.
- Capacitación continua sobre producto y técnicas de venta.
- Diseño de interfaz de usuario.
- Capacidad de cerrar venta por teléfono.
- Programación orientada a objetos.
- Dominar metodología *scrum*.
- Dominio de la metodología *sprint* de gestión de proyectos.
- Capacidad de equilibrar el vínculo con varias compañías de seguros.
- Múltiples Webservices.
- Uso de redes sociales para resolución de problemas.
- Soporte Multicanal (teléfono, mail, chat, redes sociales).
- Dominio de tecnologías *scrapping, sprint*.
- Gestión de proyectos de software.
- Mantener en simultáneo relaciones con aseguradoras.
- Conocimiento sobre el mercado asegurador.
- Conocimiento sobre el mercado tecnológico.
- Conocimiento sobre e-commerce.
- Gestión de equipos comerciales.
- Desarrollo de CRM para inspecciones previas.
- Emisión en múltiples compañías.

– Manejo de las herramientas de colaboración on-
line.
– Desarrollo de aplicaciones para smartphones.
– Capacidad de trabajo remoto.
– Sistema de tickets para seguimiento de satisfacción.

En la Figura 17 nos vamos a referir a las capacidades distintivas con las que debe contar el sector de los seguros online para pretender generar productividad en el empleo de esas capacidades. Recordemos que las capacidades son recursos, que se tienen y qué se sabe hacer con lo que se tiene.

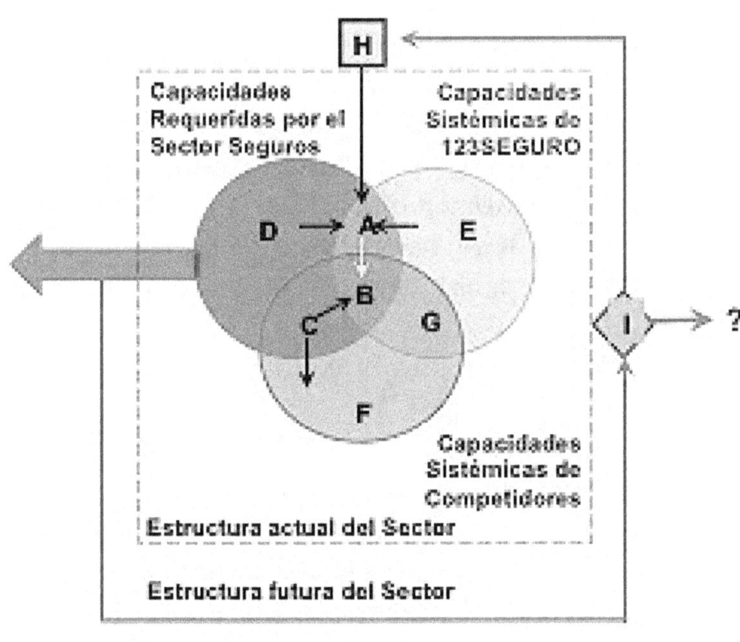

Figura 17. Capacidades distintivas desde el lado de la oferta.

En el conjunto de la izquierda de la Figura 17 se representan las capacidades requeridas para trabajar en el sector de los seguros online. En el conjunto de la derecha, figuran las capacidades disponibles por 123Seguro como empresa. En el conjunto de abajo están las capacidades distintivas de los competidores.

Vamos a los campos:

- Campo D: capacidades de las que no dispone ninguna empresa.
- Campo E: capacidades de 123Seguro pero que no le sirven para el negocio de seguros online con su marca 123.
- Campo F: lo mismo pero de los competidores.
- Campo G: las tiene 123Seguro y las tienen los competidores, pero no le sirve a ninguno para el negocio de los seguros online.
- Campo B: sirven pero las tienen las dos empresas.
- Campo A: son las capacidades distintivas de 123Seguro como empresa disponibles para operar en el sector de los seguros online.
- Campo C: capacidades distintivas de los competidores.

Ahora veamos las maniobras posibles de los competidores

Suponemos que somos 123Seguro.

- Una es adquirir las capacidades del campo D.
- Otra es tratar de que sean útiles las capacidades tipo E que tiene la empresa, quizá empleadas en otro negocio (como la venta tradicional de seguros de automóviles). Otra es adquirir las capacidades de los competidores (campo C; entonces se transforman en tipo B). Otra es cambiar el modelo del negocio como para

que las tipo B no le sirvan a la competencia y se transformen en tipo F.

— Otra es desarrollar capacidades distintivas nuevas (tipo H) para emplearlas en el negocio de seguros online, como es en el presente, y, por último, detectar cuáles capacidades pueden ser útiles en este negocio en el futuro (tipo I). Estas pueden terminar no siendo útiles, pero, si lo fueran, podrían convertirse en capacidades tipo H y, en el momento oportuno, convertirse en capacidades distintivas tipo A.

Si todo esto no es posible, usted debe abortar la estrategia.

Entonces, en la Figura 16 hemos explicado el fundamento del negocio desde el lado del mercado, es decir, desde el lado de la demanda. Y en la Figura 17 hemos explicado el fundamento del negocio desde el lado de la empresa, de sus recursos, es decir, desde el lado de la oferta.

Desde el lado de la demanda, de las expectativas de sus segmentos, hemos explicado el requerimiento del negocio de contar con ventajas competitivas y con la constante innovación para reponerlas antes de que sean neutralizadas o que pierdan su valor.

Desde el lado de la oferta, siendo esta una configuración de recursos tanto tangibles, por ejemplo financieros o productivos, como intangibles, por ejemplo conocimiento, compromiso de la gente o disponibilidad de crédito, hemos explicado el requerimiento del negocio de contar con capacidades distintivas y con la constante innovación para reponerlas antes de que sean neutralizadas o que pierdan su valor.

ATENCIÓN: El flujo de ingresos y de egresos en el tiempo por el cual se realiza el plan estratégico depende de cómo se va desarrollando esta dinámica de ventajas competitivas y capacidades distintivas "anudadas" entre sí en el núcleo estratégico de ese negocio.

En el transcurso del "horizonte de planeamiento" que considerará el Plan Estratégico, se debe estimar un flujo de ingresos y de egresos para calcular si el negocio es conveniente o no lo es. Si se sigue o si se aborta. Este flujo económico, financiero y competitivo depende de la dinámica del "núcleo estratégico", el "anudado" entre las ventajas competitivas y de las capacidades distintivas. Las ventajas competitivas tienen que ver con el posicionamiento. Las capacidades distintivas tienen que ver con la productividad.

El resultado, por ejemplo, la utilidad o la rentabilidad, o la ganancia antes de interés, depreciación, impuestos y amortización (EBIDTA), o el retorno sobre los activos, o la medida que se use para evaluar el negocio (y ver si vuela o no vuela) dependen de la evolución en el tiempo de lo que le pase al núcleo estratégico.

En la Figura 18 mostramos el vínculo que liga el "triciclo" de análisis de viabilidad sostenible desde el lado de la demanda con el "triciclo" de viabilidad sostenible desde el lado de la oferta. Si se tiene conciencia de sustentabilidad, es decir, creación de valor económico, pero también social, ambiental, público, emocional y ético, podemos hablar, desde los dos lados, de viabilidad sostenible y sustentable.

En la Figura 18 agregamos cuatro conceptos clave:

1. El de *Unique Value Proposition* (UVP) o proposición única de valor. Es la ventaja competitiva diferenciadora

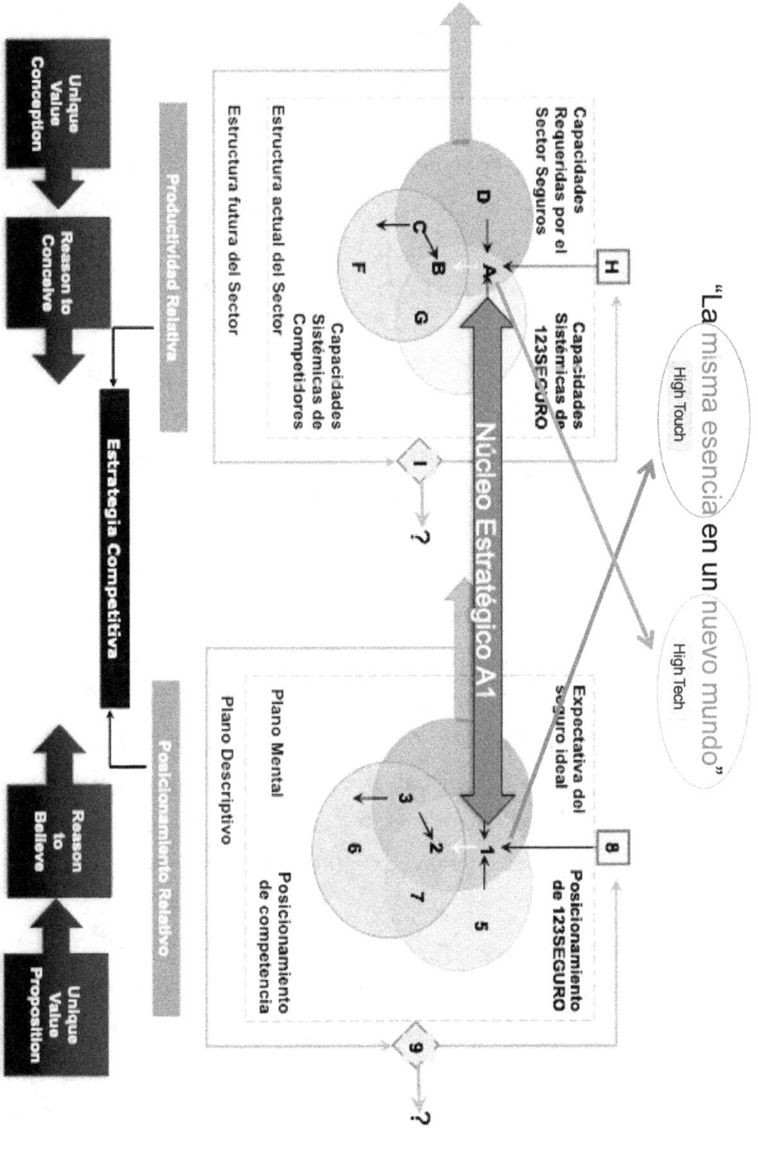

Figura 18. El núcleo estratégico de ventajas competitivas y capacidades distintivas como base de la competitividad de un negocio. En 123Seguro resumido en una frase:"La nueva esencia en un nuevo mundo".

prioritaria que se pretende asociar a la marca en la arquitectura mental del cliente. Por qué elegir 123Seguro en lugar de otra opción alternativa. Confianza, Servicio, Rapidez y Respaldo, centrados en la Nobleza.

2. La *Reason to Believe* o justificación de credibilidad. Es la fundamentación que debe dar credibilidad a esa ventaja comparada con las marcas competitivas. Es el fundamento de credibilidad de ese argumento que propone 123.

3. La *Unique Value Conception* (UVC) o Concepción Única de Valor. Es la capacidad distintiva que la empresa dispone en la configuración de su producto y que no poseen las empresas competidoras. Qué sabe hacer 123Seguro mejor que otras empresas para configurar su oferta de seguros online. Esta capacidad distintiva debe asegurar que las ventajas competitivas de la marca sean experimentadas por el asegurado como confianza, servicio, rapidez, respaldo y nobleza.

4. La *Reason to Conceive* o justificación de concepción en el empleo de los recursos al "configurar" el producto o servicio. La razón de por qué se ha concebido este producto como se ha construido.

En 123Seguro, la proposición de valor es "La misma esencia en un nuevo mundo", o sea, ser el productor líder en el nuevo "barrio digital". Esto implica competir contra los productores tradicionales, cuya demanda es acotada, ofreciendo alcance ilimitado; competir contra las compañías aseguradoras que ofrecen una sola opción, a través de una oferta multimarca, y competir contra Banca seguros (los bancos vendiendo seguros), cuyo servicio es limitado, ofreciendo *full service.*

Segmentación inicial tentativa

Segmento *Tech*: A1= Tecnología.
– *Decisor*/experto.
– *Tech Early adopter.*
– Su meta es poder disfrutar sus viajes y su vida sin preocuparse por el auto.
– Investiga en profundad.
– Pide lo que eligió planificadamente.
– No delega.
– Más cercano a full digital.
– Advocacy.
Segmento Delegador: A1 = Asesoramiento personal online + offline
– Dependiente / Tech Early majority.
– Su meta es mantener un estilo de vida activo sin preocuparse por trámites que puede delegar.
– Le importa pero deja la investigación a un tercero experto o no.
– Productor, amigos, grupos de referencia.
Segmento Negociador: A1 = Precio. Negociación offline
– Masa Crítica / Tech Late majority.
– Su meta es que el cuidado de su auto implique lo mínimo indispensable de tiempo y dinero.

Las **ventajas competitivas** de 123Seguro son:
– Rápido y simple.
– Múltiples opciones.
– 100% transparente.

- Gestión y Respaldo.
- Alcance masivo.
- Asesoramiento y servicio al cliente.
- Presencia de marca en el momento cero de la verdad.
- Confianza en lo nuevo.
- Respaldo de las compañías.
- *Timing* en la ocasión de compra.
- Tecnología de última generación.
- Los valores organizacionales de la empresa.

Estas ventajas se resumen en la proposición única de valor integrada por el conjunto: confianza, servicio, rapidez, respaldo y nobleza.

Y las **capacidades distintivas** son:
- Fuerte cohesión interna.
- Dominio del mercado tradicional.
- Capacidad de maniobra.
- Excelente vínculo con las aseguradoras.
- Infraestructura tecnológica.
- *Targeting* de alta precisión.

Núcleo estratégico de 123Seguro

"La nueva esencia en un nuevo mundo"
La Nueva Esencia es "HIGH TOUCH" o alta empatía.
En UN NUEVO MUNDO ES "HIGH TECH" o alta tecnología

En la Figura 18 hemos presentado el concepto de "núcleo estratégico" como el vínculo anudado entre las ventajas competitivas desde el lado de la demanda y las capacidades distintivas desde el lado de la oferta, y en la Figura 19 mostramos los núcleos estratégicos de ambos competidores, A1 versus C3.

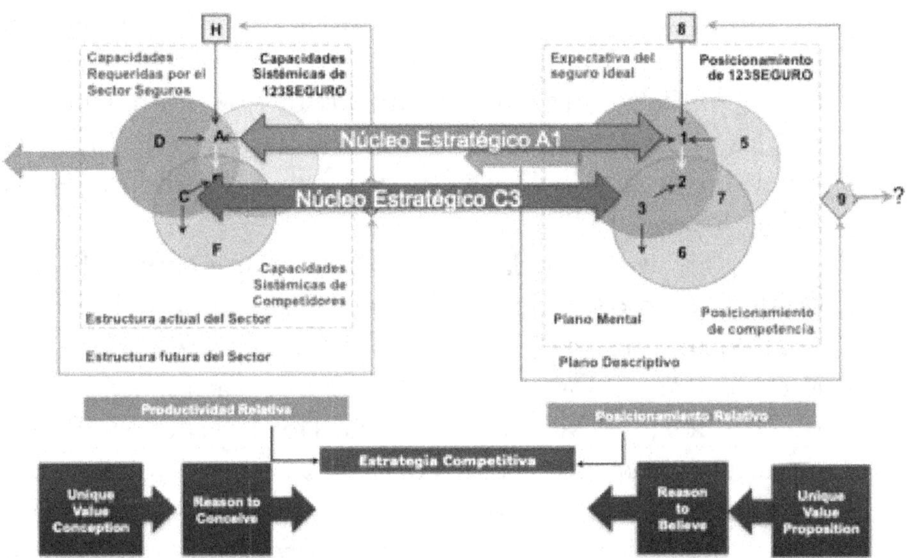

**Figura 19. La competencia entre dos empresas
es la competencia entre sus respectivos núcleos estratégicos.**

Como hemos adelantado con anterioridad al explicar el PENTA, las ventajas competitivas son "fenómenos que suceden" en el engranaje de los mercados. Decimos "fenómenos que suceden" porque me estoy refiriendo a que tienen lugar en la "arquitectura mental de la demanda". Como hemos dicho, puede ser la demanda de un consumidor final, por ejemplo que evalúa una marca de chocolate contra otra, elige el chocolate de la marca que prefirió (vínculo B2C o *Business-to-Consumer*).

Puede ser la demanda de un cliente que evalúa esas ventajas competitivas de un producto que puede ser un insumo para que ese cliente lo transforme y lo incorpore en su propio producto. Por ejemplo, una terminal automotriz evalúa entre dos marcas de velocímetros, elige una de ellas y la incorpora en su cadena de montaje de automóviles (vínculo B2B o *Business-to-Business*).

Y puede ser un cliente minorista que evalúa cuáles son las marcas de mayonesa que le conviene exhibir para revender en sus locales y elige unas y no otras (Vínculo B27 o *Business-to-Trade*).

En los tres casos, la evaluación la hemos ejemplificado desde el lado de la demanda. Pero esta es una visión miope. Lo que sucede desde el lado de la demanda (engranaje de los mercados en el PENTA) es inseparable de lo que sucede desde el lado de la oferta. Desde las capacidades distintivas. Las capacidades distintivas tienen que ver con la configuración y reconfiguración de recursos tangibles e intangibles transformándolos en productos o servicios. Esto pasa en la dimensión de los recursos en el PENTA.

Las ventajas competitivas entendidas como confrontaciones entre marcas en la dimensión los mercado, serán más sólidas, más sostenibles, menos fugaces, menos transitorias en tanto y en cuanto están sustentadas en capacidades distintivas de esa empresa configurando y reconfigurando sus recursos en ese negocio.

Las capacidades distintivas desde el lado de la oferta tienen que ver con las cosas que la empresa sabe y/o que la empresa tiene mejor que sus competidores para configurar y reconfigurar sus recursos mejor que lo que saben y/o tienen esos competidores.

En definitiva, entonces lo que compite es un núcleo estratégico versus otro núcleo estratégico (Figura 19). La viabilidad de un negocio de cualquier empresa está dada por la potencia de su núcleo estratégico. Es decir, la base estratégica de su competitividad que se completa con el "amparo" de la cultura y con el "soporte" de los procesos.

Esto no es estático. Esto es drásticamente dinámico. No debo dejar que se me "afloje" ninguno de los dos componentes del núcleo. No debo dejar que me "ablanden" o que me "imiten" y menos que me "superen" en ninguna de las dos puntas. Si me sucede, lo que debo esperar es vulnerabilidad y colapso. ¡NECESITO LAS DOS ALAS PARA VOLAR!

En la Figura 20, en el eje horizontal, vemos sucesivos estadios del valor de una marca para un determinado segmento de un determinado mercado en una determinada arena competitiva.

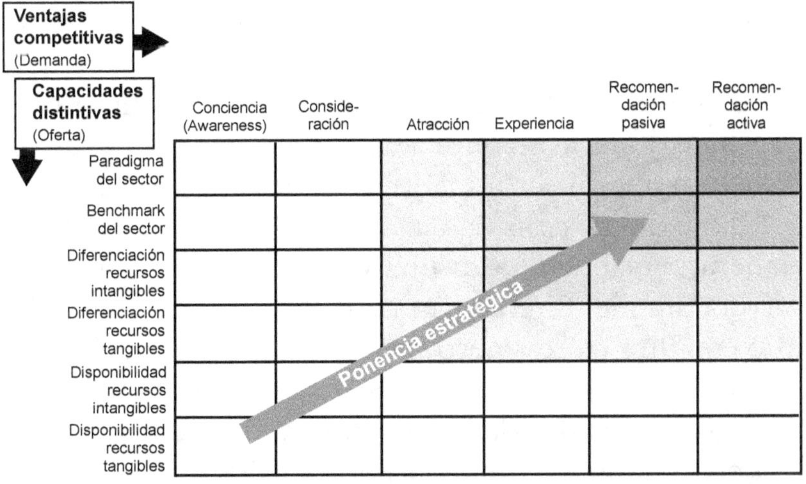

Figura 20. Concepto de potencia estratégica como función del núcleo vincular entre capacidades distintivastintivas y ventajas competitivas. La competitividad es función de la potencia estratégica y el alineamiento de esta con la cultura y con los procesos.

Desde una mera conciencia de la existencia de la marca hasta una "recomendación activa". Esta sucede cuando, espontáneamente, alguien le dice a otro alguien "Si vas a elegir hotel, te recomiendo que elijas Sheraton". Sin que el segundo alguien le haya preguntado al primer alguien.

Un poco más débil es cuando el primer alguien le pregunta al segundo alguien: "¿Qué hotel me recomiendas?".

Un poco más débil es cuando alguien solo siente que ha vivido una experiencia positiva con la marca. A veces (mejor), una "experiencia inolvidable". Probablemente este alguien estará predispuesto a recomendar la marca pero en este estudio vamos a dar por condición que no se da la oportunidad de hacerlo. Es importante destacar que si se viera expuesto al nivel siguiente, ya sea activo o pasivo, se produzca una consolidación de la marca en su arquitectura mental.

El estadio de atracción es el de un interés activo por la marca pero todavía no reforzado por una experimentación positiva en una vivencia real (me gustaría ir al Sheraton).

El estadio de consideración, más fuerte que el estadio de mera conciencia pero más débil que atracción tiene que ver con que "Sheraton" es una de las marcas evocadas junto con otra u otras pero sin atracción por ninguna.

Conciencia, entonces, es "Sheraton es un hotel".

Desde las capacidades distintivas, el estadio más débil es el de exclusivamente disponer de los recursos tangibles para configurar la oferta de un producto o un servicio. Pero esta es una mera capacidad. No una Capacidad Distintiva.

El siguiente es el de disponer, además, de recursos intangibles tales como información, conocimiento, tiempo, sentido de pertenencia o capacidad de maniobra. Pero esta también es una mera capacidad. No una capacidad distintiva. Más adelante explicitaremos este punto con mayor detenimiento.

El estadio más sólido es cuando los recursos tangibles están diferenciados contra la competencia. Ya se trata de una capacidad distintiva. Por ejemplo, una planta industrial mucho más eficiente o un sistema de logística de alcance mucho más capilar.

El siguiente incorpora capacidades distintivas intangibles tales como un know how superior o una mayor reputación en el mercado de trabajo a la hora de reclutar gente de alta formación, por ejemplo, en tecnología de la información y las comunicaciones.

El siguiente corresponde cuando la empresa es considerada una de las empresas a imitar en esa actividad.

El máximo es cuando la empresa es la considerada el máximo ejemplo, el paradigma entre todas las "buenas". Esta es una empresa virtuosa.

ATENCIÓN: recuerde que la localización de todas estas características en cada uno de los dos ejes es transitoria y, cada vez, más fugaz. La imitación es constante. La "commoditización" es implacable. La "gemelización" es cada vez más fácil. Como siempre decimos en nuestro equipo, "Si no tiene una ventajas competitiva, no compita." "Si tiene una ventajas competitiva, la va a perder." "Si no tiene una capacidad distintiva, no compita." "Si tiene una capacidad distintiva, la va a perder." "Si usted no es el mejor en lo que hace, no lo va a seguir haciendo mucho tiempo." "Cambie antes de que TENGA que cambiar" porque "Cada vez es tarde más temprano".

Pero esto no alcanza. No solamente compiten entre sí los núcleos estratégicos de dos marcas oponentes. Nuestra postura es que la influencia de los engranajes de la cultura y de los procesos es tan importante en todas las empresas que debemos considerar que lo que compite es todo un PENTA contra otro PENTA. Este es un concepto sistémico de la competitividad. No alcanza con hacer más competitiva a una unidad de negocio del portafolio. Es imprescindible hacer máxima la competitividad de todo el PENTA entendido como un sistema psico-socio-técnico complejo. Esto lo representamos en la Figura 21, que, como vemos, incluye a la anterior Figura 19.

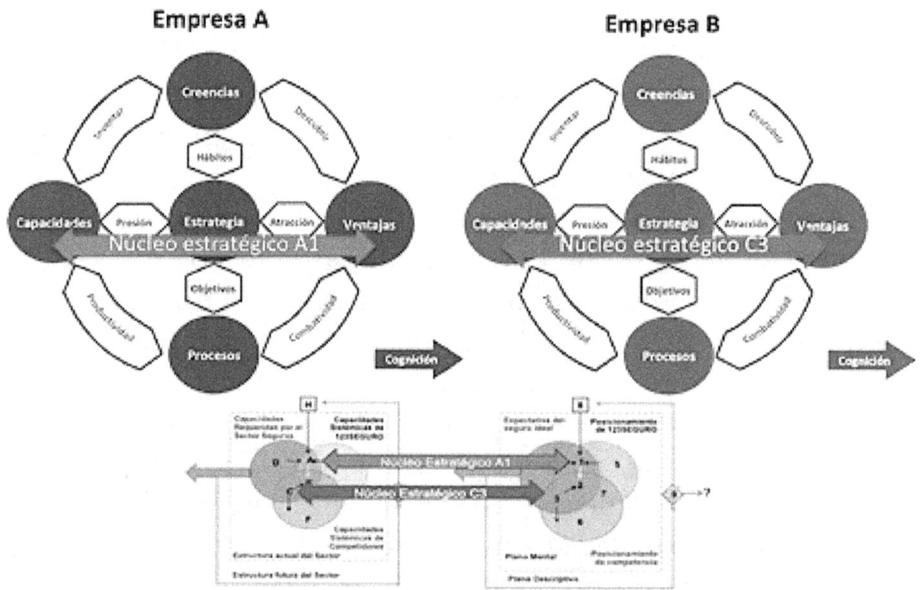

Figura 21. Compite el PENTA completo como sistema psico-socio-técnico complejo. No una unidad del portafolio aislada versus sus oponentes frontales, laterales o sustitutos.

Así, la consigna es evaluar, variable por variable, cuál es nuestra situación del núcleo estratégico de nuestra estrategia competitiva, contra el del enemigo en ese mismo mercado. En este punto, son necesarias dos aclaraciones:

1. Definir al competidor. En primer lugar, debemos definir quién es el adversario. Pensemos, por ejemplo, que estamos hablando de la estrategia competitiva de un modelo de smartphone y que hay más de un competidor en el segmento de mercado que hemos elegido como *target* para nuestra marca de smartphone. Debemos hacer este análisis competidor por competidor. Sin embargo, al intentar completar el análisis, seguramente descubriremos que mucha información sobre los competidores no está disponible en nuestra empresa. Esto nos servirá para descubrir todo lo que no sabemos y también para decidir si hay que saberlo, cuánto hay que invertir para saberlo y cómo (desde luego, siempre en el marco de la ley y de la ética). Pero no estamos hablando de mercados o sectores industriales tradicionales.

2. Nos estamos refiriendo (siguiendo a Rita Gunther McGrath) a cómo, dados los requerimientos de comunicación de un determinado *target*, distintos entrecruzamientos complementarios y antagónicos de distintos sectores complementarios y antagónicos, quizás con tecnologías y modelos de negocios completamente diferentes, buscan cumplir con lo que ese *target* demanda EN ESE INSTANTE. Lo que nosotros llamamos núcleo estratégico (en nuestro modelo) debe cumplir para que el negocio sea viable aunque sea por un breve instante de oportunidad.

3. Definir iniciativas de innovación. Siempre, cada vez que evaluamos una variable, debemos definir una o más iniciativas de innovación. Ya dijimos que si la variable es una fortaleza, debemos generar iniciativas de innovación para consolidarla. Si es una debilidad, debemos generar iniciativas de innovación para superarla. Si es una oportunidad debemos generar iniciativas de acción para aprovecharla y si es una amenaza debemos generar iniciativas de acción para neutralizarla. Hoy. Ahora. En este minuto. Como veremos al presentar el protocolo, las iniciativas surgidas serán tratadas con la tríada de metodologías: gestión de proyectos, gestión del cambio, gestión por procesos.

Continuando con el modelo completo del PENTA, veamos ahora el engranaje de los Recursos. Lo representamos en la Figura 22.

RECURSOS	MN	N	RN	RP	P	MP
R1. Cantidad de gente disponible vs. cantidad de gente requerida						
R2. Productivos: maquinarias y depósitos (Tech bancos)						
R3. Financieros: capital de trabajo e intereses / plazos						
R4. Infraestructura de soporte a la cadena de valor						
R5. Potencia de marca institucional y de productos						
R6. Mística del sentido de compromiso						
R7. Credibilidad con todos los grupos de influencia						
R8. Tiempo disponible para optimizar la gestión						
R9. Información disponible para optimizar la gestión						
R10. Nivel de conocimiento en cada especialidad						
R11. Estabilidad de las variables críticas de comando						
R12. Cognicidad: acople horizontal, vertical y diagonal						
R13. Capacidad de maniobra proactiva vs. reactiva						
Evaluación general						

Figura 22. El engranaje de los recursos.

Veamos a cada una de las variables:

1. Cantidad de gente disponible vs. cantidad de gente requerida. Aquí estamos hablando de cantidad de gente asignada en cada rol funcional requerido (dada la estrategia y comparada con el competidor). No estamos refiriéndonos a la "calidad de la gente", que será evaluada en otras variables (pertenencia y conocimiento). Así, en este punto, debemos preguntarnos: ¿Tenemos la gente requerida? ¿Nos falta o nos sobra gente? ¿Es preferible asignar a nuestra gente en otro rol funcional? ¿Es mejor asignarla en este negocio o en otro? Muy positivo sería que tuviéramos la cantidad de gente exacta en todas las posiciones requeridas por el organigrama.

2. Productivos: maquinarias y depósitos (*tech* bancos). Planta y equipos (lógicamente, los procesos van en el engranaje de los procesos y esto demuestra la interdependencia entre los engranajes). Incluye todas las áreas de todas las plantas industriales de la empresa. En el caso de las compañías de servicios que no tienen áreas industriales, la mayoría incluye en esta variable a todo el equipamiento de tecnología de información (IT).

3. Financieros: capital de trabajo e intereses/plazos. Esto es el capital de trabajo disponible y la estructura de ese capital. ¿Estamos pagando un costo financiero mayor o menor que nuestros competidores?

4. Infraestructura de soporte a la cadena de valor. Incluye todos los recursos físicos no directamente

asignables a la cadena de valor tales como edificios de oficinas o la facilidad de transporte de la gente desde y hacia sus posiciones de trabajo tanto internamente en la empresa como desde otras localizaciones hasta ella.

Ahora empecemos con los intangibles, que son los recursos que los contadores no sabemos contar:

5. Potencia de marca institucional y de productos. Esto es la fuerza de nuestro posicionamiento relativo de marca de producto y de nuestra imagen institucional. ¿Cómo es nuestra diferenciación contra las marcas enemigas? Como se ve, este intangible proviene del engranaje de los mercados. Pero este punto puede no estar bien trabajado en el plano de los mercados. Cuando está trabajado, esta categoría es un activo (recurso) que llamamos "marca".
6. Mística del sentido de compromiso. Esto incluye el sentido de pertenencia de nuestra gente y su voluntad de vencer competitivamente en este negocio contra el adversario. Es la cultura organizacional entendida como una matriz vincular racional-emocional "empujando" el éxito de este producto contra la competencia para maximizar la creación de valor sostenible y sustentable. Debemos realizar esta evaluación sin distinción de roles, de áreas funcionales o de niveles decisorios. Como se ve, este intangible proviene del engranaje de la cultura. Pero este punto puede no estar bien trabajado en el plano de la cultura. Cuando está trabajado, esta categoría cultural es un activo (recurso) que llamamos "mística".

7. Credibilidad con todos los grupos de influencia. Esto es credibilidad en sentido amplio. Con los bancos, con los proveedores, con los sindicatos, con los distribuidores y con los distintos *stakeholders.*

8. Tiempo disponible para optimizar la gestión. Aquí debemos evaluar el impacto temporal de nuestras decisiones, tanto por adelantarnos a la competencia como por quedar rezagados. ¿Podemos anticiparnos a nuestra competencia introduciendo una innovación? ¿Podemos seguir siendo competitivos sin introducir cambios? Por ejemplo, ¿podemos no cambiar una parte de la línea de la producción y amortizarla contablemente un año más sin perder competitividad?

9. Información disponible para tomar decisiones. Estos son "los datos" o la información, de la que disponemos con respecto a los mercados, a los desarrollos tecnológicos internacionales, a lo que hacen otras empresas en el mundo, a las mejores prácticas, etc. ¿Disponemos de mejor o peor información que nuestros competidores?

10. Nivel de conocimiento en cada especialidad. Esto es know how. No son "los fierros" de hardware ni de fábrica. Es lo que sabemos hacer: competencias y conductas observables, habilidades de fábrica, de recursos humanos, de finanzas, de marketing, de IT, de comunicación, de "I+D+I" (investigación + desarrollo + innovación), de gestión de proyectos, etc.

11. Estabilidad de las variables críticas de comando. Es la baja fluctuación o volatilidad de nuestros resultados. A mayor volatilidad, variación y dispersión, mayor riesgo. Dada nuestra propensión

o aversión al riesgo (esta es una pauta de nuestra cultura), la dinámica de los indicadores de desempeño impacta en nuestro análisis "AFODAR".

12. Organicidad. Acople horizontal, vertical y diagonal. Esta es la capacidad de lograr una visión comprendida, compartida y comprometida. Si bien no podemos ni debemos evitarla, la "organización" es la "separación", cada cosa en su lugar, con el peligro de generar compartimentos estancos. La "organicidad", por el contrario, es el sentido del todo, de totalidad, de "somos uno". En una empresa son necesarios momentos de ruptura (organicidad) pero también momentos de rutina (organización). Organicidad es uno de los ejes clave de nuestro trabajo de dinámica estratégica-operacional ya que es fundamental mucha organicidad para asegurar la implementación de la estrategia.

13. Capacidad de maniobra proactiva vs reactiva. Esto es la capacidad de innovación, de cambio, de proactividad cultural, administrativa, productiva y financiera. En el óptimo, esto es "libertad de acción". Plasticidad, más que flexibilidad. Movilidad administrativa y cognitiva. Anticipación en lugar de adaptación.

Ahora bien, hasta este punto tenemos un AFODAR que incluye todas las iniciativas generadas. Estas iniciativas se denominan "PAT" (proyectos de acción táctica). Como veremos más adelante en el protocolo metodológico, aquellas que sean aceptadas deberán ser gestionadas como proyectos utilizando la tríada: gestión de proyectos, gestión del cambio y gestión por proyectos.

En la Figura 23 mostramos las variables que tenemos en cuenta para analizar el engranaje de la CULTURA.

CULTURA	MN	N	RN	RP	P	MP
C1. Pensamiento sistémico						
C2. Pensamiento estratégico						
C3. Valores trascendentes (virtudes/cualidades humanas)						
C4. Disposición ante el conflicto competitivo						
C5. Abordaje de la competitividad creciente del sector						
C6. Liderazgo transformacional						
C7. Feedback apreciativo vertical y horizontal						
C8. Innovación proliferada						
C9. Orientación hacia la sustentabilidad						
C10. Involucramiento general en la visión del total compañía						
C11. Razonamiento prospectivo y no solo proyectivo						
C12. Actitud oportuna ante el riesgo						
C13. Balance oportuno cambiar / conservar						
Evaluación general						

Figura 23. El engranaje de la cultura.

Estas son variables que se espera que estén en una evaluación de muy positivo en una "Empresa 2030". Que la mayoría de la gente de la organización comparta este perfil de valores, virtudes y creencias:

1. Pensamiento sistémico, como capacidad cultural de "comprender totalidades", emergentes sistémicos, el bosque y no solo el árbol. PENTA es un buen instrumento para desarrollar esta característica cultural.

2. Pensamiento estratégico. Creemos que en una 2030 la mayoría de su gente tiene conciencia de competitividad, de innovación, de necesidad de ventajas competitivas y capacidades distintivas. De competencia de adversarios frontales, laterales y sustitutos, ya sea en vínculos B2C, B2B o B2T.

3. Valores trascendentes son "virtudes humanas" que están muy por encima de los "valores operacionales tales como "innovación" o "trabajo en equipo". Por ejemplo, el respeto irrestricto por cada ser humano, amor, justicia, compasión, fortaleza, humildad, integridad, solidaridad y nobleza.

4. Disposición ante el conflicto. Actitud al enfrentar el nivel de rivalidad o de fricción competitiva versus otras empresas competidoras.

5. Abordaje de la complejidad. Muy relacionado con el pensamiento sistémico, es la capacidad cultural grupal de evitar la miopía estratégica de no detectar todas las variables que pueden impactar en un diagnóstico o en una selección de una opción estratégica, operacional o táctica.

6. Liderazgo transformacional. El líder busca que la gente que lo sigue lo supere como modelo a seguir.

7. Feedback apreciativo. Cada relación entre los seres humanos que integran la organización es aprovechada para ayudar al otro a potenciar su autoestima y su autorrespeto. Esta es la principal demostración de que la organización cree firmemente en el respeto irrestricto por su gente. Especialmente en cuanto al abordaje del error del "otro".

8. Innovación proliferada. Cada miembro de la organización está involucrado en procesos de innovación. Por ejemplo, el de cómo mejorar su propia tarea o los procesos, proyectos y cambios en los que participa.

9. Orientación a la sustentabilidad. Nos importa lo ambiental, lo social, lo público, lo emocional y lo

ético, además de lo económico, no solo por "actitud benevolente" sino también porque la mentalidad sistémica nos indica que su cuidado "reverbera" favorablemente hacia nosotros.

10. Involucramiento sistémico. Cada miembro de la organización está dispuesto a involucrarse y participar en la generación de iniciativas de mejora.

11. Razonamiento prospectivo. Actitud grupal de inventar escenarios futuros verosímiles en lugar de vivir aferrados a la extrapolación de los hechos del pasado hacia el futuro como si nada cambiara del ayer.

12. Actitud ante el riesgo. Para cada decisión, adoptar la actitud adecuada entre los extremos de propensión total al riesgo o de aversión total al riesgo.

13. Balance Cambiar/Conservar. Cambiar cuando se debe que cambiar. Conservar cuando se debe persistir.

14. Por último, en la Figura 24 (ver página siguiente) nos ocupamos del engranaje de los PROCESOS.

Con respecto al engranaje de los procesos de la Figura 24, consideramos que no resulta necesaria una explicación de las variables intervinientes ya que creemos que se entienden claramente. Simplemente se trata de todos los grupos de procesos o encadenamientos horizontales de tareas que atraviesan a las áreas funcionales y de los que depende la ejecutabilidad de la estrategia.

Por fin, en la Figura 25 mostramos los cinco engranajes juntos según sus posiciones en el PENTA (ver página 118).

RECURSOS	MN	N	RN	RP	P	MP
R1. Cantidad de gente disponible vs. cantidad de gente requerida						
R2. Productivos: maquinarias y depósitos (Tech bancos)						
R3. Financieros: capital de trabajo e intereses / plazos						
R4. Infraestructura de soporte a la cadena de valor						
R5. Potencia de marca institucional y de productos						
R6. Mística del sentido de compromiso						
R7. Credibilidad con todos los grupos de influencia						
R8. Tiempo disponible para optimizar la gestión						
R9. Información disponible para optimizar la gestión						
R10. Nivel de conocimiento en cada especialidad						
R11. Estabilidad de las variables críticas de comando						
R12. Cognicidad: acople horizontal, vertical y diagonal						
R13. Capacidad de maniobra proactiva vs. reactiva						
Evaluación general						

Figura 24. El engranaje de los Procesos.

Objetivos e iniciativas de mejora

En las planillas correspondientes a cada engranaje del PEN-TA que hemos presentado en las páginas anteriores se realiza una evaluación de la situación actual de la empresa, negocio por negocio y variable por variable. Por ejemplo, si uno de los negocios de la empresa son los smartphones, en el engranaje de los recursos, para la variable "productivos" podemos haber asignado una calificación de "regular positivo". Instantáneamente se debe poner en marcha la capacidad de innovación para tratar de generar todas las iniciativas posibles para pasar de "regular positivo" a una calificación mejor como "positivo" o, si fuera posible, "muy positivo". Todas las iniciativas aprobadas alimentan la tríada de *project management, change management* y *management by processes*.

Pero es imprescindible tener en cuenta que esas iniciativas no se generan solo con el propósito de mejorar la

CULTURA	MN	N	RN	RP	P	MP
C1. Pensamiento sistémico						
C2. Pensamiento estratégico						
C3. Valores trascendentes (virtudes/cualidades humanas)						
C4. Disposición ante el conflicto competitivo						
C5. Abordaje de la competitividad creciente del sector						
C6. Liderazgo transformacional						
C7. Feedback apreciativo vertical y horizontal						
C8. Innovación proliferada						
C9. Orientación hacia la sustentabilidad						
C10. Involucramiento general en la visión del total compañía						
C11. Razonamiento prospectivo y no solo proyectivo						
C12. Actitud oportuna ante el riesgo						
C13. Balance oportuno cambiar / conservar						
Evaluación general						

RECURSOS	MN	N	RN	RP	P	MP
R1. Cantidad de gente disponible vs. cantidad de gente requerida						
R2. Productivos: maquinarias y depósitos (Tech bancos)						
R3. Financieros: capital de trabajo e intereses / plazos						
R4. Infraestructura de soporte a la cadena de valor						
R5. Potencia de marca institucional y de productos						
R6. Mística del sentido de compromiso						
R7. Credibilidad con todos los grupos de influencia						
R8. Tiempo disponible para optimizar la gestión						
R9. Información disponible para optimizar la gestión						
R10. Nivel de conocimiento en cada especialidad						
R11. Estabilidad de las variables críticas de comando						
R12. Cognicidad: acople horizontal, vertical y diagonal						
R13. Capacidad de maniobra proactiva vs. reactiva						
Evaluación general						

ESTRATEGIA	MN	N	RN	RP	P	MP
E1. Foco segmentos *target* y geográfico						
E2. Ventajas competitivas sostenibles vs. frontales						
E3. Ventajas competitivas sostenibles vs. laterales						
E4. Ventajas competitivas sostenibles vs. sustitutivos						
E5. Ventajas competitivas sostenibles vs. otros usos						
E6. Capacidades distintivas sostenibles vs. frontales						
E7. Capacidades distintivas sostenibles vs. laterales						
E8. Capacidades distintivas sostenibles vs. sustitutivos						
E9. Capacidades distintivas sostenibles vs. otros usos						
E10. Prioridad en la estrategia de portafolio						
E11. Contención de la cultura / acople con la doctrina						
E12. Soporte de los grupos de procesos / SMART-PI						
E13. Viabilidad efectividad y eficiencia operativa / AFA						
Evaluación general						

MERCADOS	MN	N	RN	RP	P	MP
M1. Atractivo macroeconómico social (PESTAL)						
M2. Atractivo relevancia en clusters / Cadenas						
M3. Atractivo segmentación						
M4. Atractivo diferenciación en ventajas competitivas /posicionamientos						
M5. Atractivo diferenciación en capacidades requeridas/ productividades						
M6. Atractivo del tamaño, tasa de crecimiento y efectos complementarios						
M7. Atractivo cadenas de provisión (físicas y digitales)						
M8. Atractivo cadenas de distribución (físicas y digitales)						
M9. Atractivo patrones de fidelidad cliente/consumidor final						
M10. Atractivo compatibilidad cultural						
M11. Atractivo barreras de protección						
M12. Atractivo riesgo empresarial relativo						
M13. Atractivo sinergia entre negocios/Productos efecto conjunto						
Evaluación general						

RECURSOS	MN	N	RN	RP	P	MP
R1. Cantidad de gente disponible vs. cantidad de gente requerida						
R2. Productivos: maquinarias y depósitos (Tech bancos)						
R3. Financieros: capital de trabajo e intereses / plazos						
R4. Infraestructura de soporte a la cadena de valor						
R5. Potencia de marca institucional y de productos						
R6. Mística del sentido de compromiso						
R7. Credibilidad con todos los grupos de influencia						
R8. Tiempo disponible para optimizar la gestión						
R9. Información disponible para optimizar la gestión						
R10. Nivel de conocimiento en cada especialidad						
R11. Estabilidad de las variables críticas de comando						
R12. Cognicidad: acople horizontal, vertical y diagonal						
R13. Capacidad de maniobra proactiva vs. reactiva						
Evaluación general						

Figura 25. Los cinco engranajes: análisis de coherencia sistémica.

evaluación de esa variable en particular sino para mejorar la capacidad de logro de los objetivos estratégicos u operacionales o las metas tácticas y los indicadores clave de desempeño (KPI).

Por otra parte, toda iniciativa debe ser evaluada desde la perspectiva sistémica. En nuestro ejemplo de "recursos productivos", se debe controlar que la o las iniciativas generadas para mejorar esa variable no tengan consecuencias no deseadas en esa variable o en otra, en ese engranaje o en otro, hoy o mañana.

Pero además, se debe también considerar la perspectiva sistémica por la cual las iniciativas de mejora en la variable "recursos productivos" (engranaje de los recursos del PENTA) si se complementara con otra u otras iniciativas de mejora de otras variables, de ese engranaje o de otro, podría tener resultados superiores a "la suma de las partes".

En la Figura 25 representamos a los cinco engranajes de PENTA de manera tal que, al ser terminada la evaluación de cada uno de ellos y las correspondientes iniciativas surgidas de AFODAR, pueda evaluarse la interrelación entre todas las iniciativas de forma tal de evitar incompatibilidades (iniciativas opuestas) y de potenciar sinergias o efectos sistémicos entre dos o más de ellas (hayan sido previamente detectadas o generadas en este paso generando nuevas).

Las Figuras 26 a 30 resultan muy útiles para detectar las áreas de potencial de mejora de las variables de los cinco engranajes. La Figura 31 cumple el mismo rol que la Figura 25 en cuanto a la necesidad de tener en cuenta el impacto de las iniciativas de innovación de cada engranaje con respecto a los demás engranajes del PENTA como sistema completo.

Figura 26. Áreas de potencial del engranaje de los recursos.

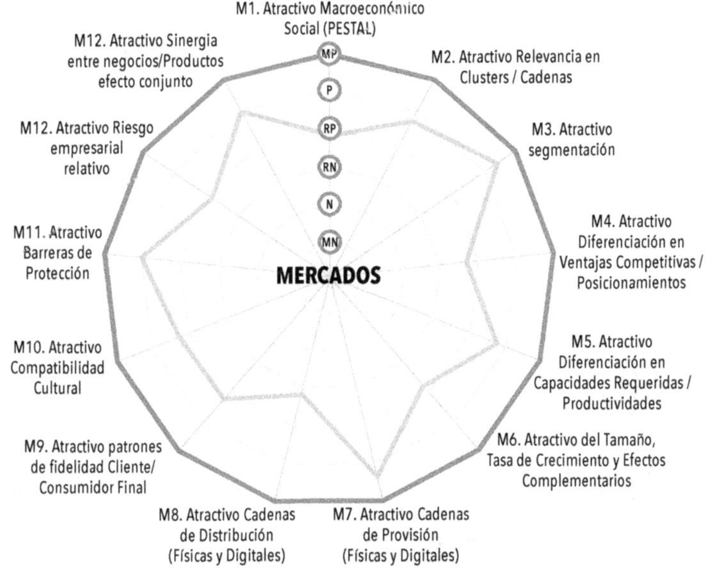

Figura 27. Áreas de potencial del engranaje de los mercados.

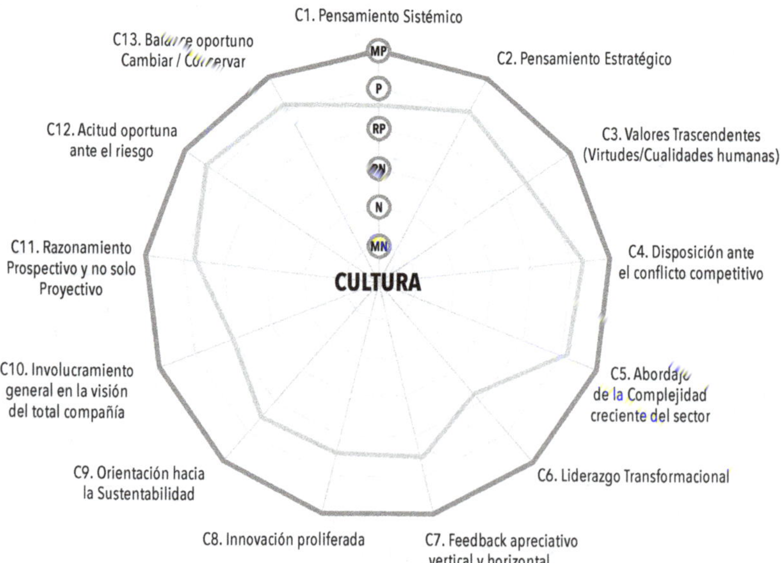

Figura 28. Áreas de potencial del engranaje de la cultura.

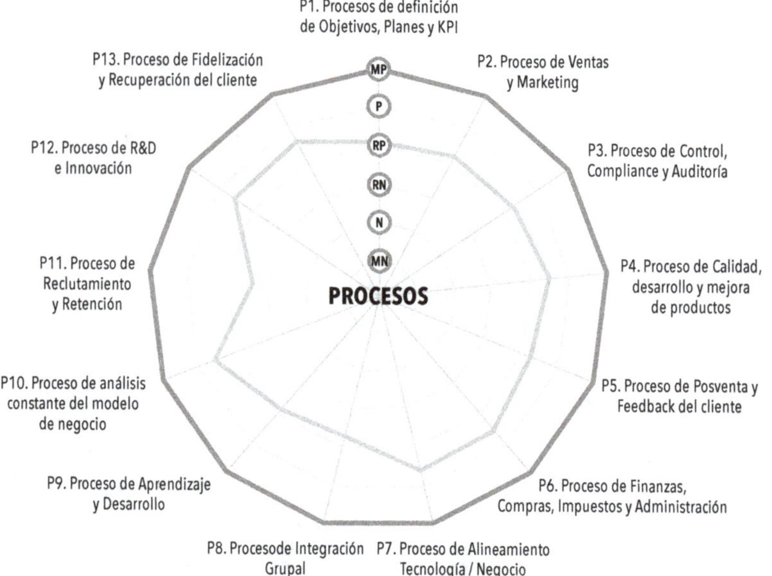

Figura 29. Áreas de potencial del engranaje de los procesos.

Figura 30. Áreas de potencial del engranaje de la estrategia.

Como primera medida, pensemos que absolutamente todos nos dedicamos al cambio. Que la muela pase de estar en la boca a estar en una bandejita de acero inoxidable es un cambio realizado por un odontólogo. Que en Estambul se haya construido el puente que une Europa y Asia es cambio.

Pero pensemos un poco más concreto. Absolutamente todos estos cambios son el puente (como el de San Francisco) entre soluciones y resultados. Entre instrumentos —tangibles como una máquina o intangibles como un conocimiento— y un "estado deseado" racional o emocional.

Pero la experiencia que muchos de nosotros hemos vivido en el mundo empresarial nos marcó fuertemente en nuestra orientación sistémica ya que comprendimos que esta orientación implica un verdadero

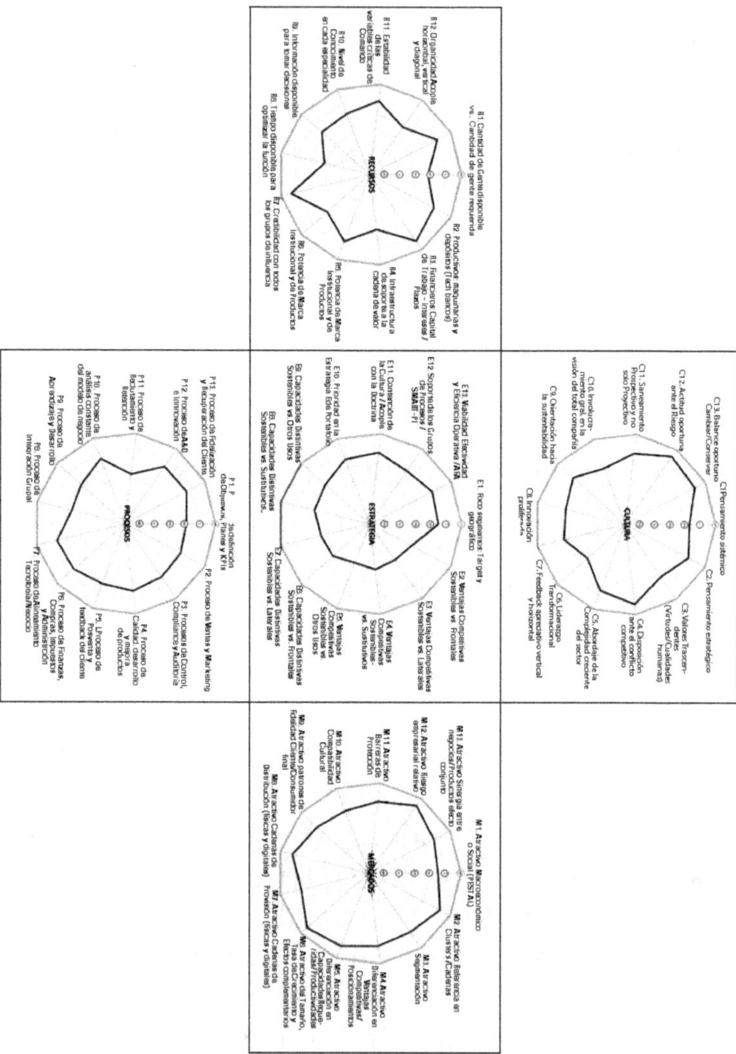

Figura 31. Visión sistémica de todas las áreas de potencial.

cambio epistemológico de cómo entender el mundo. En todos los órdenes de la vida. Entonces, focalizando ya en el tipo de cambio que nos importa, el cambio en las organizaciones, no podemos dejar de verlas como sistemas psico-socio-técnicos complejos.

Todos los especialistas en Gestión del Cambio organizacional (*Change Management*) sostienen que el cambio de cualquier organización implica un cambio en los individuos que la componen. Por supuesto que estamos totalmente de acuerdo, pero creemos que el cambio en el individuo también depende del cambio en la organización.

Por ejemplo, coincidimos con especialistas que admiramos como Jeffrey Hiatt y Timothy Creasey (2012) cuando afirman que siempre cambiamos por alguna razón, que el cambio organizacional requiere el cambio individual de las personas que la integran, que los resultados de las organizaciones surgen del resultado colectivo del cambio individual, que la especialidad de gestión del cambio es un marco referencial para gestionar la perspectiva humana del cambio y que a esta especialidad la ponemos en práctica para lograr los beneficios y los resultados deseados al cambiar.

Pero nos queremos concentrar en el punto de que el cambio organizacional requiere el cambio individual de las personas que lo integran.

Hiatt y Creasey sostienen que el cambio individual implica la adquisición de nuevas capacidades, habilidades o competencias por parte de la gente. Pero que no alcanza con que algunos miembros de la organización lo hagan, ya que otros miembros de la misma organización pueden o no adoptarlas, evitarlas y hasta resistirlas. Coincidimos.

Y agregan que, entonces, el cambio organizacional será logrado, o no, según tres condiciones:

1. el porcentaje del total de los miembros de la organización que adhieran y se comprometan con el cambio,
2. la velocidad en lograr esa adherencia y compromiso (o velocidad de adopción), y
3. la efectividad (competencia) individual de cada uno en la implementación del cambio.

Pero creemos que es imprescindible profundizar en la perspectiva sistémica (si bien pareciera estar subyacente, es necesario explicitarla). Los tres puntos anteriores dependen de cómo es esa organización en cuanto a sus interrelaciones, sus vínculos intersubjetivos y, por lo tanto, esto requiere un abordaje sistémico psicosocial y cognitivo.

Hemos dicho en capítulos anteriores que, desde el punto de vista cognitivo, los cambios, cuando son profundos, requieren no solo "aprender" (aprendo lo que dice un libro), sino también "aprender a aprender" (por ejemplo, aprendo si tengo que estudiar este libro hoy o si hoy tengo que estudiar otro), y, ATENCIÓN, muchísimas veces "aprender a desaprender". Aprender a olvidar (reemplazar los conceptos que aprendí en ese libro por conceptos diferentes y hasta opuestos a los de otro autor). Este tercer nivel de desaprender implica cambios de mapas mentales, de paradigmas, que no podemos considerar desde perspectivas elementales de la típica resistencia al cambio sino de obstrucciones cognitivas mucho más graves.

El cuarto nivel, el reaprender, implica la capacidad de incorporar paradigmas nuevos. Muchísimas veces se trata de leyes "si-entonces" completamente nuevas y que hasta podrían estar en abierta contradicción con las leyes que creíamos que eran verdades inmutables: desde cómo se estudia un mercado hasta cómo se diseña un producto y desde cómo se incorpora gente hasta cómo se optimiza la asignación estratégica de recursos entre los negocios en los que la empresa opera. Así llegamos al quinto nivel, el "aprender nuevas formas de aprender" que es lo que hemos vivido con la pandemia de coronavirus como desgracia de la humanidad.

En *Change Management* no se trata de simplemente aprender y acostumbrarse a una nueva interfaz de una computadora sino, en innumerables oportunidades, a pensar diametralmente lo opuesto a lo que se pensó siempre. Aquí la simple perspectiva de la resistencia al cambio puede transformarse en verdadera imposibilidad mental de "ver al mundo diferente". Esto requiere tener en cuenta desde todos los sesgos que la mente humana produce ante este *shock* cognitivo (disonancia) hasta el trabajo individual y grupal de explicitar esos mapas mentales y poder ayudar a esos individuos y a esos grupos a desafiarlos y transformarlos. Esto es cambio profundo. Muy profundo.

Para colmo, y como hemos de profundizar más adelante, cada individuo puede producir en su arquitectura mental un mapa de la realidad diferente del individuo que trabaja en la oficina de al lado. Esto se llama dispersión cognitiva. Tratar de alinear los mapas mentales que sobre la misma realidad tienen dos o más personas es uno de los desafíos mayores de los procesos de gestión del cambio o de la transformación y la mutación organizacional.

Esto es especialmente importante cuando no se trata de que todos piensen igual sino de "celebrar la diferencia" de la riqueza que se obtiene trabajando con "realidades" diferentes. El universo se transforma en multiverso.

Desde la perspectiva psicosocial, por ejemplo, debemos pensar si los líderes que eran líderes antes del cambio serán los líderes durante y después del cambio. Algunos que no lo eran lo serán. Algunos que lo eran no lo serán más. Y debemos pensar si los equipos que eran equipos seguirán siendo equipos. O si algunos se desmembrarán. Otros se formarán. Algunos se particionarán. Otros se fusionarán. Si el trabajo en equipo entre equipos se potenciará o si se obstruirá. Evidentemente, todo esto se explica con el PENTA y pasa en el PENTA.

Prosiliencia, plasticidad, movilidad, capacidad de maniobra y poder

También hemos visto que debemos considerar el cambio como "flexibilidad", el cambio como "plasticidad" y el cambio como "libertad de acción" (o "capacidad de maniobra") siendo su máxima expresión la capacidad de mutación empresarial que consiste en pasar desde un PENTA actual a otro PENTA deseado, si es que la mutación es administrada o pasar a otro "PENTA cualquiera" si la empresa fuera una "hoja en la tormenta".

Flexibilidad es cambiar "para volver a ser como era antes". Resiliencia. Soportar el impacto y recuperarse.

Plasticidad es cambiar, no para "volver a ser como era antes" sino para ser diferente para el logro de los objetivos. Se me ocurrió crear el término "´prosiliencia" para marcar esta diferencia entre plasticidad y flexibilidad. Prosiliencia es anticipar proactivamente el cambio y lograr cambiar antes de tener que cambiar.

Pero podemos tener plasticidad y no poder aplicarla por razones internas o externas. Cuando tenemos plasticidad y la podemos emplear hemos llegado al máximo potencial del cambio que denominamos libertad de acción o capacidad de maniobra o, simplemente libertad de maniobra o movilidad. En un ejemplo elemental y puntual, podemos tener plasticidad en inventar un nuevo producto bancario pero que no sea permitido lanzarlo al mercado. Pero la capacidad de mutar o reinvención (*Changegineering*™) depende de este tercer nivel de libertad de maniobra.

Si descubrimos una necesidad no satisfecha, inventamos una solución bancaria y, si podemos lanzarla, tenemos ese tercer nivel: movilidad. Libertad de acción. Capacidad de maniobra. Movilidad y poder de fuego son los dos principios militares básicos que aplican en la estrategia competitiva entre empresas. Poder de fuego es poder relativo. Es el resultado de nuestras capacidades distintivas y de nuestras ventajas competitivas protegidas por nuestras barreras de ingreso, de imitación y de sustitución. Lo entendemos como el poder relativo de nuestro núcleo estratégico versus el núcleo estratégico de cada competidor (directo, indirecto y sustitutivo). Movilidad es apego a la misión, anticipación, innovación, plasticidad, cohesión y despliegue para generar nuevos núcleos estratégicos antes y mejores que esos competidores. Para hacer máximas las dos categorías vitales: movilidad y poder necesitamos maximizar la "prosiliencia" de todo el PENTA completo. Esto es dinámica estratégica-operacional, que es el dominio de nuestra especialidad.

Y debemos pensar, desde el enfoque militar tradicional (adoptado conscientemente o no por casi todas las empresas) que hay cambio estratégico, cambio operacional (transducción) y cambio táctico (Delamer, G.R., 2005).

El cambio estratégico tiene que ver con cambios en las únicas dos decisiones estratégicas de toda empresa: la estrategia de portafolio de negocios y la estrategia competitiva de cada negocio.

Muchos se equivocan y "dan vuelta" a la diferencia entre el nivel de las operaciones y el de la táctica, confundiendo a las operaciones con la acción concreta.

Veamos un ejemplo en el modelo militar. En la Segunda Guerra Mundial, los aliados migran de una estrategia política diplomática a una estrategia de guerra. En el nivel operacional, la guerra transcurre en una primera etapa en los teatros de operaciones del mediterráneo central y del Canal de la Mancha y luego en el Pacifico cuando ingresa Japón. El nivel táctico, militarmente se puede subdividir en dos niveles. el táctico superior es la ejecución del desembarco en Normandía. El táctico inferior es el combate cuerpo a cuerpo para penetrar en territorio de Francia venciendo a la resistencia alemana en plena playa. Y este logro táctico genera el cambio estratégico de incrementar altamente las probabilidades de llegar a Berlín.

Es claro que, estos son cambios drásticamente diferentes pero muy relacionados entre sí. Tipos de liderazgo gestionando cambios totalmente diferentes pero, también, profundamente relacionados entre sí. Liderazgo remoto, liderazgo indirecto y liderazgo directo. Liderazgo Integrativo es alinear estos tres en el logro del PENTA deseado en cada punto de tiempo del devenir de ese SPSTC.

Pero también debemos pensar en los efectos no deseados (y quizás no pensados) del cambio. Es el mundo de la complejidad.

PENTA, como modelo y como método, es un mapa exhaustivo del total de las fuentes posibles de generación de iniciativas de cambio estratégico, operacional o táctico y de innovaciones incrementales, radicales o disruptivas.

PENTA se orienta a que la empresa determine sistémica y sistemáticamente cuáles habrán de ser los cambios y las iniciativas de innovación, especialmente a nivel estratégico, y los objetivos a alcanzar y cómo pretende lograrlos, a través de una cultura de innovación, también estratégica, pero fuertemente impulsora de las innovaciones operacionales y tácticas.

Pero hay todavía más. Como dijimos, las empresas tienden, especialmente las más exitosas, a la rigidez de sus mapas mentales. El PENTA debe ayudar a detectar esas construcciones subjetivas para potenciar el alineamiento entre áreas y niveles.

Capítulo 3

Análisis de escenarios

Entramos en el análisis del contexto (si pudiéramos honestamente decir que podemos hacer un "análisis") con algunos ejemplos contundentes de que operamos en entornos no ya inciertos, ni incontrolables (¡ni hablar!) ni impredecibles, sino INCOGNOSCIBLES.

Lo incognoscible es aquello que no puede ser conocido o comprendido. Insondable, impenetrable, inaveriguable, indescifrable, inescrutable, incomprensible, ininteligible, inexplicable. Como el origen del universo para los agnósticos o para los ateos (aunque te digan "Big Bang", ¿de dónde salió el Big Bang? ¿Dónde fue? Allí en ese lugar, ¿antes qué había?).

Y en ese infierno se supone que ser empresario es descubrir una oportunidad (¿?) en una determinada arena competitiva de redes de cadenas de valor (¿?) y clusters (¿?) y asumir el riesgo (¿?) de invertir recursos (¿?) para lograr objetivos (¿?). Tanto un emprendedor desde el famoso garaje inventando una aplicación tecnológica hasta un emprendedor interno (*intrapreneur / intrapreneurship*) de una empresa grande instalada (¿?), establecida (¿?) y consolidada (¿?) innovando un nuevo producto o un nuevo proceso o un nuevo modelo de negocio.

Los signos de interrogación entre paréntesis los estamos usando para significar que, por ejemplo, HOY la empresa puede ESTAR grande pero que en el mundo incognoscible no podemos asegurar que esa empresa ES grande. Mañana puede no estar más (Blockbuster *we have a problem*: "Fin de una era: Blockbuster anunció el cierre de sus últimos 300 locales. La compañía había pedido la quiebra en 2010, y en su mejor momento contaba con 60 mil empleados en más de nueve mil tiendas de más de veinte países", *El Cronista,* Buenos Aires, viernes 8 de noviembre de 2013).

El diario *El Mundo* de España, el 25 de enero de 2016, en una excelente investigación nos recordó sobre 10 empresas "demasiado grandes para caer... que ya no existen": Blockbuster, un gigante del alquiler al que internet dejó viejo; Pan Am, la icónica aerolínea que sucumbió al terrorismo; Enron, de "compañía del año" a sinónimo de fraude empresarial; Napster, la revolución de la música compartida que se topó con el juez; Concorde, el avión más seguro del mundo... hasta que dejó de serlo; Galerías Preciados, los primeros grandes almacenes de España; Barreiros, el fabricante de coches en los que era muy difícil hacer el amor; Banesto, de estar entre las cinco entidades más grandes a la extinción; Olivetti, la máquina de escribir que no pudo adaptarse al ordenador; Lehman Brothers, el coloso que sobrevivió a casi todo... menos a las "subprime" y miles más que con nombres e imágenes institucionales legendarias ya no están o se salvaron en terapia intensiva.

Recomendamos al lector revisar la evolución del listado de las 500 empresas más grandes del mundo de la revista *Fortune*. La lista Fortune Global 500 es un escalafón de las primeras 500 empresas de todo el mundo, medidas por los ingresos. La lista es compilada y publicada anualmente por la revista *Fortune*.

La lista Fortune 500 contenía exclusivamente corporaciones de EE.UU. En 1990, las compañías de EE.UU. se sumaron para compilar una lista verdaderamente global de las principales corporaciones industriales según su clasificación de ventas. En 2005, más de 450 tenían su sede en Europa (195), los Estados Unidos (176), y Japón (80).

Los riesgos mundiales

El World Economic Forum todos los años presenta los llamados "macrorriesgos" que enfrenta la economía mundial y los clasifica en los siguientes grupos:

Económicos
- Colapso del precio de los activos.
- Volatilidad extrema del precio de los commodities.
- Volatilidad extrema del precio al consumidor.
- Crisis fiscal.
- Desbalances globales y volatilidad cambiaria.
- Fragilidad de la infraestructura.
- Crisis de liquidez / Crédito.
- Fallas regulatorias.

- Retroceso de la globalización.
- Evolución de la economía china.

Ambientales

- Polución del aire.
- Pérdida de la biodiversidad.
- Cambio climático.
- Terremotos y erupciones volcánicas.
- Inundaciones.
- Dominio de los océanos.
- Tormentas y ciclones.

Sociales

- Enfermedades crónicas.
- Desafíos demográficos.
- Disparidad económica.
- Seguridad alimentaria.
- Enfermedades infecciosas (hasta el 2019 nadie imaginó el COVID).
- Migración.
- Seguridad del agua.

Geopolíticos

- Corrupción.
- Fragilidad de los Estados.
- Conflicto geopolítico.
- Fracaso en la gobernanza global.
- Comercio ilícito.
- Crimen organizado.
- Seguridad del espacio.
- Terrorismo.
- Armas de destrucción masiva.
- Tecnológicos.
- Quiebre de la infraestructura de información crítica.

– Seguridad de los datos online y de la información.
– Amenaza de nuevas tecnologías.

Las constelaciones sistémicas

Pero resulta que estos elementos se vinculan entre sí en "constelaciones sistémicas", en redes interactivas, en tejidos constantemente vibrantes y son estas relaciones sistémicas las que impactan bien o mal a los diferentes sectores de los diferentes mercados de las diferentes economías de los diferentes países.

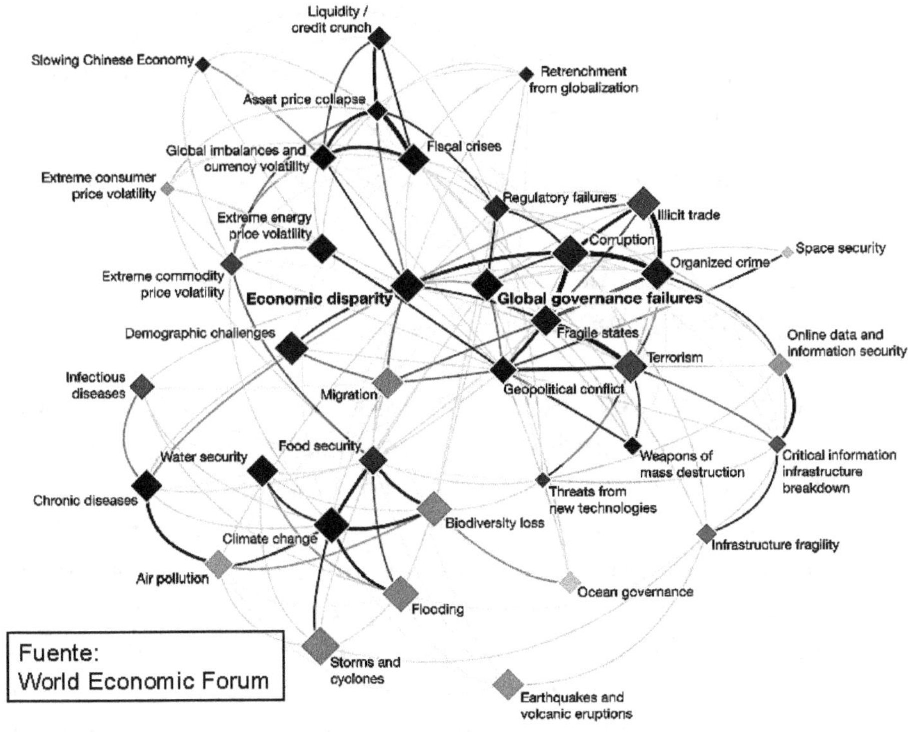

Figura 32. El sistema de riesgos del World Economic Forum.

Esto lo vemos en la Figura 32 y en la Figura 33 más focalizado en una parte para poder leer mejor.

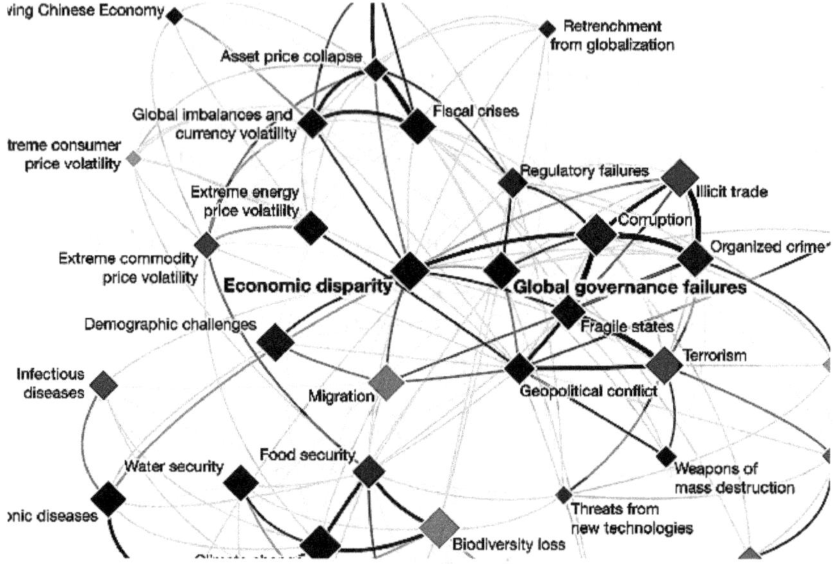

Figura 33. El sistema de riesgos del World Economic Forum.

Los clusters, la era del instante y la era del desconocimiento

Si bien en el Capítulo 4 hemos de ver en profundidad el concepto trascendental de los clusters, en este necesitamos adelantar una primera aproximación.

En la Figura 34 representamos el ejemplo de un sistema que podría, por ejemplo, ser el cluster de la salud de un país cualquiera. En el que aparecen los diferentes elementos del cluster como universidades, prestadores, obras sociales, prepagos médicos, hospitales, profesionales individuales, asociaciones científicas, sanatorios, droguerías, laboratorios de productos farmacéuticos, equipamientos médicos, laboratorios de análisis y diagnóstico, revistas especializadas, asociaciones de pacientes, asociaciones de familiares de pacientes, gobierno nacional, gobiernos locales, empresas de emergencia y la pregunta es:

¿Podemos entender a cualquiera de esos "elementos" divorciado, escindido, recortado del resto del sistema? Y usted, ¿ya pensó en el cluster en el que está su empresa? ¿o su oportunidad? ¿Se dio cuenta de que su viabilidad depende del sistema? ¿Reconoce que JAMÁS podrá conocer el "emergente" de toda esta red en cada momento, en cada instante? (Levy, A. R., 2016).

Es por ello que llamamos a esta era "La era del instante". Recuerde el diafragma de su cámara de fotos. Se abre un nanominisegundo (palabra que acabo de inventar) y usted entra o se queda afuera. Cada vez más rápido.

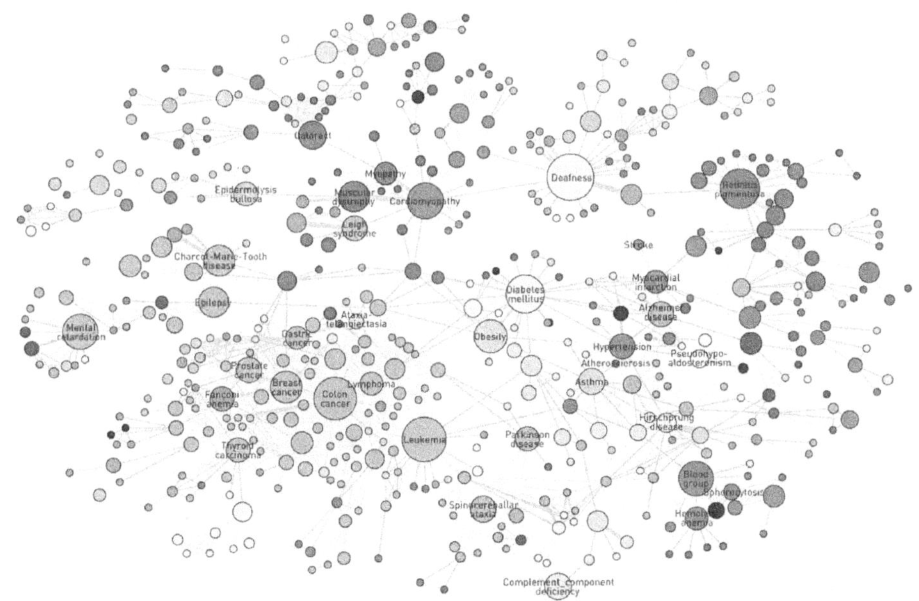

**Figura 34. Un sistema, por ejemplo,
el cluster de la salud de un país cualquiera.**

En la Figura 34 mostramos lo que consideramos central en este trabajo: los sistemas de sistemas, el plano de lo "metasistémico" que nos indica con mayor precisión cómo es el mundo en que vivimos hoy. Mañana va a ser más complicado. Pasado mañana, todavía más. Mesoeconomía.

Por ejemplo, el cluster de la salud vinculado con el cluster de la alta tecnología de la información, vinculado con el cluster de la alta tecnología de la estadística analítica inferencial actuarial, a su vez vinculado con el cluster de la salud. ¿Y ahora? ¿Usted sabe más de su empresa? No. Lo sentimos mucho. Ahora sabe menos. Entonces, ¿esta es la era del conocimiento o esta es la era del desconocimiento?

Para colmo cada uno de esos puntitos que representan "elementos" de los sistemas, siendo estos sistemas, a su vez, elementos de metasistemas, innova, cambia, inventa, descubre, se junta, se separa, se potencia, se neutraliza con uno con varios, con muchos de todos los demás (Figura 35).

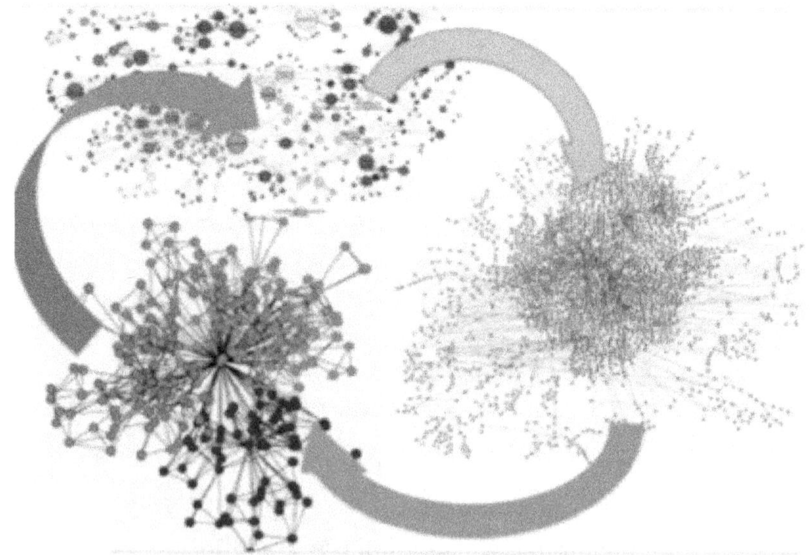

Figura 35. El plano metasistémico. El sistema de sistemas.

En la era del desconocimiento nos sumergimos en la era del instante (cámara de fotos) el brevísimo instante en el que se abre una ventana de oportunidad que usted aprovecha o que usted se pierde para siempre. Readiness es lo que no podemos traducir pero que es nuestro consejo, nuestro único consejo para sobrevivir en la era del instante.

En las siguientes figuras (desde la 36 hasta la 41) representamos estos diferentes "afueras". En algunos de los niveles hemos considerado innecesario explicar cada una de las variables.

Figura 36. Los niveles del "afuera".

Pero partimos de la Figura 36 en la que siguiendo a Rita Gunther McGrath (McGrath, R.G., 2013) de Columbia University Business School sustituye el concepto tradicional de que competimos en el mercado de una determinada "industria" cuando en realidad el *target* del mercado que servimos o que pretendemos servir, y si es posible liderar, es una "arena competitiva". En esa arena, nuestro *target* es una oportunidad, cada vez más efímera, de cumplir los requerimientos demandados (*"Job to be done"*) por los miembros de ese *target* y que pueden ser satisfechos por cada vez más industrias diferentes, con opciones sustitutivas completamente disímiles, de la convergencia de dos o más industrias, de dos o más clusters. Es decir: HIPERCOMPETITIVIDAD.

En el centro de la Figura 36 representamos a su empresa como el sistema interno compuesto por su Estrategia, sus recursos, sus mercados, su cultura y sus procesos de gestión. Es el modelo PENTA que diseñamos en 1985 (Levy, 1985 y subsiguientes versiones hasta la presentada en este libro) y que hemos adelantado al inicio del Capítulo 1. Los niveles externos, como las famosas Mamushkas (o Babushkas), muñecas rusas, con el nivel de arena, de sistema de conflicto, de escenario inmediato y de escenario general.

El Escenario General

Basados en los cinco subsistemas críticos: Las variables de lo económico, las de lo ambiental, las de lo tecnológico, las de lo geopolítico y las de lo social, podríamos imaginar por lo menos cuatro "escenarios verosímiles": el de crecimiento, el de saturación, el de colapso y el de transformación. Lo vemos en la Figura 37.

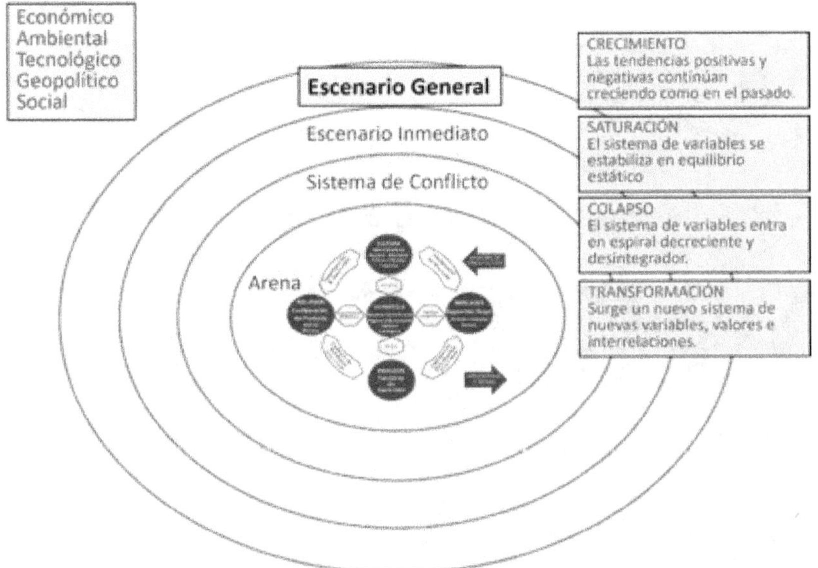

Figura 37. El escenario general.

El escenario inmediato

El Escenario Inmediato lo "miramos" (no queremos decir "analizamos" ya que nos resulta muy presuntuoso) teniendo en cuenta los 12 conjuntos de variables que el World Economic Forum (WEF) toma en cuenta para calcular el Índice de Competitividad de los Países (World Economic Forum, 2016/17) (Figura 38). Nosotros consideramos que esto es tremendamente difícil de ajustar con alta precisión ya que el WEF construye el índice de Brasil con estos 12 conjuntos de variables sin diferenciar la "realidad del Estado de San Pablo" de la del Estado de Piauí. Ni hablar si tuviéramos que emplearlo ciudad por ciudad o, en cada ciudad, la competitividad de cada sector industrial. Este dato no existe. El índice tampoco.

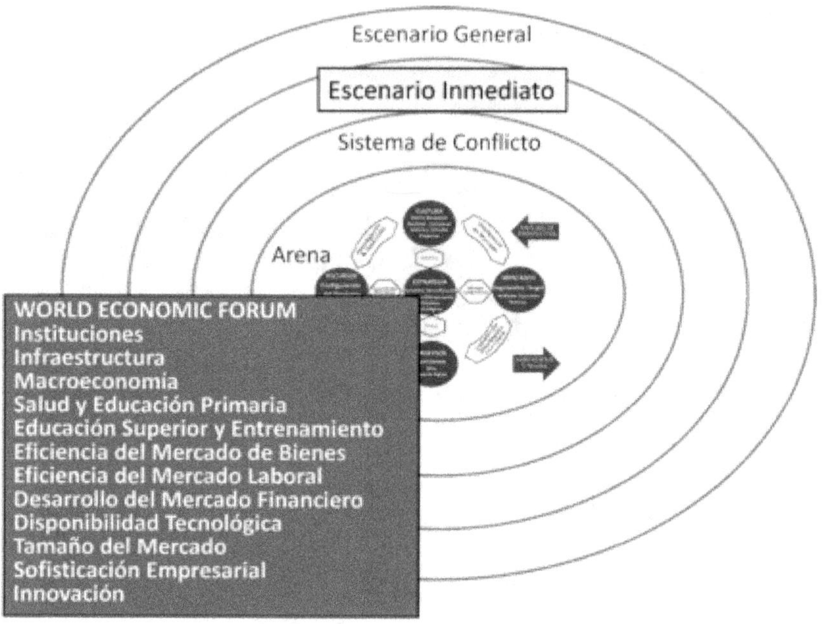

Figura 38. El escenario inmediato.

La fricción competitiva (El "Núcleo" Estratégico)

Ventajas competitivas, capacidades distintivas y Barreras de protección absolutamente insostenibles. Efímeras. Las de la "era del instante". Las de la "era del desconocimiento".

En el marco de una hipercompetitividad exponencialmente creciente en todos los sectores y en la convergencia entre casi todos ellos.

Todas estas son las ya tradicionales y hasta "triviales" perturbaciones y vulnerabilidades que atentan contra el logro de los objetivos empresariales (Figura 39).

Figura 39. El sistema de conflicto.

La arena competitiva

En la Figura 40 listamos variables fundamentales a tener en cuenta a la hora de estudiar un cluster en particular (si fuera posible "recortarlo" definiendo claramente sus "fronteras", situación muy difícil de vivir en la vida real).

Pero es necesario aclarar desde este momento inicial dos características adicionales de "lo externo". La primera es que toda empresa forma parte de una cadena de valor.

Por ejemplo, un fabricante de mayonesa les compra a proveedores, que les compran a sus proveedores, y así, aguas arriba, hasta llegar a los productores de las materias primas y materiales iniciales y básicos. Por otro lado, aguas abajo, el fabricante de mayonesa les vende a distintos distribuidores, por ejemplo, mayoristas que les venden a minoristas, o a grandes cadenas de supermercados de manera directa o a clientes institucionales como hoteles o restaurantes, hasta llegar al consumidor final.

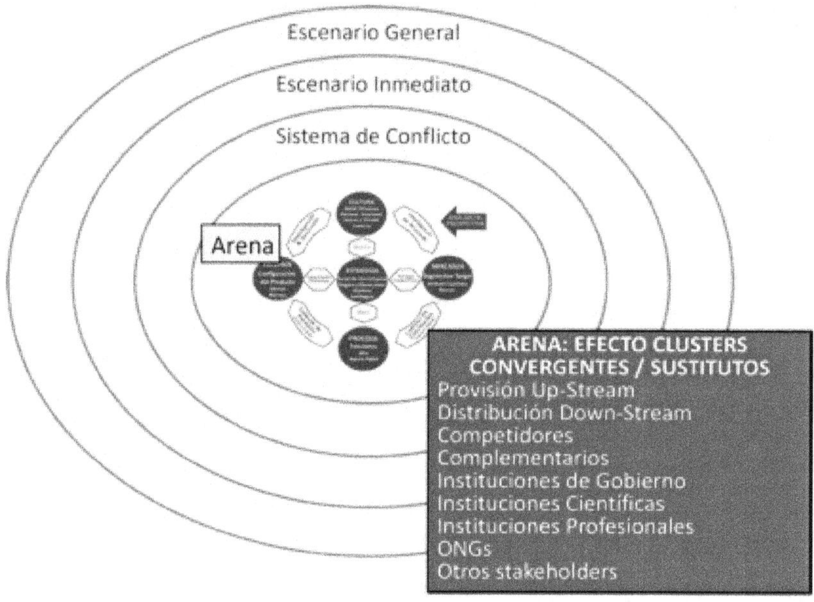

Figura 40. Las variables que caracterizan a las arenas competitivas como conjunciones y confrontaciones entre clusters.

Pero volvamos a los proveedores. Uno de ellos fabrica envasadoras y se las vende a nuestro amigo que elabora mayonesa. Ahora resulta que ese fabricante de envasadoras de frascos de vidrio también forma parte de otra cadena de valor. Lo abastecen proveedores y a estos sus propios proveedores. Y, además, el fabricante de envasadoras vende a través de distribuidores directos o indirectos para llegar a nuestro amigo de la fábrica de envasadoras, a los fabricantes de mezcladoras y a vaya a saber cuántos otros clientes que fabrican maquinarias diferentes. Conclusión: una cadena de valor es una cadena de cadenas de valor (como el espinazo de un pescado).

Pero todavía hay más: además de esa cadena de cadenas, hay más actores de mayor o menor impacto en esa cadena de cadenas. Institutos de investigación industrial, universidades, áreas relacionadas de los gobiernos nacionales hasta municipales, sindicatos y otras asociaciones tales como las cámaras sectoriales (del caucho o de las máquinas herramienta), empresas de transporte, bancos o compañías de seguros. Interminable. Pero a toda esta constelación de actores la llamamos "cluster", por ejemplo, "el cluster de la mayonesa".

El punto clave es que toda empresa forma parte de uno o más clusters, compuesto, como vimos, por actores más o menos impactantes para la viabilidad o el colapso de nuestro amigo de la mayonesa. Y he aquí el peligro: si nuestro amigo no tiene conciencia de que forma parte de este sistema que es un verdadero campo de fuerzas, padecerá de un trastorno fatal que llamamos "miopía estratégica".

Si bien en el próximo capítulo hemos de profundizar sobre clusters, competitividad sistémica y mesoeconomía, adelantamos aquí dos conceptos de suma importancia para el análisis de escenarios.

Efecto hub: el caso israelí

En algunos casos como en Israel, casi todos los clusters de una región, en este caso, un país, están fuertemente conectados por un "hub" o pivote o eje. En Israel este "hub" es el de la inteligencia artificial y todo el conjunto de altísima innovación en desarrollos digitales que la alimentan y que esta alimenta a su vez. Los clusters de la salud/medicina, del agua, de la seguridad / ciberseguridad / defensa, de la agricultura científica, de la educación superior y hasta del turismo, rondan en torno a la capacidad distintiva israelí de su vanguardia en inteligencia artificial que a su vez genera ventajas competitivas en todos los clusters.

La proliferación imparable de StartUps, por un lado y, por el otro, la instalación en Israel de las grandes empresas globales de alta tecnología muestra un elocuente ejemplo de este fenómeno que nosotros llamamos "efecto hub" de los clusters como "sistema de ecosistemas". Evidentemente, estamos hablando de competitividad mesoeconómica (Senor, D. y Singer, S., 2009).

Objetivos del desarrollo de un cluster

- Incrementar el grado de eficiencia colectiva.
- Incrementar la competitividad de producto generando bienes más sofisticados de mayor precio.
- Incrementar la competitividad de los procesos transformando insumos en productos de manera más eficiente o reorganizando el sistema de producción, o por la introducción de nuevas tecnologías.
- Incrementar la competitividad funcional adquiriendo funciones nuevas y superiores en la cadena, como el diseño, la comercialización, donde la

remuneración y el valor agregado sean mayores.
– Incrementar la competitividad intersectorial trasladando las competencias adquiridas en un cluster extrapolándolas hacia otros clusters.

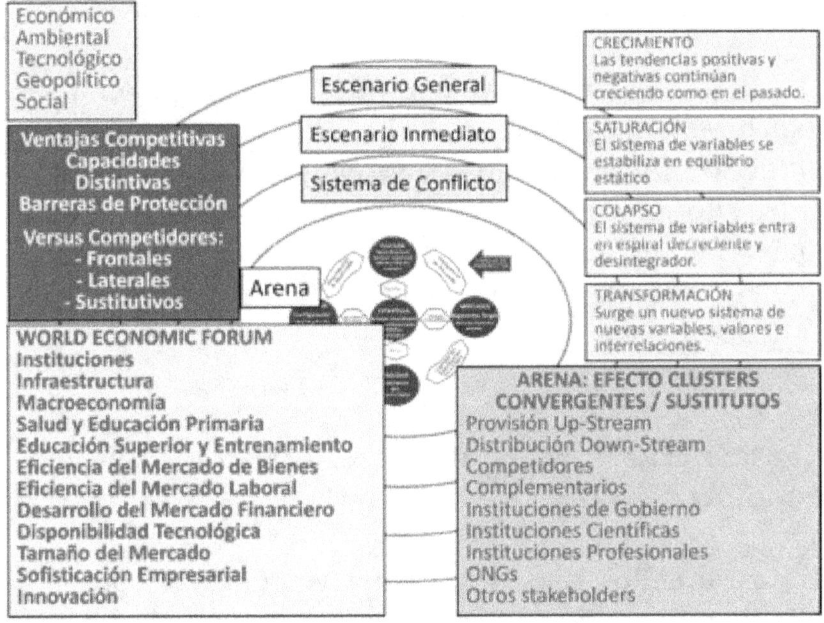

Figura 41. Juntando todo - "*Putting it all together*".

Drivers de la competitividad de un cluster

– Fuerte espíritu emprendedor.
– Intensa red de interacción social.
– Convergencia de orígenes socioeconómicos.
– Fácil acceso a los decisores clave.
– Entorno multicultural y multifuncional.
– Fuerza de trabajo altamente entrenada.

- Excelencia de gestión empresarial.
- Motor de liderazgo en innovación y crecimiento.
- Líder en usos de tecnología de información y comunicación.
- Región Digital modelo de conectividad.
- Alta prioridad en técnica de gestión de proyectos.

Pero recordemos que en nuestra concepción, la actual hipercompetencia es el producto de clusters compitiendo, convergiendo, colisionando y enfrentándose entre ellos por un determinado *target* de un determinado mercado o de una determinada demanda. Y recordemos que la demanda es la que le especifica a la oferta cuál es el "*Job to be done*".

El escenario "verosímil" (creído posible aunque poco probable)

Todos aquellos que tienen una vinculación constante con lo que sucede en la economía mundial saben que la característica que distingue a los tiempos que vivimos es el cambio acelerado y errático, la fuerte turbulencia, los saltos discontinuos, la disipación sorpresiva de las condiciones del medio hacia nuevos estados de equilibrio transitorio, lejanos de las condiciones anteriores.

En este escenario, las empresas (disculpe que seamos redundantes: empresas, clusters, ciudades) manifiestan conductas competitivas o desaparecen.

Puede ser que este sea el mayor desafío que hoy enfrenta cualquier organización. Es el tránsito desde la sociedad industrial clásica a la posindustrial global o "sociedad del conocimiento" pero que nosotros llamamos "sociedad del desconocimiento". En esta etapa que Naisbitt llamó "el tiempo del paréntesis" o "el tiempo entre eras", no tenemos más remedio que aprender a trabajar conviviendo con la sorpresa.

El tema del cambio en el contexto ya no es ninguna novedad para nadie. Sin embargo, es interesante ver empresas o ejecutivos tratando de pelear contra él.

Uno no puede pelearle al cambio. Debe aprender de él.

En el momento en el que un país pasa de un mercado regulado a un mercado desregulado, ese país entra automáticamente a formar parte no solo de una economía diferente, sino —más que nada— de una lógica y de una metodología de trabajo diferentes.

No alcanza con decir "ahora tenemos que ser competitivos", sino que lo que importa es cómo se logra ese cable a tierra. Cómo se pasa de las declaraciones a la acción. Cómo se pone en práctica.

Para ello, debemos comprender la competitividad como el centro de un sistema micro, meso y macroeconómico como el de la Figura 42.

Un contexto políticamente regulado juega el doble rol de dar forma a la evolución de la industria, pero también el de dar forma a los mecanismos con los cuales razonan los ejecutivos de las empresas y, por lo tanto, cómo toman decisiones.

En muchas industrias reguladas de los mismos países desarrollados, por ejemplo, las batallas por establecer estándares tecnológicos se dan en la arena política. Lo mismo sucede con el ingreso o la salida de los mercados, las formas de competencia (como la política de precios), las fusiones, adquisiciones y desinversiones y las alianzas estratégicas entre las empresas. Casi todos los países han comprobado que el escenario político, a través del nivel de regulación que impone en la economía, restringe o facilita muchas formas de razonamiento y de comportamiento competitivo.

Esta es la clave. La manera de razonar en un contexto regulado es diferente de la manera de razonar en un contexto "producto-mercado".

Por ejemplo, el comportamiento competitivo en un contexto regulado muchas veces requiere la acción conjunta entre varias empresas competidoras, actuando en dependencias legales o judiciales del Estado, para que estas intervengan ante el gobierno a favor de ellas. Digamos que la dinámica de razonamiento y comportamiento competitivo en un contexto regulado no puede ser llamada correctamente "económica". Sería más correcto llamarla "política".

En este sentido, nuestra opinión es que el rol del gobierno –si se trata de ser equilibrado– es exclusivamente el de ocuparse de creación de palancas puras de educación, salud, justicia, infraestructura básica, seguridad.

En el momento en que se pasa de una forma a la otra, cada empresa se encuentra en un punto de inflexión en el que vale la pena un análisis retrospectivo.

- ¿Cuáles fueron las estrategias políticas de las empresas, especialmente las de los competidores?
- ¿Cómo fueron jugadas?
- ¿Quién ganó, quién perdió y por qué?
- ¿Cómo fueron esas estrategias evolucionando con el tiempo?

- ¿Qué fortalezas y debilidades demostraron esas empresas en esos momentos?
- ¿Qué modifica el cambio en el escenario político-económico?

Pero, por favor, recordemos que al cambio se le juega con el cambio. Al fuerte cambio se lo aprovecha con plasticidad.

La plasticidad es la capacidad de la empresa de transformarse en otra empresa, en muchas cosas necesariamente iguales y en muchas cosas necesariamente diferentes. La plasticidad es un axioma de la competitividad.

Pero este nivel de cambio produce como resultado el peor problema empresario: el de la incertidumbre. Nosotros diríamos, más que incertidumbre, se trata de incognoscibilidad.

- ¿Cómo es el nivel de cambio en los diferentes contextos en los que opera su empresa?
- ¿Cuán probables son los saltos bruscos o discontinuos que provoquen nuevas reglas de juego para los negocios?
- ¿Cuáles serían los gatillos de esas perturbaciones severas?
- ¿Qué cambios –aunque no tan radicales– son esperables en el mediano o largo plazo?
- ¿Cómo se prepara su empresa para prosperar ante esas transformaciones?
- ¿Qué sorpresas sería lógico y responsable tener en cuenta, aunque parecieran totalmente improbables?
- ¿Usted diría que su gente pelea para que las cosas no cambien, niegan el cambio, aunque sepan que

es irreversible o tratan de aprender cómo hacer para aprovecharlo como oportunidad?

– ¿Cuál es el nivel general de incertidumbre o de ambigüedad de su contexto?

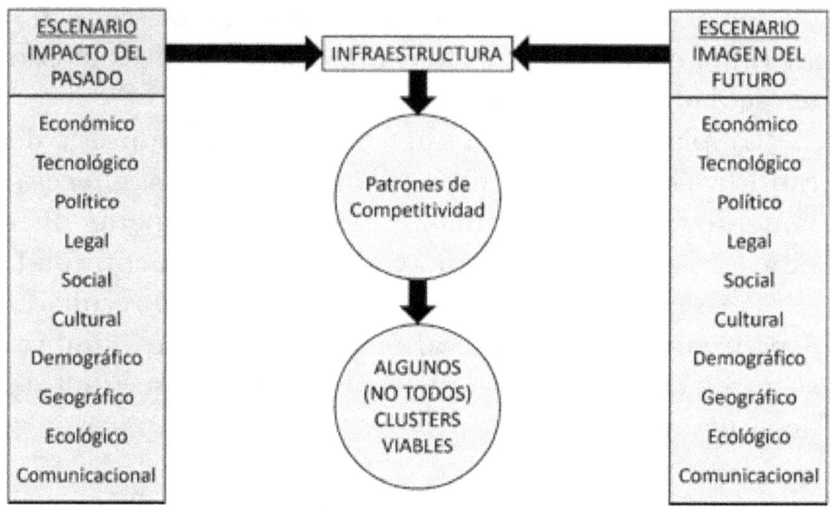

Figura 42. Competitividad como impacto del pasado e imagen del futuro.

En la Figura 42, dadas las características que podemos llamar "impactos del pasado", y pensando las "imágenes del futuro", se genera un determinado sistema de infraestructura (a nivel cluster, región o país) que genera determinados patrones de competitividad de ese grupo de empresas, cluster, ciudad o país. En función de este análisis, ALGUNOS clusters –NO TODOS– serán o no competitivamente viables.

Cultural. Incluye los antecedentes históricos, ideologías, valores y normas de la sociedad. La visión que esa sociedad manifiesta en relación con las nociones de autoridad, liderazgo y relaciones interpersonales. El racionalismo, la ciencia y la tecnología son fundamentales, puesto que influyen en la definición de cómo son las instituciones sociales.

Tecnológico. Es el nivel de adelanto científico y tecnológico de la sociedad, incluyendo su base física, tal como plantas, equipos e infraestructura, y su base de know how conceptual. Es el grado en que la sociedad puede desarrollar nuevos conocimientos y aplicarlos.

Educacional. Es el nivel de alfabetización. El grado de sofisticación y especialización con el que opera y se supera el sistema educativo y la proporción de la población profesionalizada y con entrenamiento especializado.

Político. Es el clima político en el que la sociedad vive. El grado de concentración del poder, la organización política general y el sistema de partidos.

Legal. La constitución, las características del sistema de leyes, la jurisdicción de las diferentes unidades de gobierno y las leyes específicas de formación, impuestos, y control de las empresas.

Recursos naturales. El tipo, la cantidad y la disponibilidad de los recursos y las características meteorológicas.

Demográfico. El tipo de recursos humanos, su cantidad, distribución, edad, sexo, concentración y urbanización.

Social. La estructura y movilidad de la sociedad, sus roles, su organización y sus instituciones.

Económico. El marco económico general, la relación entre la propiedad privada y la propiedad pública, la centralización o descentralización del planeamiento económico, el sistema financiero, la política fiscal, el nivel de inversión en recursos físicos y las características del consumo.

Geográfico. Tiene que ver con las condiciones naturales como clima, vocación de la tierra, proximidad, etcétera.

Comunicacional. El impacto de los medios de comunicación en la instalación de temas, valores, conceptos e ideologías en el imaginario de la sociedad.

Análisis del impacto externo

En definitiva, lo que necesitamos es:

1. Detectar todos los posibles impactos que se puedan producir en el escenario inmediato, ante cambios en el escenario general (Figura 37).
2. Las interrelaciones entre las distintas dimensiones del escenario general.
3. Las interrelaciones entre las distintas partes interesadas del escenario inmediato.
4. Determinar cuánto le puede afectar a la empresa un cambio en el contexto general o en el contexto inmediato.
5. Minimizar las contradicciones entre miembros del mismo cluster.
6. Minimizar las contradicciones entre los actores de un cluster para tender hacia el equilibrio mesoeconómico.
7. Minimizar las contradicciones de una empresa que participa en más de un cluster, ya que lo que puede ser una fortaleza o una oportunidad en uno, puede ser una debilidad o una amenaza en otro.

Pero como la tasa de cambio de todas estas variables externas es cada vez más alta, su empresa tiene cada vez menos tiempo para compensar o corregir un error de apreciación. Es decir, un error de interpretación. Es decir, un error de representación. Es decir, un error de percepción.

Este punto es de una importancia fundamental para el análisis que sigue.

Es este:

La liga entre la empresa y su escenario es PERCEPTUAL. Es decir, cuando realizamos un análisis del contexto, NO enfrentamos la REALIDAD de lo que EXISTE en el contexto. Lo que enfrentamos es lo que CREEMOS que "existe". Lo que PENSAMOS que es la "realidad objetiva". Nuestro IMAGINARIO.

Debemos tener en claro que responder al interrogante de cómo es el contexto de nuestra empresa, implica que nuestra respuesta estará basada en nuestras percepciones. En nuestro IMAGINARIO.

Y que tomamos decisiones basadas en estas percepciones.

Tomamos decisiones después de un proceso –consciente o inconsciente, controlado o automatizado– de interpretación de lo que creemos que pasa en el escenario externo. Lo que para nosotros es "el contexto" es el resultado de esa construcción mental que hemos hecho. Es decir, el contexto es el "mapa perceptual" que tenemos sobre cómo es "lo de ahí afuera" y que usamos –aunque no nos demos cuenta– para tomar decisiones. Nuestro IMAGINARIO.

– ¿Cómo hacemos para aproximarnos lo máximo posible a lo que "es" la realidad "objetiva" si solo podemos conocerla subjetivamente?
– ¿Podemos?

- ¿Como hacemos para sacar a la superficie los supuestos básicos en los que se fundamenta lo que creemos?
- ¿Cómo hacemos para enfrentarlos y desafiarlos por si no sirven?
- ¿Qué cosas hemos automatizado creyendo que se trata de verdades irrefutables porque en algún momento fueron creencias exitosas?
- ¿Cómo estamos preparados para organizar una discusión gerencial grupal?
- ¿Y de todos los miembros del cluster?
- ¿En qué difieren las percepciones?
- ¿Cuáles son los fundamentos de cada uno para defender su opinión?
- ¿Qué pasa cuando hay diferencia de opiniones?
- ¿Cuál es el nivel de cohesión y factor Lamed pretendido y logrado?

Permítanos sugerirle que organice una reunión lo más interfuncional posible para ejecutar una Apreciación de Situación de su contexto y para generar todos los programas de acción táctica (PAT) o iniciativas posibles. Si usted está trabajando con un cluster, haga lo mismo cuanto antes con todos los actores de su cluster. Para una ciudad también es factible hacerlo.

El efecto combinado y simultáneo de todas estas fuerzas para cada una de las dimensiones significa un obvio pero dramático punto clave: a las empresas les esperan cosas cada vez más diferentes y desconocidas. Pero muchas empresas ante esta situación responden con un comportamiento estandarizado y rutinario, convencidas de que esa es la conducta más segura.

Es necesario profundizar la descripción que acabamos de hacer para facilitar la apreciación de situación. Según cómo usted considere que puede caracterizar a su contexto, usted podrá concluir a qué tipología se asimila:

1. Recurrente.
2. Pronosticable por extrapolación.
3. Oportunidades y amenazas predecibles.
4. Señales débiles parcialmente predecibles.
5. Sorpresas impredecibles.

Si su conclusión es que el contexto es recurrente, usted está en condiciones de ejecutar un tipo de management competitivo que llamamos competitividad por control.

Esta se basa en el empleo de manuales de sistemas y procedimientos y, básicamente, en el control financiero.

Si se trata de un contexto pronosticable por extrapolación, podrá trabajar con competitividad por extrapolación. En este caso, podrá emplear las técnicas de presupuesto operacional, presupuesto de calidad, dirección por objetivos (en su versión tradicional) y planeamiento a largo plazo.

Si el contexto es del tipo de oportunidades y amenazas predecibles, es necesaria una competitividad por anticipación del cambio. Aquí puede ser empleado el Pensamiento estratégico periódico y el management de la Postura Estratégica que considera fortalezas, debilidades, oportunidades y amenazas para el logro de objetivos predeterminados.

Por último, tanto en el caso de la situación de señales débiles parcialmente predecibles o de sorpresas impredecibles, se requiere competitividad sistémica por

Dinámica Estratégica-Operacional (DEO) basada en la recursividad entre la formulación y la ejecución de la estrategia de la empresa o del cluster o de la ciudad, y el incrementalismo lógico. Si así fuera, la empresa debe incorporar las técnicas del análisis de claves estratégicas, el de señales débiles y la gestión de sorpresas críticas. Aquí será imprescindible imaginar más de un Escenario. No menos que tres: el más probable (según su criterio e imaginación), el pesimista y el optimista.

CUIDADO: La calidad de la estrategia dependerá de la calidad con la que se puedan imaginar diferentes escenarios verosímiles aunque poco probables.

Como dijimos, el gran problema empresarial de la competitividad es enfrentar la Incognoscibilidad. El manejo del miedo.

En algunos casos, pero en la abrumadora minoría de las circunstancias, la empresa consigue hacer algún pronóstico con un nivel de verosimilitud aceptable. Cuando esto no es posible (casi siempre), lo importante es hacer supuestos.

Esta es una distinción clave.

Supuestos en lugar de pronósticos. Ante un nivel severo de cambio en el contexto, tratar de hacer pronósticos es consultar la bola de cristal.

Pero no hay más remedio que cumplir con esta responsabilidad si se pretende un nivel aceptable de competitividad sistémica. La competitividad sistémica depende de si las características de la empresa compatibilizan apropiadamente con las características del contexto. En la medida en que las características del contexto cambien, la competitividad continua de la organización dependerá de su habilidad para detectar esos cambios y mantener el acople, autocambiándose como corresponda (plasticidad). Exactamente lo mismo sucede con el cluster completo. O con una ciudad.

- ¿Cuáles son las restricciones del contexto que más impactan en la toma de decisiones?
- ¿Cómo influyen cada una de las dimensiones de la Figura 41 a las que llamaremos "fuerzas determinantes"?
- ¿Ha hecho usted una clarificación de cuáles son sus fundamentos sobre lo que usted y cada uno de los miembros de su equipo opinan sobre cada una de las fuerzas determinantes del contexto?
- ¿Ha evaluado el impacto de cada una de ellas en el desempeño de su competitividad?
- ¿Qué requerimientos cambiantes está imponiendo el contexto a la empresa?
- ¿Qué información del contexto necesita la organización para anticipar cambios y de dónde proviene esa información?
- ¿Cómo puede la empresa anticipar los cambios del contexto para poder influir en esos cambios?
- ¿Ha controlado la verosimilitud de sus fundamentos o supuestos básicos?
- ¿Ha controlado la confiabilidad de sus fuentes de información?
- ¿Está usted monitorizando formalmente las tendencias y señales que le sean útiles para controlar esa verosimilitud y esa confiabilidad?

Comenzando nuestra aproximación al análisis del escenario inmediato de la empresa, es necesario que nos refiramos a los cambios en el desarrollo tecnológico. Esta dimensión es conveniente verla como el puente principal que liga el escenario general con el escenario inmediato. En lo que a competitividad organizacional se refiere, este es el "atractor" principal de las grandes transformaciones.

Es tal el impacto de la dinámica de cambio de la tecnología que sería un error considerar esa dinámica como exclusivamente del escenario general. Podríamos creer que no tiene que ver con nuestra empresa. O con nuestra cadena de valor. O con nuestro cluster. También sería un error pensar que habrá grandes diferencias en cuánto impactará esa dinámica en un sector o en otro. Los impactos serán seguramente muy parecidos en casi todos los sectores.

Las reglas competitivas del mercado mundial están siendo reescritas en estos momentos. Pero todos sabemos que el gatillo fundamental de esta transformación es la tecnología. Hasta numerosísimas de las empresas más conservadoras y tradicionales están redefiniendo sus mercados como resultado de la fertilización de los desarrollos de la informática con los de las telecomunicaciones.

Para muchas empresas resultará una condición básica de supervivencia la capacidad que tengan para seguir lo más cerca posible estos cambios.

Esto marca la necesidad de desarrollar sistemas de monitorización del contexto que permitan detectar cómo se puede filtrar el cambio tecnológico repentino en su sector.

Resulta particularmente importante controlar las tecnologías sustitutivas de las que la empresa emplea, ya que los costos de cambio pueden ser muy importantes, pero los costos del riesgo de no cambiar pueden ser mayores.

Muchas veces al trabajar con un cluster completo hemos comprobado que no se tienen en cuenta los productos o las tecnologías sustitutivas. En cambio, por ejemplo, al desarrollar el cluster del acero en Ecuador, para muchos usos finales se tuvo en cuenta el Aluminio.

La tecnología puede hasta redefinir las fronteras de los sectores económicos. Puede hacer que firmas que no competían directamente hasta ayer, queden enmarcadas dentro de las fronteras de un mismo mercado. Puede suceder que lo que era hasta ayer un mismo mercado se fragmente en muchos segmentos pequeños pero especializados.

Es interesante enfocar este estudio desde dos ángulos simultáneos. Por un lado, es necesario basarlo en la perspectiva orientada a la problemática de las necesidades servidas. Por el otro, basarlo en la perspectiva orientada a los costos de operación. La competitividad es un emergente sistémico entre la productividad interna (capacidades distintivas y sus barreras de protección desde la perspectiva de la oferta) y el posicionamiento externo (ventajas competitivas y sus barreras de protección desde la perspectiva de la demanda). Lo vemos en la Figura 43.

La perspectiva de la demanda debe servir para listar muy claramente los temas críticos de los productos y/o servicios y para describir el contexto inmediato de cada uno de esos negocios. Foco en el posicionamiento.

La perspectiva de la oferta nos debe servir para describir las diferentes tecnologías disponibles y las tendencias verosímiles. Foco en la productividad.

El concepto del *"Design Thinking"* es el entrelazamiento de la perspectiva de la oferta y la perspectiva de la demanda.

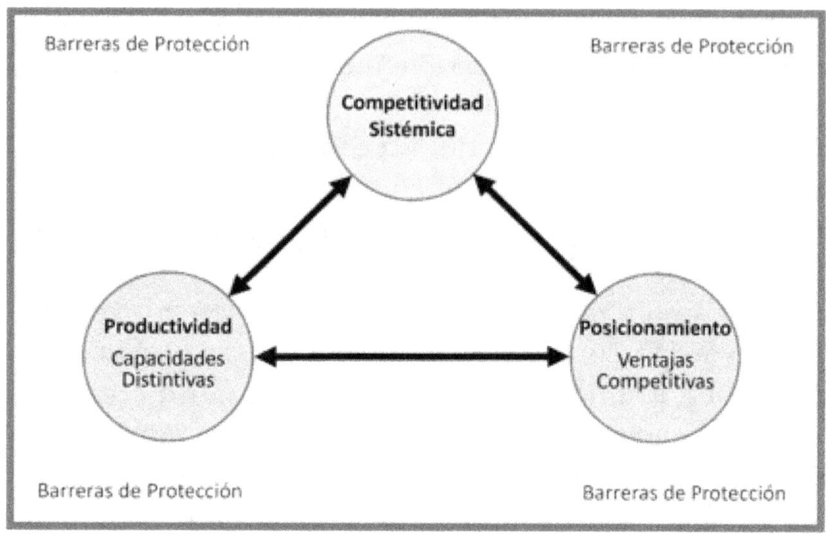

Figura 43. Los dos ejes de la competitividad sistémica y las barreras de protección ante imitación y/o nuevos ingresantes.

Disponiendo de esta base, podremos ensayar una apreciación del impacto de la tecnología en nuestro sector. Si logramos un éxito razonable, esto nos permite identificar los cambios más probables en la estructura del sector, analizar esos cambios y evaluar su impacto. De esta manera, es más fácil identificar las respuestas adecuadas de las que podría disponer la empresa, analizar las diferentes alternativas y evaluarlas con un poco menos de incognocibilidad.

- ¿Puede un cambio tecnológico provocar cambios en la economía de escala que se requiere en su cluster?
- ¿Cuál sería el cambio tecnológico más probable?
- ¿En qué condiciones estamos para absorber nueva tecnología?

- ¿Esos cambios implican barreras de ingreso o de egreso más altas o más bajas?
- ¿Puede el cambio tecnológico modificar el cluster, su estructura, sus interrelaciones, sus componentes, su vinculación con otros clusters?
- ¿Puede el cambio tecnológico modificar las relaciones de poder de negociación con los proveedores?
- ¿Puede el cambio tecnológico cambiar las relaciones con los distribuidores?
- ¿Y con el cliente final?
- ¿Qué probabilidades hay de que el cambio tecnológico provoque la creación de nuevos productos o nuevos usos que puedan sustituir a los hoy existentes?
- ¿Cómo se modificaría el nivel de la rivalidad competitiva ante cada uno de los cambios tecnológicos más probables?
- ¿Cuál será el impacto de cada desarrollo tecnológico en cada área funcional de la empresa?
- ¿Cuál será el impacto de cada desarrollo tecnológico en cada proceso horizontal de la empresa?
- ¿Cuáles serían las estructuras de costos más probables?
- ¿Cuál será la nueva frontera de nuestro cluster?
- ¿Se concentrarán sectores o segmentos que hoy están diferenciados o se fragmentará el mercado actual en varios segmentos especializados?
- ¿Qué maniobras son esperables de cada competidor?
- ¿Qué maniobras son esperables de cada actor del cluster aunque no sea un competidor?

- ¿Qué puede informarnos cada área de nuestra empresa sobre las maniobras de los competidores en las áreas similares de sus empresas?
- ¿Cuánto está usted invirtiendo en tecnología y en información sobre tecnología y cuánto debería estar invirtiendo?

Los factores críticos de éxito de un cluster surgen como "emergentes" de esa interacción. Como resultado de su combinación.

Una vez concluido este análisis preliminar, conviene tratar de identificar los cambios en las condiciones competitivas que puede enfrentar cualquier empresa, cualquiera de las cadenas de valor y cualquiera de los clusters (o cualquiera de las ciudades o las regiones territoriales).

La clave es detectar cuáles son los cambios a los que no se debe dejar de estar atentos. Las claves de alta sensibilidad de la competitividad. Hay que tener en cuenta que el estudio se debe realizar para cada segmento que constituye la demanda total, ya que pueden existir diferencias entre segmento y segmento. Para ello podemos discutir (agregar todo lo posible):

- ¿Han ingresado otras empresas en el mercado de cada componente del cluster?
- ¿Hay alguna evidencia de que esté por entrar otra firma?
- ¿Se ven cambios en recursos humanos que puedan indicar una escalada en la rivalidad competitiva?
- ¿Se prevén cambios en los costos de algún insumo?
- ¿Hay innovaciones significativas en los productos o en las operaciones de algún competidor?

- ¿Se detectan indicios de incrementos de la capacidad de producción de algún competidor?
- ¿Hay cambios probables en el nivel de regulación/desregulación por parte del gobierno?
- ¿Hay cambios en las barreras de entrada?
- ¿Hay cambios en la situación de algún producto complementario?
- ¿Está algún competidor ingresando en otro cluster que requiera el dominio de una tecnología que después pueda usar en este?
- ¿Algún competidor está saliendo del cluster?
- ¿Algún indicio de adquisiciones, fusiones, alianzas de algún competidor con otras empresas?
- ¿En qué otros negocios está ingresando un competidor?
- ¿En qué procesos de desarrollo gerencial se está involucrando algún competidor?
- ¿Qué herramientas de management está incorporando?

El cambio en la estructura del contexto inmediato es crítico, ya que significa riesgo para la empresa.

Puede redefinir de la noche a la mañana las capacidades y habilidades requeridas para poder competir rentablemente. Esto significa que se modifica la "interacción competitiva" y que esto requiera que la empresa deba hacer ajustes estratégicos de importancia y, para colmo, que los tenga que implementar rápidamente.

El tiempo, la experiencia y el éxito en un cluster generalmente conducen a la adherencia mental a "verdades irrefutables y eternas", muchas veces inconscientes y automatizadas. Estas jaulas mentales terminan por enceguecernos. Sin darnos cuenta, las usamos como si fueran decisiones programadas, como si fueran procedimientos operativos estandarizados, en lugar de mantener continuamente fresco el análisis de situación.

Como el contexto cambia, las verdades reveladas de hoy son las trampas mentales de mañana. La empresa debe detectarlas y desafiarlas para ver si sirven o no.

PIENSE: ¿qué es en definitiva lo sistémico? Es lo diferente, lo opuesto al pensamiento lineal. El pensamiento lineal es el pensamiento en el que "si sucede A, entonces sucede B". Si A, entonces B. Así es como estamos acostumbrados a razonar los humanos, así, inclusive es como funciona un computador. En cambio, el razonamiento sistémico es circular.

Un ejemplo muy claro para entender qué es lo sistémico es el siguiente. Un piloto, un comandante, un ingeniero de vuelo, un navegador, unas cuantas azafatas, flaps, timón, altímetro. Nada de eso suelto vuela, todo junto, vuela. El volar es un "emergente sistémico" de todos esos componentes articulados entre sí. El volar es completamente distinto que la suma de sus partes.

Nuestra postura es que de la interacción entre las dimensiones del PENTA, surge la competitividad como un emergente sistémico. El emergente sistémico es el que define cuál es el valor económico de la empresa. Lamentablemente los sistemas contables conocidos no pueden captar ese emergente sistémico. Pero esto es lógico. El valor de una empresa —o de cualquier otra cosa— solo tiene lugar en el mundo de lo subjetivo.

¿Qué queremos decir entonces con que el modelo sea sistémico?

Queremos decir que es irresponsable intervenir en

cualquiera de los componentes del PENTA sin medir la reverberación, el impacto, que en los demás componentes esa intervención parcial puede provocar. Por ejemplo, no se debe realizar un programa de racionalización de costos, en el engranaje de los procesos sin medir la reverberación que tiene en la cultura, o en los recursos, como la gente, o en el sentido de pertenencia, e incluso los efectos que puede tener en el mercado.

No se debe introducir, siguiendo con la dimensión o engranaje de los procesos, una nueva infraestructura informática, sin pensar, que eso puede tener reverberaciones en las restantes dimensiones. No se debe intervenir, en definitiva, en ningún elemento sin medir las reverberaciones en el total. Es irresponsable. De esta manera debemos hacer el esfuerzo para comprender que los problemas de competitividad de una empresa (cluster, ciudad, región o país) siempre son emergentes sistémicos y que, por lo tanto, también las soluciones deberían tener cualidades sistémicas.

Además, el segundo aspecto de la perspectiva sistémica consiste en considerar que se tiene que supervisar continuamente el acople entre los elementos. En el tiempo, el acople se puede perder. Esa soga, ese tejido se puede aflojar, y hay que impedirlo.

El tercer punto es que el modelo sirve para poder plantear el diseño idealizado, la empresa que se pretende tener. PENTA sirve como mapa de la competitividad, para decidir qué empresa (o cluster, o ciudad) se quiere lograr, y entonces, definir qué obstrucciones se presentan hoy para llegar a ese diseño idealizado, operar sobre las mismas ya sea resolviéndolas o disolviéndolas, para empezar a caminar hacia el modelo de empresa al que se está apuntando. Ese modelo es lo que técnicamente llamamos visión. La visión que tenemos de la empresa (o del cluster o de la ciudad o del país) en el futuro incluye cuáles habrán de ser su estrategia, sus recursos, sus mercados, su cultura y sus procesos. El PENTA como "visión" lo representamos en la Figura 44. Este punto es trascendental para nuestro protocolo metodológico ya que cuando una empresa requiere formular su visión de futuro, nosotros consideramos imprescindible definir cómo esa empresa imagina su PENTA completo. La experiencia de hacerlo con muchísimas organizaciones nos permite recomendarle al lector que adopte este criterio

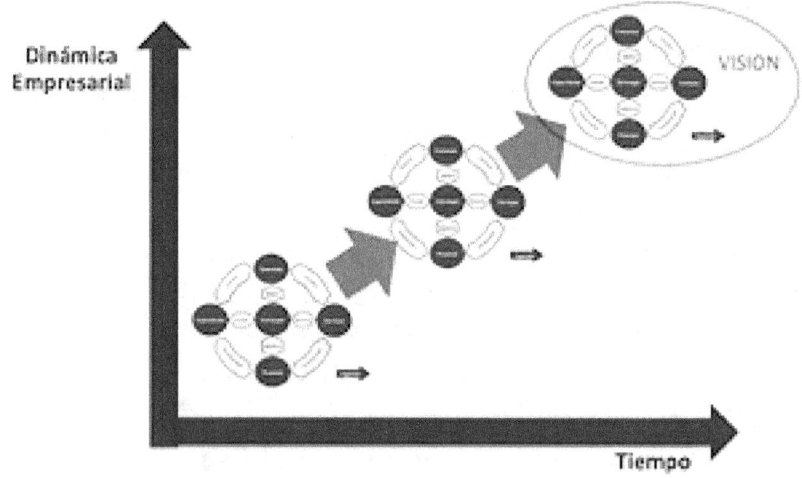

Figura 44. El PENTA como visión.

Capítulo 4

Un enfoque sistémico, cognitivo y constructivista de sistemas mesoeconómicos competitivos

Los enfoques lineales y reduccionistas empleados comúnmente para analizar y gerenciar a las empresas han empleado tradicionalmente una perspectiva que considera a la empresa interactuando con su contexto. Sin embargo, esa interacción, en general, solamente consideraba el vínculo de esa firma con actores tales como sus proveedores directos, sus clientes intermedios y finales de los mercados en los que actuaba y algunas otras organizaciones públicas y privadas en las que esa interacción era obvia. Sin embargo, el recorte tan acotado de "las fronteras" del entorno no daban cuenta de los procesos interactivos de esos agentes "inmediatos" con otros agentes cuyas acciones impactaban y son impactados por estos.

La perspectiva de las cadenas de valor implica analizar toda la "transvección" de eslabones que se ligan desde los insumos iniciales primarios hasta el consumo final.

Pero, a su vez, tiene en cuenta que cada uno de estos eslabones forma parte de otras cadenas de valor. Por ejemplo, la cadena de valor de un computador integra todos los eslabones de empresas que operan como proveedores y clientes para llegar al producto final de ese computador, para terminar siendo adquirido por un usuario final que, a su vez, recibirá los procesos de service, garantías, seguros y otras actividades poscompra hasta que el usuario decida descartarlo en la basura o venderlo (aquí aparece otro agente en la cadena).

Pero, por ejemplo, resulta que las teclas de este computador son de plástico. Las fabrica un proveedor de esta fábrica de computadores. Pero ese productor de teclas tiene, a su vez, proveedores de materias primas, proveedores de esos proveedores, distribuidores que atienden a las fábricas de computadores y otros agentes que constituyen otra cadena de valor. Esta cadena de valor de las teclas "cruza" la cadena de valor de los computadores en el punto del "eslabón de las teclas". Y así sucede en todos los eslabones, generando "redes de cadenas de valor".

Resultado: estamos detectando una red de cadenas de valor en las que las interacciones entre los elementos generan "emergentes" que no pueden dejar de ser tenidos en cuenta si se pretende un análisis serio de, por ejemplo, la competitividad de este computador.

Pero el "campo de fuerzas" es todavía mayor. No pueden ser no tenidos en cuenta los agentes del sector público, las instituciones académicas, los bancos, los centros de investigación, desarrollo e innovación, las compañías de seguro, las empresas de logística o las organizaciones sin fines de lucro que pueden influir en la competitividad de este computador. Este sistema mayor, este campo de fuerzas debe ser considerado para no incurrir en el síndrome de "miopía estratégica".

Estrategia competitiva

Como hemos visto inicialmente, partiremos de la base de definir a la estrategia competitiva de una empresa, de un cluster o de un territorio como la capacidad de generar rentabilidad y creación de valor económico sustentable y sostenible asumiendo un riesgo aceptable a través de la productividad de sus recursos, expresada en capacidades distintivas y del posicionamiento de sus marcas, expresadas en ventajas competitivas, en el sistema de una o más cadenas de valor de uno o más clusters en el marco de barreras de protección ante el potencial ingreso de nuevos competidores frontales, laterales o sustitutivos o ante la potencial imitación de cualquiera de ellos.

- Por sostenible implicamos que los recursos tangibles e intangibles disponibles aseguran la viabilidad dinámica de la estrategia.
- Por sustentable queremos decir "creación de valor económico, pero también social, ambiental, público, ético y emocional".
- Por "riesgo aceptable" queremos destacar el perfil cultural/emocional del o de los decisores en cuanto a su actitud ante el riesgo, actitud que puede variar desde un extremo de alta propensión en la asignación de recursos a una "apuesta" de negocio hasta otro extremo de aversión máxima.
- Por "productividad" entenderemos el resultado de

emplear capacidades distintivas propias para optimizar el empleo de sus recursos tangibles e intangibles, haciendo presión para generar valor y rentabilidad.

– Por "posicionamiento" entenderemos el resultado de lograr ventajas competitivas diferenciales contra ofertas competitivas en el plano mental de la demanda, desde los intermediarios hasta el consumidor final logrando atracción para generar valor y rentabilidad.

– Por "sistema de una o más cadenas de valor de uno o más clusters" queremos significar el campo de fuerzas en el que "sucede" todo lo anterior definido en este párrafo y que hemos de explicitar en lo que resta en este trabajo. (Bar-Tal, D., 1990) (Bass, B.M., 1994) (Dror, I. E., 2007) (Dror, I. E. y Fraser-Mackenzie, P., 2008) (Gore, E., 2003) (Gore, E. y Dunlap, D., 2006) (Hamel, G. y Prahalad, C.K., 1989 y 1990) (Jovchelovitch, S., 2002) (Kaplan, S. y Foster, R., 2001) (Stibel, J. M., 2005a, 2005b, 2007) (Stibel, J. F., Dror, I.E. y Ben-Zeev, A., 2008).

– Por competidores frontales entendemos aquellas otras empresas que compiten a través de capacidades distintivas, ventajas competitivas y barreras de protección casi idénticas, por ejemplo, diferentes marcas de colas como Coca-Cola contra Pepsi.

– Por competidores laterales entendemos aquellas otras empresas que compiten a través de capacidades distintivas, ventajas competitivas y barreras de protección similares, por ejemplo, diferentes marcas de aguas saborizadas como Acuarius o Levité contra colas.

– Por competidores sustitutos entendemos aquellas otras empresas que compiten a través de capacidades distintivas, ventajas competitivas y barreras de protección disruptivas, por ejemplo, diferentes marcas de streaming como Netflix o Amazon Prime contra Blockbuster y los cines de toda la vida (para algunos segmentos del mercado).

En la Figura 45 se muestra el concepto de cadena de valor interna de una determinada empresa. En este punto es necesario diferenciar dos conceptos clave (Mitkin, F. y Magnano, C., 2011): el primero es el de cadena productiva de una empresa, muchas veces llamado también "cadena de valor interna" que consiste en el encadenamiento de las actividades sucesivas desde las materias primas iniciales hasta la entrega del producto terminado (o servicio) al consumidor final. Muchas veces a esta perspectiva se la denomina "*Supply Chain*" (Porter, M. E., 1985 y 1990).

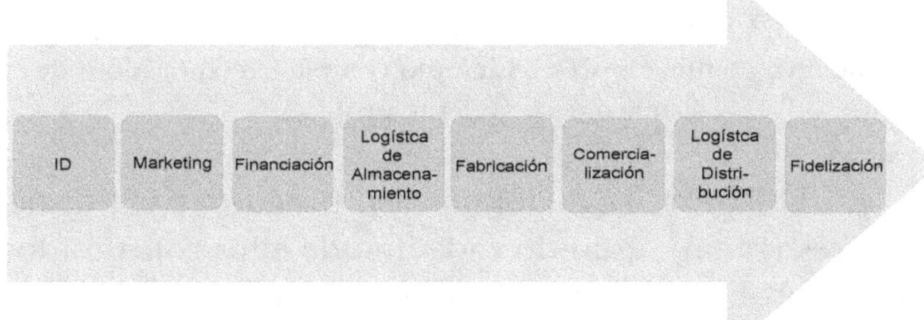

Figura 45. Cadena productiva interna o cadena interna de valor (primera concepción del concepto de *Supply Chain*).
(Fuente propia.)

En la Figura 46 representamos el mismo concepto, pero destacando que cada una de las actividades internas de una empresa, por ejemplo, las actividades básicas de abastecimiento, fabricación y distribución, forman parte de numerosas cadenas de valor cuyo *output* es el que emplea esta empresa para estructurar su cadena propia.

Por ejemplo, una envasadora de mayonesa es el producto de una cadena de producción de maquinaria para productos alimenticios. Esa envasadora integra la actividad de fabricación de una compañía elaboradora de mayonesa (Figura 46).

Figura 46. Cadena de cadenas de valor que integran la cadena productiva de una empresa. Ejemplo compañía elaboradora de mayonesa. (Fuente propia.)

En la Figura 47 incluimos a proveedores y a distribuidores (canal), estando cada uno de ellos constituidos por sus propias cadenas internas. Este encadenamiento de empresas se denomina "transvección" y consiste en la liga de todas las "transacciones" que tienen lugar entre cada uno de los eslabones de la cadena. También algunos especialistas denominan a esta segunda conceptualización "Supply Chain".

El segundo concepto es la de la cadena de valor desde el enfoque de la Economía, que consiste en la apropiación porcentual que recibe cada eslabón del 100% del precio pagado por el consumidor final al adquirir el producto.

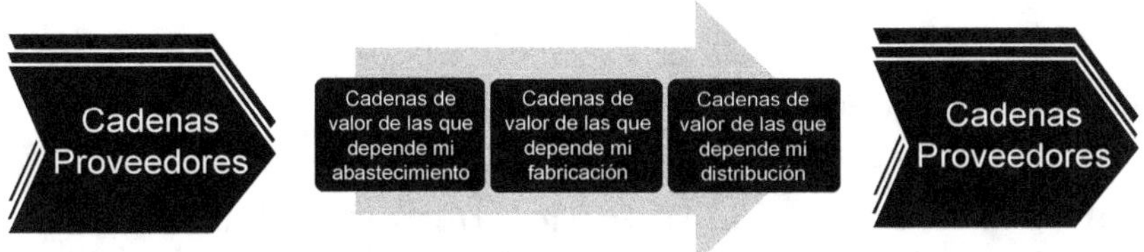

Figura 47. Cadena de valor desde las materias primas iniciales hasta el consumidor, cliente o usuario final. También llamada *Supply Chain* **y cadena de valor para la economía.** (Fuente propia.)

En la Figura 48 vemos la cadena de valor de todo un cluster como el encadenamiento de los PENTAs de cada actor. Desde los productores de los insumos más elementales, como las empresas de minería de arcilla, feldespato o silicio, hasta los vendedores de cerámicos artísticos en las casas de decoración de Manhattan. Pasando por alfareros, productores industrializados de vajilla y decoración, de pisos y revestimientos, de artesanías turísticas.

Figura 48. La cadena de valor y las alianzas estratégicas como acoples de PENTAS.

Y también vemos (especialmente importante en el mercado global) las alianzas estratégicas en un mismo eslabón de la cadena. Es el caso de las bodegas chilenas y su conquista del mundo.

Definición tradicional

Un cluster es un conjunto de empresas e instituciones que operan a través de redes abiertas en torno a una actividad económica base de desarrollo, concentrada geográfica o sectorialmente, donde cada componente contribuye a una mayor eficiencia colectiva –economías externas y acciones conjuntas– que genera mejores resultados para todos, y cuyo valor y potencial conjunto es mayor que la suma de las partes (Altenberg, T., y Meyer-Stamer, J., 1999) (Amin, A., 2000) (Baptista, R., 1998) (Baptista, R. y Swann, P., 1999) (Becattini, G., 1990) (Birley, S., 1990) (Fritz, O., Mahringer, H. y Valdenama, M., 1998) (Kosacoff, B., 1993) (Krugman, P., 1991) (Paniccia, I., 2002) (Porter, M. E., 1985, 1990, 1996, 1998a, 1998b, 2000 y 2001) (Steiner, M., 1998) (Swann, G. M. P., Prevezer, M. y Stout, D., 1998).

Los clusters abarcan una amplia gama de servicios y proveedores, los cuales colaboran y compiten entre sí, y crean una infraestructura especializada que apoya a la industria de dicho cluster. Además, el cluster cuenta con un grupo de talentos con habilidades laborales especializadas que generan transferencia de conocimientos entre los agentes.

Sin embargo, es importante destacar que un cluster productivo es más que un grupo de empresas dentro de una misma industria. Los modelos económicos de clusters enfatizan en la sinergia, en la relación dinámica y en la red de colaboración no solo entre las empresas que pertenecen al cluster, sino también la asociación exitosa con otros actores interesadas del sector. Estos otros actores interesados (*stakeholders*) están representados por sectores del gobierno, académicos y otras organizaciones de apoyo, las cuales son vitales para el desarrollo de un cluster y de una región.

Es fundamental para nuestro enfoque de estrategia competitiva resaltar que toda empresa forma parte de uno o más clusters dependiendo de su nivel de diversificación. Cuando la empresa no asume racionalmente que siempre forma parte de uno o más clusters consideramos que incurre en el peligro de miopía estratégica. Otras asumen institucionalmente su condición de "agente de cluster" y potencian su nivel de competitividad desde una visión estratégica.

Esto ha llevado a que muchas regiones y responsables por políticas públicas hayan considerado fomentar el desarrollo de clusters como los cimientos del crecimiento regional de su economía.

El rol del Estado en la mejora de la competitividad, según los resultados de los clusters más efectivos y eficientes del mundo, debe ser: promover bienes públicos para mejorar la competitividad, promover alianzas público-privadas (PPP) y fomentar la competitividad regional.

Hemos definido como propósito fundamental, como finalidad última de una empresa. la creación de valor sustentable y sostenible asumiendo un riesgo aceptable. Para ello consideraremos que las dos y solo dos decisiones estratégicas son la estrategia de portafolio de Negocios y la estrategia competitiva de cada uno de los negocios que integran ese portafolio. En la Figura 49 enmarcamos este componente estratégico fundamental de cualquier empresa en el centro de uno de los clusters en los que opera uno de sus negocios.

Además, debemos destacar que estas son también las dos y solo dos decisiones estratégicas de un cluster.

Opciones estratégicas para una empresa

Consideraremos que a una empresa le resulta estratégicamente conveniente participar formalmente de un cluster si se dan por lo menos alguna de estas condiciones:

- El cluster potencia su estrategia competitiva (productividad y posicionamiento).
- El cluster potencia su posicionamiento incrementando sus ventas al permitirle agregar o sustentar ventajas competitivas y barreras que las protejan.
- El cluster potencia su productividad disminuyendo sus costos al permitirle agregar o sustentar capacidades distintivas y barreras que las protejan.
- El cluster disminuye su exposición al riesgo a mediano y largo plazo.
- El cluster incrementa su capacidad de innovación
- El beneficio parcial de un cluster lo complementa con otro beneficio participando en otro cluster (diversificación). Por ejemplo, participar en el cluster industrial agroalimentario le permite ingresar en el cluster de la fabricación de autopartes.
- DEAL: El cluster potencia su productividad dis-

minuyendo sus costos, su posicionamiento incrementando sus ventas, su capacidad de innovación, disminuye su nivel de exposición al riesgo a través de convenios estratégicos de mediano y largo plazo y constituye la apoyatura como para diversificar hacia otro cluster relacionado.

En comparación con los clusters innovadores de los países avanzados, las aglomeraciones latinoamericanas generalmente comprenden solo algunos estadios elementales de la cadena de valor, acogen pocos servicios complementarios y carecen del capital social necesario para alcanzar acuerdos cooperativos.

A diferencia de los países desarrollados, en los que las pymes desempeñan un importante papel como proveedores de *inputs* especializados y servicios, en Latinoamérica la gran mayoría de las pymes no son competitivas a nivel internacional. Si en los países avanzados los clusters generalmente tienen lugar en sectores de alta tecnología o intensivos en diseño y con sustanciales innovaciones de producto y de proceso, en Latinoamérica los clusters se encuentran confinados a la producción estandarizada de bienes de consumo o a operaciones de ensamblaje sin innovaciones sustanciales.

En general, todo territorio requiere una estrategia de desarrollo planificado para mejorar su competitividad y sus clusters son una posibilidad de potenciarla.

El enfoque de la competitividad debe ofrecer soluciones integrales, un proceso eficaz que integrará, de manera estratégica y manteniendo objetivos claros, aspectos que forman una región geográfica económica y social.

Los clusters se han ido imponiendo como un modelo

adecuado para el desarrollo de empresas, regiones y países. A este modelo se asocian los conceptos de eficiencia y efectividad colectiva, cooperación/competencia, relaciones intra cluster basadas en la confianza, fuerte innovación tecnológica y una visión compartida de largo plazo.

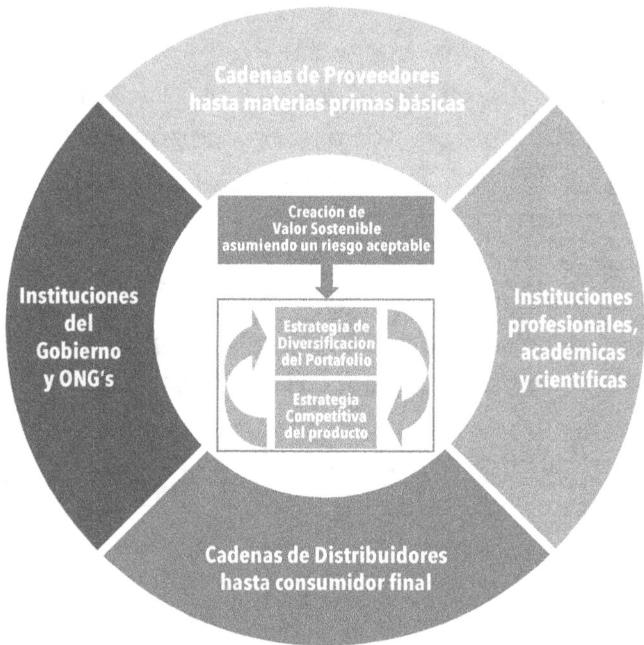

Figura 49. El plano estratégico de una empresa enmarcado por un cluster del que esa empresa forma parte.
(Fuente propia.)

Desarrollo competitivo de un cluster

1. Diagnóstico
   - ¿Cuán competitivo es el cluster?
   - ¿Cuáles factores del clima de negocios ocasionan este nivel de competitividad?

- ¿Cuáles son las principales oportunidades?
- ¿Cuáles son los principales obstáculos por superar?

2. Evaluación / *Benchmarking*
   - ¿Cuáles son las medidas potenciales para enfrentar los obstáculos clave?
   - ¿Cuáles prácticas y políticas de los clusters de otras regiones pueden servir de modelos para realizar mejoras?
   - ¿Cuáles recomendaciones específicas deben implementarse? (medidas para influir sobre la política pública / iniciativas del sector privado)

3. Implementación
   - ¿Cuál es el plan de acción paso por paso y el cronograma?
   - Garantizar la "concertación" exitosa en el cluster.
   - Garantizar el liderazgo exitoso del proceso de cambio.

El desarrollo de clusters permite incrementar la competitividad a través del aprovechamiento de las redes entre todos los actores involucrados.

En algunos casos un cluster se genera espontáneamente pero su maduración ("clusterización") se consigue en un entorno integrado en el que, a través de un plan de acciones sistémicas y sistemáticas y un proceso consciente entre empresas, la comunidad de negocios relacionada y el Estado, ese entorno se convierte en generador de innovaciones técnicas y nuevas actividades empresariales produciéndose un círculo virtuoso de aumento de la competitividad.

La competitividad del cluster y sus integrantes es entendida como el resultado conjunto entre el incremento de la productividad en el empleo de recursos tangibles e intangibles y el posicionamiento de las marcas privadas y, en el caso de tratarse de un sistema de clusters de un área geográfica específica, de la mega marca de la región que las alberga. Esto tiene que ver con el concepto de "denominación de origen" como "Champagne" o "Murano".

Un cluster genera externalidades asociativas que inciden en las relaciones entre ejecutivos y empresas, creando un ambiente favorable a la acción conjunta. En la Figura 50 se muestran los requisitos necesarios para optimizar la competitividad de un cluster (Saffe, J., 2011).

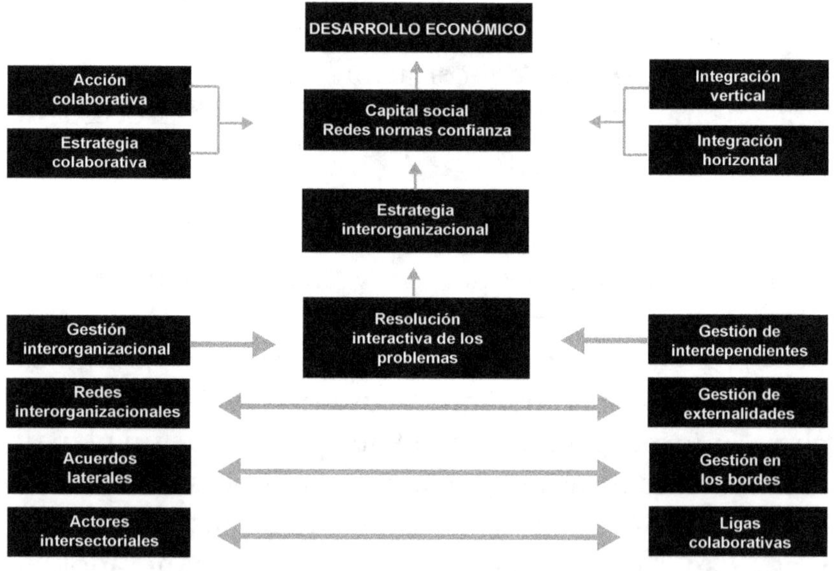

Figura 50. Requisitos para potenciar la competitividad de un cluster. (Saffe, J., 2011.)

Acciones para el desarrollo de cada cluster

A. Objetivos
    - Grado de eficiencia y efectividad colectiva.
    - Progreso competitivo de producto: comenzar a producir bienes más sofisticados, de mayor precio.
    - Progreso competitivo de proceso: transformar insumos en productos de manera más eficiente o reorganizando el sistema de producción o por la introducción de nueva tecnología.
    - Progreso competitivo funcional: adquirir funciones nuevas y superiores en la cadena, como el diseño, la comercialización, donde la remuneración y el valor agregado son mayores.
    - Progreso competitivo intersectorial: trasladar las competencias adquiridas en una función particular de la cadena para moverse hacia otro sector industrial.
    - Externalidades.

B. Fases
1. Inicio
    - Masa crítica inicial de empresas en una región dedicadas a una actividad.
    - Surgen proveedores y distribuidores especializados para atenderlas.
    - La información se acumula y se disemina en el cluster incipiente.
    - Desarrollo de planes de formación especializada.
    - Mejoras de infraestructura y logística.
    - Perfeccionamiento de las normas y las leyes.
    - Crece el prestigio del cluster ya embrionario.

2. Afuera
    - Se fortifica el posicionamiento de las marcas.
    - Se crean nuevas empresas.
    - Escisiones y fusiones de empresas existentes.
    - Nuevos proveedores de servicios financieros.
    - Incremento de la actividad de empresas de construcción.
    - Nuevas instituciones educativas.
    - Nuevos medios de comunicación.
    - Crece el comercio minorista de abastecimiento general.

3. Afuera-adentro
    - Atracción de empresas extranjeras o de otras regiones.
    - Llegada de nuevos proveedores.
    - Mejor acceso a los recursos y menores costos.
    - Atracción de un mejor nivel de gente y de nuevas ideas.
    - Potenciación de intersecciones y complementariedad entre los clusters.
    - Sinergia entre efecto experiencia, conocimiento y tecnología.
    - Diversidad de aprendizaje estimula la innovación.
    - Mejor disponibilidad de canales de distribución y logística.

4. Afuera-afuera
    - Estrategias cada vez más internacionales.
    - Cada vez más países clientes.
    - Acceso a insumos internacionales mejores y a menores costos.
    - Internacionalización (*outsourcing*) de actividades menos productivas.

– Búsqueda activa de nuevas oportunidades.
– Mayor competitividad por posicionamiento, productividad y logística.
– Enriquecimiento del conocimiento.
– Diversificación a clusters relacionados y potenciación del desarrollo.

Competitividad sistémica

Todas las hipótesis explicativas de formación de clusters o complejos productivos tienen en común la noción de que la competitividad de cada empresa es potenciada por la competitividad del sistema de empresas al cual pertenecen. De esa mayor competitividad "emergen" potentes externalidades, economías de aglomeración, derrames tecnológicos e innovaciones que se generan como efecto sistémico y sistemático de la intensa y repetida interacción de las empresas y actividades que integran el sistema.

Sistémica y sistemáticamente, estas empresas y otras organizaciones no gubernamentales y sector público se refuerzan mutuamente, la información fluye ágilmente, decrecen los costos de transacción, las nuevas oportunidades se anticipan con mayor capacidad de proacción y las innovaciones se difunden con mayor velocidad a través de todo el sistema.

Una definición actual (Levy, A. R., 2013)

Con esta concepción desde la teoría general de los sistemas y como consecuencia del desarrollo actual de las vinculaciones virtuales que, en muchos casos, han hecho menos relevante la necesidad de proximidad física, definiremos a un cluster como un sistema de cadenas de valor de empresas localizadas en un entorno compartido real y/o virtual, potenciadas por el soporte público, académico y social orientado hacia la creación sustentable de valor sostenible, mediante la sinergia grupal de la productividad de sus recursos y/o del posicionamiento de sus marcas, en los mercados locales y/o regionales y/o globales.

Todo producto forma parte de por lo menos una cadena de valor y de por lo menos un cluster, y no es comprensible su capacidad estratégica competitiva de crear rentabilidad y valor y satisfacer su actitud de exposición al riesgo sin entenderlo como parte de cada cadena de valor y de <u>cada</u> cluster del que forma parte.

Si bien el enfoque tradicional del desarrollo de clusters implica la concentración en una localización geográfica específica, la más moderna concepción de las "redes sociales" y de las "comunidades de práctica" convergen para que muchos clusters no requieran proximidad física.

En la Figura 51 mostramos los objetivos básicos a lograr en el proceso de desarrollo de un cluster. En el centro del diagrama, el capital social constituye el núcleo del desafío que consiste en la imprescindible, ineludible, creación de confianza entre todos los actores intervinientes. Sin capital social, sin confianza, no es viable articular un cluster por más excelentes resultados económicos que ese cluster prometa.

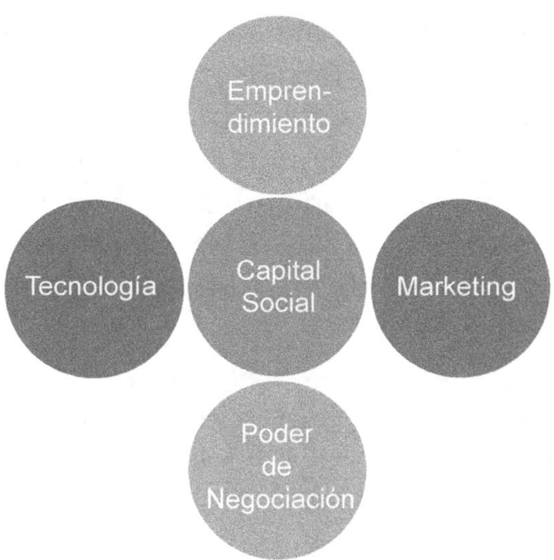

Figura 51. Objetivos prioritarios del desarrollo de un cluster.
(Fuente propia.)

El propósito de un Consejo Regional
de Desarrollo de la Competitividad (CRDC)

Un CRDC se debe constituir en la asociación formal público-privada (Public Private Partnership, PPP) dedicada a la potenciación competitiva del cluster para hacer implementable sus decisiones estratégicas en los mercados nacionales e internacionales elegidos como objetivo.

El CRDC debe ser el ente que propicie y coordine la participación de los actores involucrados de los sectores públicos y privados, así como el seguimiento, evaluación y difusión de los resultados y logros obtenidos.

Con ese objetivo, debe definir los clusters o conglomerados industriales/comerciales prioritarios, debe convocar a los actores involucrados en cada cluster, debe convertir a cada cluster elegido en un Centro Estratégico de Alineamiento Competitivo (CEAC) y debe facilitar a sus miembros la capacidad de formulación y ejecución de los programas de acción que eleven su competitividad.

Una coordinación eficiente y efectiva de los programas de cada CEAC implica un proceso de apoyo en tres etapas cronológicas:

- Formulación. Identificación de los ejes estratégicos y operativos requeridos en cuanto a su contribución al desarrollo de la competitividad pública de la región o en cuanto se trate de acciones innovadoras e intensivas en conocimientos de los actores privados que potencien el escalamiento hacia bienes y servicios de mayor valor agregado.
- Implementación. Apoyo en la gestión de proyectos, a través de la constitución de la oficina de gestión de proyectos (*Project Management Office* – PMO) en cada CEAC.
- Evaluación. Calificación de la calidad de los resultados/logros obtenidos de la implementación de los programas de acción en cuanto a su impacto favorable en aspectos económicos y sociales.

Un CRDC aborda el enfoque regional en aquellas fortalezas locales e industrias clave con el objetivo de racionalizar los esfuerzos del mercado, desarrollar el mercado laboral y producir grandes retornos en inversiones regionales de manera eficaz y efectiva, considerando que para alcanzar mayores y mejores niveles de calidad de vida en una región es necesario el fomento de un ambiente productivo que impulse la innovación y produzca aumentos continuos de la competitividad.

El CRDC puede generar instituciones de soporte, además de las áreas específicas del sector público y de organismos autónomos. Por ejemplo:

- Unidad de competitividad empresarial (Coordinación de CEACs).
- Unidad de macroeconomía y competitividad Gubernamental.
- Unidad de innovación y desarrollo tecnológico.
- Instituto de Formación Técnica y Profesional – INFOTEP.
- Instituto de Competitividad y Excelencia Empresarial.
- Unidad de Gestión de Centros Incubadores y Parques Tecnológicos.
- Unidad de Competitividad Logística (ejes de Infraestructura: centros de distribución, telecomunicaciones, transporte multimodal, potencial hidráulico y eléctrico, etc.).

Promoción del desarrollo tecnológico

El desarrollo tecnológico de la región debe ser considerado como una de las responsabilidades prioritarias del CRDC. En general, el desarrollo tecnológico se debe sustentar en un sistema de programas específicos tales como:

- Programa para apoyo a inventores individuales para construir prototipos, analizar factibilidad, preparar el plan de negocios y atraer inversores.

- Programa para promover la creación de StartUps, dando señales positivas a los inversores privados.
- Programa de formación de consorcios entre empresas e instituciones académicas para desarrollar tecnologías genéricas precompetitivas.
- Programa de investigación básica y aplicada en institutos académicos, promoviendo la transferencia tecnológica al sector privado.
- Programa de asistencia específica para promover la investigación entre una empresa y una institución académica.

Centros Locales de Competitividad

Resulta conveniente que el CRDC apoye y promueva la creación de Centros Locales de Competitividad (CLC) cuya composición debe reflejar la adecuada participación de los principales actores clave de la región. Estos centros deben estar integradas por representantes de los gobiernos municipales, empresarios, academia, agremiaciones y demás actores de desarrollo.

El rol de la CLC debe consistir en participar en los CEAC regionales que le competan o en los exclusivos de la región para asegurar adaptación local e integración general. Deben ser responsables por la ejecución de los programas en su territorio, hacer seguimiento, generar aprendizaje, integrar la operación con los programas regionales generales y liderar la continuidad en el tiempo.

Llamaremos CLC "Base Cero" a las localidades que se encuentren en un estado absolutamente elemental de desarrollo competitivo, a nivel de solo sustentarse sobre la base de sus propios recursos naturales.

Fases de alineamiento estratégico de un cluster

En la Figura 52 mostramos las fases requeridas para lograr el alineamiento estratégico de todos los actores de un cluster para el logro de sus objetivos.

Figura 52. Fases de alineamiento estratégico de un cluster.
(Fuente propia.)

Diagnóstico estratégico inicial

Si la estrategia de un cluster consiste en el alineamiento de sus integrantes para optimizar los negocios actuales, los negocios nuevos y las eliminaciones, ¿están siendo consideradas todas las variables económicas, tecnológicas, políticas, legales, culturales, sociales, demográficas, informacionales y ecológicas que puedan impactarle?

Hemos recalcado que toda empresa forma parte de un cluster, cadena de valor e instituciones de influencia directa o indirecta.

- ¿Es correcta la evaluación del riesgo asumido para cada integrante al formular la estrategia?
- ¿Se han tenido en cuenta todos los factores propulsores y retardadores?

- ¿Y las sorpresas potenciales?

Objetivos de esta fase:

- Desarrollar conciencia de situación del impacto de las variables del escenario general en el cluster.
- Discutir escenarios posibles/verosímiles del futuro.

Diagnóstico cognitivo

Formulada la estrategia de portafolio de negocios del cluster,

- ¿Están alineados todos los ejecutivos clave de cada empresa (hasta los mandos medios) con esa estrategia?
- ¿Comparten todos una visión del total o sus esquemas mentales están encapsulados por empresa integrante, negocio, por área o por función?
- La estrategia es tan buena como los supuestos e hipótesis que le dieron origen. ¿Cuáles son esos supuestos? ¿Son todos? ¿No hay otros?
- ¿Continúan vigentes? ¿No hay nuevos? ¿Han sido anticipados cambios severos en los supuestos?

Objetivos de esta fase:

- Determinar la dispersión cognitiva de los mapas mentales que los principales actores de la agrupación emplean al tomar decisiones estratégicas, operacionales y tácticas.
- Registrar y evaluar las opiniones confidenciales e individuales sobre cómo optimizar la estrategia, la cultura, los recursos, la organización y los mercados de todo el cluster.

Validación de la estrategia competitiva

- ¿Está claramente definido en qué negocios está el cluster y en los que quiere estar? ¿Es apropiada la Asignación de los Recursos entre los distintos negocios?
- ¿La visión y la misión son instrumentos de trabajo sólidamente ligados a la estrategia o solo expresiones declamadas? ¿Son útiles para crear valor?

Objetivos de esta fase:

- Analizar con la alta dirección del cluster los dos puntos anteriores para validar o formular la visión, la misión y la estrategia para cada vector de desarrollo grupal.
- Evaluar la internalización y la ejecutabilidad.

Desarrollo estratégico competitivo

Si la estrategia competitiva de cada producto o servicio de cada empresa es influida por la estrategia corporativa de todo el cluster,

- ¿Contamos con capacidades distintivas que nos generan ventajas competitivas?
- ¿Contamos con barreras de protección contra la imitación o el riesgo de nuevos ingresantes?
- ¿Cada estrategia de negocio, está sólidamente sustentada por la cultura, los recursos, los procesos y la situación de los mercados?

Objetivos de esta fase:

- Traducir la estrategia corporativa del cluster en estrategias competitivas con la participación de los mandos funcionales.

- Definir o revisar los factores críticos de éxito, las capacidades requeridas y el impulso estratégico básico (*Strategic Intent*).
- Detectar y aprovechar oportunidades de expansión de los mercados, anticipar y neutralizar amenazas competitivas, consolidar fortalezas, superar debilidades para mejorar la creación de valor económico sostenible.

Planes, programas y presupuestos

- ¿Ha sido la estrategia del cluster bajada a planes, los planes a programas de acción, los programas a presupuestos, los presupuestos a controles y los controles a incentivos?
- ¿Contamos con procesos de *follow-up* de ejecución concreta? ¿Han sido definidos los indicadores clave de desempeño?
- ¿Ha sido generado un proceso de mejora continua?
- ¿Ha sido constituido un SAC que monitorice todo el proceso, apunte a la mejora continua e incorpore toda nuestra tecnología?

Objetivos de esta fase:
- Transformar cada estrategia competitiva del cluster en planes, programas y presupuestos para asegurar que la estrategia sea <u>ejecutable</u>.
- Definir o revisar los valores culturales de las organizaciones integrantes y sus creencias guía para que la cultura potencie a la estrategia.

Alineamiento 100% del cluster

- ¿Han sido todos los miembros de las organizaciones del cluster comunicados, involucrados y motivados?
- ¿Han surgido iniciativas de todas las áreas y funciones, de todos los niveles, para asegurar la ejecución de la estrategia?

Objetivos de esta fase:

- Interactuar con todos los miembros del cluster para producir participación, involucramiento, sentido de propiedad, sentido de pertenencia, mediante procesos orgánicos de comunicación integrativa.
- Lograr una visión comprendida, compartida y comprometida de todos los miembros.

Evaluación de resultados

- ¿Han sido evaluados los resultados logrados? ¿Han sido consideradas todas la variables y los actores clave?
- ¿Se han alcanzado? ¿Se han generado correcciones a los desvíos?
- ¿Ha cumplido el SAC con su objetivo fundamental de monitorear todo el proceso, incorporar tecnología y promover la superación continua?

Objetivos de esta fase:

- Evaluar la validez, la internalización y la ejecutabilidad de la visión, la misión, la estrategia corporativa, la estrategia competitiva.

- Evaluar los resultados de todo el proceso sobre la base de ejes estratégicos de comando.
- Sustentar la plataforma para reiniciar el ciclo del proceso completo.
- Transferir la tecnología conceptual y metodológica.
- Instalar el proceso para que contribuya a la mejora continua.

Desarrollo territorial sobre la base del desarrollo de clusters

En este punto presentamos un programa de acción específico para el desarrollo de la competitividad de una región a través del empleo de la concepción de los clusters.

Actividades específicas del programa

- Constitución y organización del Consejo Regional de Desarrollo de la Competitividad (CRDC): estructura ejecutiva y estructura consultiva.
- Detección de los clusters prioritarios.
- Definición de empresas, instituciones académicas, ONG y áreas del sector público de provincia e intendencias involucradas en cada cluster. Mapeo del cluster. Diagrama de la cadena de valor. Sensibilidad financiera. Número y caracterización de actores, valoración de los flujos de intercambio, transacciones intra-cluster, ventas, exportaciones y empleo, dinámica del cluster, liderazgos, indicadores de eficiencia colectiva, soporte institucional, normativa y regulaciones vigentes.

- Lanzamiento y fuerte difusión masiva a toda la población.
- Selección y entrenamiento de consultores específicos para cada cluster.
- Determinación de los Centros Locales de Competitividad (CLC) por cada subregión específica.
- Formulación de la matriz de competitividad: cruce de los clusters con los centros locales de competitividad. Análisis de sinergias y oposiciones y generación de programas de acción táctica. Análisis de la dispersión geográfica de los actores de cada clusters y de las localizaciones geográficas de cada departamento que no albergan clusters.
- Convocatoria a los miembros de cada cluster.
- Para cada cluster: entrenamiento, consolidación del acople grupal (*linkage*) y transferencia de tecnología de análisis estratégico. Constitución institucional del cluster como un Centro Estratégico de Alineamiento Competitivo (CEAC).
- Operación del CEAC: Análisis de fortalezas, debilidades, oportunidades y amenazas, *Benchmarking*, evaluación de escenarios futuros. Creación de la visión. *Governance*. Formulación de la estrategia, Optimización de la cadena de valor, planes específicos, ejes estratégicos, objetivos de corto, mediano y largo plazo y facilitación grupal en la generación y priorización de programas de acción táctica. Incubación de emprendimientos. Desarrollo empresarial. Desarrollo laboral. Acción individual en agentes clave.
- Convocatoria a los miembros de cada CLC específico, entrenamiento y transferencia de tecnología de

análisis estratégico, facilitación grupal en la generación y priorización de programas de acción táctica.

– Estudio de mejora de la competitividad de las localizaciones geográficas que no albergan clusters. Formación de un CLC fase cero.

– Operación del CLC fase cero: formulación de la estrategia de desarrollo productivo zonal, incubación de emprendimientos y desarrollo de pymes, planes específicos, ejes estratégicos, objetivos de corto, mediano y largo plazo y facilitación grupal en la generación y priorización de programas de acción táctica. Asignación de un consultor. Asignación de un responsable por la gestión de proyectos con reporte directo a la Oficina Provincial de Gestión de Proyectos. Acción individual con agentes clave.

– Constitución de las oficinas de gestión de proyectos (PMO) correspondientes a cada uno de los clusters y entrenamiento de sus responsables.

– Constitución de la oficina regional de gestión de proyectos y entrenamiento de sus responsables. Centralización de programas de acción táctica, análisis de sinergias e incompatibilidades.

– Constitución del centro de incubación de emprendimientos.

– Determinación con las autoridades del CRDC de las cinco listas de programas de acción táctica:
  • implementación inmediata,
  • imposible de implementar,
  • implementación a corto plazo (seis meses),
  • implementación a mediano plazo (un año) e
  • implementación a largo plazo (después de un año).

– Elaboración del informes cuatrimestrales de la agenda del CRDC.

– Comunicación a todas las audiencias objetivo.

Recursividad constante

Por último, como mostramos en la Figura 53, debemos considerar que este proceso sistémico y sistemático debe ser entendido como constantes bucles de recursividad que no deben finalizar jamás.

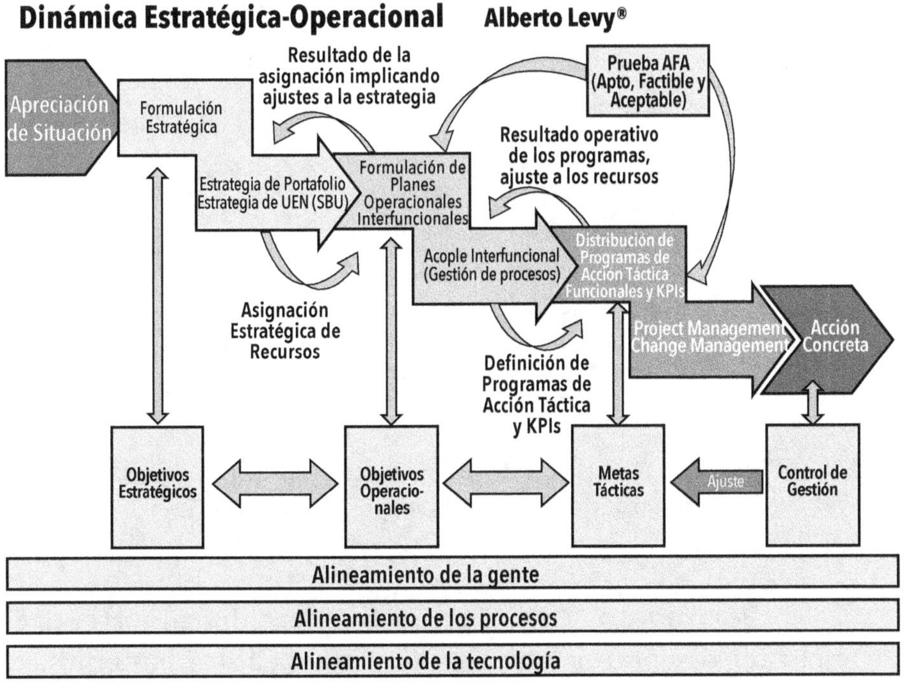

Figura 53. Recursividad constante. (Fuente propia.)

En la Figura 54 representamos la interacción entre el sistema (cluster) de la tecnología de la información, el de la salud y el de la oncología (parte del cluster de la salud) que, a su vez, produce un emergente sistémico en el de la tecnología de la información. Por ejemplo, generando requerimientos de nuevos softwares y hardwares de procesamiento, almacenamiento y transmisión de imágenes.

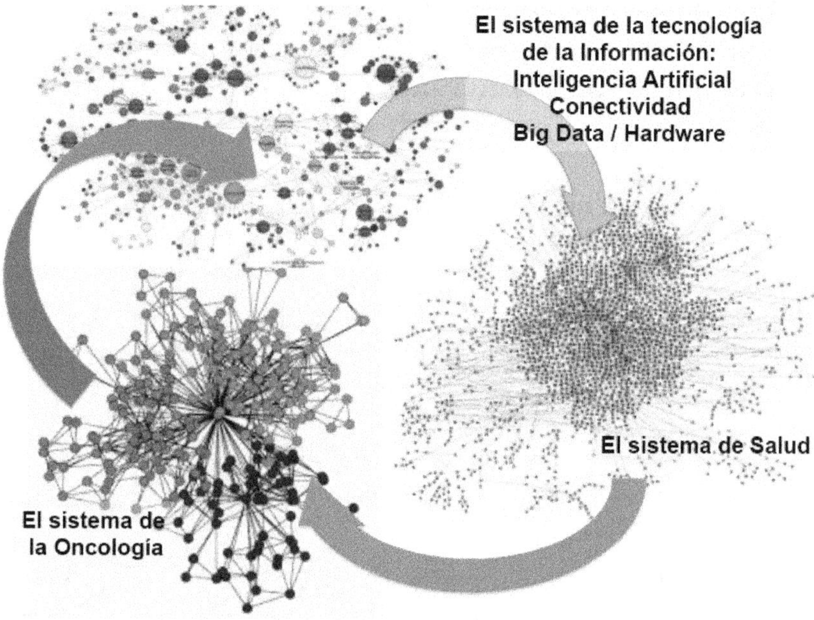

Figura 54. Una visión de la interacción sistémica de sistemas, generando un sistema mayor. (Fuente propia.)

Por último, en la Figura 55 ejemplificamos con el cluster de cerámica de Ecuador que el autor ha tenido el privilegio de ayudar a organizar.

Figura 55. El cluster de la cerámica de Ecuador (fuente propia) (Proyecto BIRF-MICIP/MICIP – Ministerio de Comercio Exterior, Industrialización y Pesca del Ecuador-/INCAE, noviembre de 2000).

En este capítulo hemos querido fundamentar la necesidad de una visión sistémica de "frontera amplia" para el análisis y la gestión de una firma, ya que no es posible dejar de considerar a toda la red de actores que la impactan en su desempeño y que, a su vez, son impactados por ella. Cada uno de esos actores es representado por su propio PENTA, reforzando nuestra visión de que, desde la perspectiva mesoeconómica, las cadenas de valor, las redes de cadenas de valor, los clusters y las redes de clusters son redes de PENTAs. Esto lo vemos en la Figura 56.

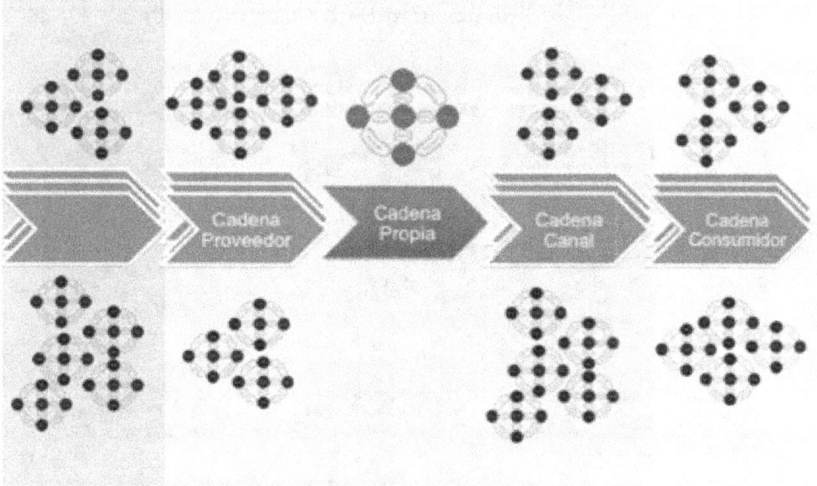

Figura 56. Las cadenas de valor y sus redes, así como los clusters y sus redes, son redes de PENTAS.

Por otra parte, nuestro propósito ha sido también promover la visión de que si el desempeño de las organizaciones, por ejemplo su competitividad, es un emergente sistémico de la interacción entre todos los actores que constituyen las cadenas de valor, las redes de cadenas de valor, los clusters y los clusters de clusters, es imprescindible analizarlos a través de un enfoque sistémico si el objetivo es mejorar el desempeño de las partes y el desempeño de esas "totalidades de mayor o de menor totalidad". El costo de no hacerlo es la peligrosa "miopía estratégica".

En la Figura 57 representamos a la competitividad como una función de la responsabilidad competitiva del gobierno –la de disminuir el costo país y fomentar el bienestar a través de la competitividad– el logro de la satisfacción (saliencia) en el sector externo si opera globalmente o por lo menos en el mercado local.

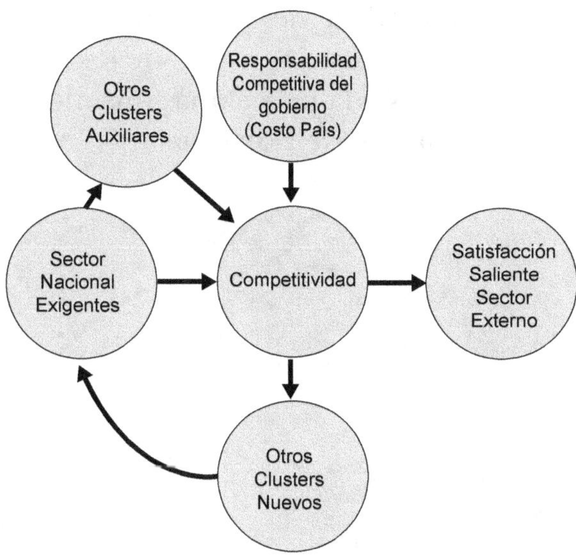

Figura 57. Una adaptación sistémica del modelo de Porter de difusión de la competitividad.

La competitividad de este cluster impulsa la creación de otros clusters nuevos (Porter, M. E., 1990). Esto, a su vez, hace más exigente al mercado doméstico como sector nacional, generando el crecimiento de la competitividad de otros clusters auxiliares, potenciando la competitividad del cluster en estudio. La versión sistémica de los aportes de Porter la continuamos en las Figuras 58 y 59.

En la Figura 58 se muestra el efecto sistémico fundamental de la competitividad de un cluster. El primer efecto es el de la generación de mayor competitividad de clusters auxiliares, esto es, conjuntos o sistemas de empresas que se hacen más competitivos gracias al desarrollo del cluster inicial. A su vez, esto produce –en general– una concentración geográfica de las empresas que tienen que ver con ese cluster. Esto es así desde los cerámicos de Cuenca, Ecuador, hasta la porcelana finísima de Limoge o el cristal de Baccarat o de Bohemia.

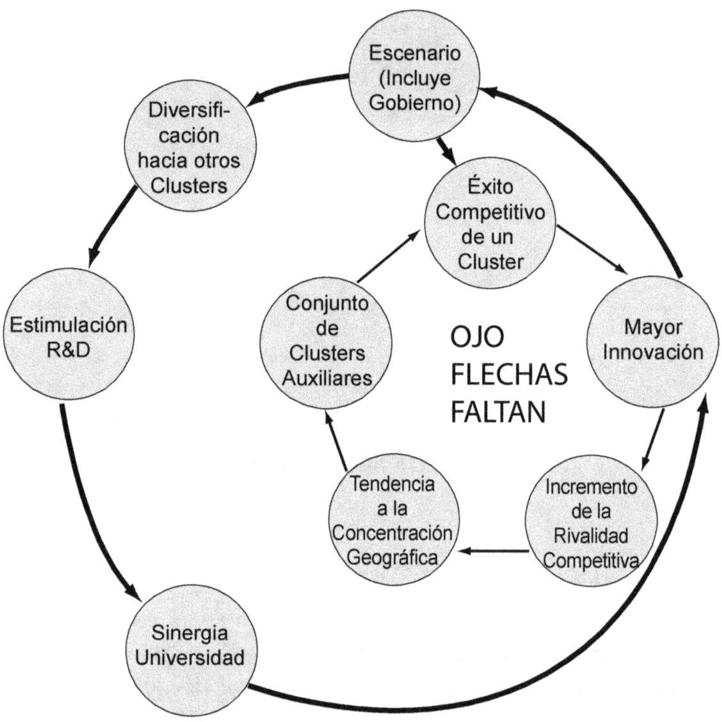

Figura 58. Una adaptación sistémica del modelo de Porter de difusión de la competitividad.

Pero esta concentración aumenta el nivel de rivalidad competitiva. Esto tiende a que el cluster inicial diversifique hacia otros clusters para no frenar su desarrollo. Esto estimula la Investigación el Desarrollo y la Innovación, sinergizado por la relación con el mundo académico, científico y tecnológico como en todos los países desarrollados.

En la Figura 59, el éxito en el mercado interno favorece el éxito en el mercado internacional. Este éxito aumenta el prestigio del cluster como actividad admirada, reforzando la potencia de las ventajas competitivas e impactando culturalmente en los valores individuales y sociales y la motivación individual. A su vez, esta es la clave del potenciamiento de las capacidades distintivas de los componentes del cluster, potenciando a su vez las ventajas competitivas que vuelven a impactar en el éxito en el mercado nacional. Esto aumenta el flujo de capital y recursos humanos, que sinergiza el circuito central.

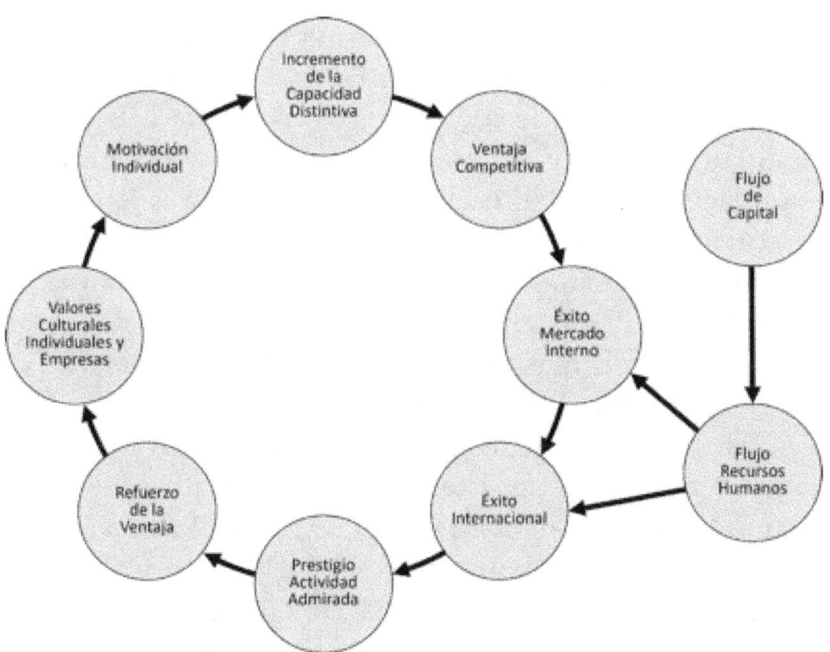

Figura 59. una adaptación sistémica del modelo de Porter de difusión de la competitividad.

En muchas empresas, clusters y ciudades hemos comprobado que para que los gerentes comprendan este tema es necesario previamente que incorporen nuevas formas de pensar. Muchos gerentes (muchos humanos en general) solo pueden razonar en términos de "causalidad mecánica". Esto es, solo comprenden los procesos de cambio cuando las relaciones entre las variables son lineales. Esto es que A causa B. En cambio, se requiere detectar las estructuras de vinculación circular entre las variables. Las variables integran entre sí un sistema. En lugar de líneas, círculos de "causalidad mutua", en los que pasa que A y B se definen una a la otra por pertenecer ambas al mismo sistema. Las relaciones de causalidad simple son totalmente inapropiadas para entender la dinámica de los sistemas complejos como una empresa, menos un cluster y mucho menos una ciudad o una región.

Las variables que componen el escenario se autorrelacionan entre sí, y al hacerlo "emerge" un resultado de esa relación que es diferente de la suma, la resta, la multiplicación o la división de sus partes.

Lo que vuela es el avión. No vuela ni el ala ni el timón ni las turbinas ni los computadores ni los radares ni el piloto ni ninguna de sus partes. Lo que vuela es el avión. El sistema. La interrelación.

Pues bien. El escenario, la arena competitiva, actual y futura, configura un sistema de este tipo, del que emerge un efecto sistémico, así como el volar del avión. Entre los distintos componentes del escenario general —lo económico, lo tecnológico, lo social, lo cultural, lo político, lo legal, lo demográfico, lo ecológico, lo geográfico, lo comunicacional y los distintos componentes del entorno inmediato —mercado, competidores, proveedores, distribuidores, etc.–, se arma una estructura y un emergente sistémico. Este efecto será para la empresa, el cluster o la ciudad, una oportunidad o una amenaza. Por lo tanto hay que intentar entenderlo, constantemente porque ese emergente reverbera en la competitividad.

Pero, como dijimos al principio, el cambio en los escenarios es cada vez más rápido y cada vez más fuerte. Esto significa que el sistema del escenario se modifica cada vez más rápido y cada vez más fuerte. Y esto significa cada vez mayor complejidad. Es decir, mayor incognoscibilidad.

Esto vuelve a enfatizar la tremenda dificultad que significa analizar el contexto en el que la empresa, el cluster o la ciudad vive o muere. Pero al presentarlo de esta manera, mi objetivo es demostrar que necesitamos una nueva forma de pensar sobre la realidad empresaria, y que esa forma de pensar debe ser "sistémica".

Capítulo 5

Inteligencia estratégica. Teoría del otro

Si bien la especialidad de la inteligencia estratégica tiene que ver con el campo militar, el político y el empresarial, proponemos iniciar este capítulo con foco en el mundo de las empresas y sus estrategias.

En los próximos años, cada vez más empresas han de quedar obsoletas y desaparecerán debido a los cambios en la demanda de los mercados finales, la presión de los canales de distribución, los desarrollos tecnológicos, los cambios geopolíticos, los "saltos" psicossocioculturales de los miembros de las organizaciones, las maniobras de los competidores y la cada vez mayor convergencia entre los distintos sectores industriales (por nombrar los ejes más relevantes). El nivel de rivalidad competitiva es máximo, por lo que los conceptos parciales de estrategia ya no serán instrumentos apropiados para crear valor. Ni para los accionistas, ni para los clientes, ni para la supervivencia. El riesgo estratégico aumenta en proporción geométrica con respecto a la "esterilidad de innovación". Este es el dominio de la inteligencia estratégica que debe preparar a los equipos humanos y a sus miembros para ser viables en ese tipo de escenarios agresivos, impredecibles e inimaginables.

Para aumentar el nivel de complejidad de los desafíos de la inteligencia estratégica, muchas organizaciones ni siquiera tienen confianza en sus propias capacidades para manejar este riesgo. Sin embargo, la paradoja es que esas empresas tienen necesidades desesperantes por innovar y mantener su viabilidad competitiva contra oponentes también cada vez más agresivos, impredecibles e inimaginables.

Esta complejidad se incrementa cuando se debe tomar la decisión de a cuáles productos asignar cuántos recursos (decisión estratégica de portafolio y financiación de negocios), si proteger las líneas actuales evitando las innovaciones radicales, o las oportunidades de futuro que amenazan las ventas y los márgenes de corto plazo. Incentivos en conflicto, inversiones tradicionales y metodologías de control sin actualizar matan las grandes ideas o permiten que las mediocres o las malas se pongan en acción. Muchas veces esas empresas observan con incredulidad cuando sus competidores se adelantan y lanzan esas mismas ideas. Sorpresa. Vulnerabilidad. Colapso.

Hemos dicho que para las empresas de mayor dinámica competitiva, tan diversas como las de alta tecnología o de la moda, ese ritmo de obsolescencia puede ser menor de un año. Estériles de innovación, las compañías están condenadas a desaparecer. Pero generar innovación rentable está muy lejos de ser fácil y mucho más lejos de ser ejecutable con los viejos modelos mentales con los cuales hemos concebido la fricción estratégica hasta hoy.

Y que muchas empresas están fracasando en el impulso por crear o al menos descubrir nuevos conceptos y definir si están implementando una estrategia de "sustentación" (mejoras incrementales a las líneas actuales de productos o servicios) o si están formulando estrategias de "disrupción" (potencialmente canibalizando las líneas tradicionales de productos y servicios y, por lo tanto, necesitando amparar, nutrir, contener nuevos conceptos que significan verdaderos nuevos negocios que cambien las reglas del juego) (Christensen y Raynor, 2003; Christensen y Horn, 2008; Levy 2007, 2010, 2019 a, b y c).

Empecemos aclarando qué entendemos en este libro por "estrategia de una empresa".

La estrategia de una empresa es el conjunto de decisiones que determinan cuáles son los negocios en los que la empresa decide competir (diversificación) y cómo incrementar su poder competitivo (diferenciación).

Estas decisiones, entonces, incluyen la definición del portafolio de negocios (equivalente a su "misión") y la asignación estratégica de recursos entre todas las unidades del portafolio (decisión estratégica de diversificación) y la estrategia competitiva de cada unidad de negocios (decisión estratégica de diferenciación).

Estrategia competitiva de una unidad de negocios es la diferenciación versus sus oponentes configurando las capacidades distintivas internas (gente, tangibles e intangibles) en acople con las ventajas competitivas externas valoradas por los segmentos de los mercados que la empresa considera atractivos.

La inteligencia estratégica es el proceso cognitivo de incrementar la capacidad de conocimiento de una organización para la mejor formulación posible de su estrategia incluyendo la eficiencia y la efectividad de su ejecución. Es decir, la formulación incluye asegurar la ejecución y la ejecución incluye mejorar la formulación. Este es un proceso recursivo de incrementalismo lógico y no dos fases sucesivas. La inteligencia estratégica es la alimentación de este proceso recursivo de incrementalismo lógico que articula la representación estratégica, el planeamiento operacional, la programación táctica, la acción concreta y la vuelta a la representación estratégica (ver Figura 60).

Pero ¿quién o quiénes son, por ejemplo, en una empresa, los responsables por disponer del mejor proceso posible de inteligencia estratégica? Empecemos por imaginar una organización conducida por un Gerente General, o presidente o *Chief Executive Officer* a quien le reportan responsables directos de líneas funcionales como, entre otras, Producción, Finanzas, IT, Marketing o Logística, responsables de líneas de negocio como productos lácteos o alimentos congelados y responsables de líneas de apoyo como legales o control de gestión.

A su vez, a este nivel gerencial de máximo nivel ejecutivo reportan responsables de subáreas y así sucesivamente hasta llegar al menor nivel de supervisión. Todo este esquema organizacional hemos de llamarlo Cadena de Comando Ejecutivo (CCE). Su rol es el de formular/ ejecutar la dinámica empresarial de los tres niveles estratégico, operacional y táctico con el esquema recursivo que hemos mencionado más arriba y que lo hemos presentado como un esquema de incrementalismo lógico.

Nuestra experiencia con numerosas empresas de casi todos los sectores económicos y de muchos países es que es el grupo de máximo nivel de la CCE quien "asume los dos sombreros" y, con una periodicidad determinada, se reúne para potenciar su capacidad de inteligencia estratégica, se constituye como Comité de Inteligencia Estratégica (CIE) y se dedica a este propósito vital. Para ello, recomendamos a ese CIE emplear el modelo de este libro (especialmente Figura 60 y Figura 63). En algunas empresas encontramos la figura del *Chief Intelligence Officer*, quien opera no como conductor de ese grupo sino como coordinador. Por otra parte, ya es común en varias organizaciones la función del *Chief Strategy Officer*, operando como coordinador del comando ejecutivo en lo relacionado con la formulación/ejecución del proceso recursivo de los niveles estratégico, operacional y táctico retroalimentando, ajustando y reformulando.

En algunas organizaciones muy desarrolladas puede ser que se encuentre un grupo dedicado exclusivamente al proceso de inteligencia estratégica. Sin embargo, nosotros recomendamos el esquema de los dos sombreros. La inteligencia estratégica y el comando ejecutivo deben alimentarse de manera sistémica y sistemática.

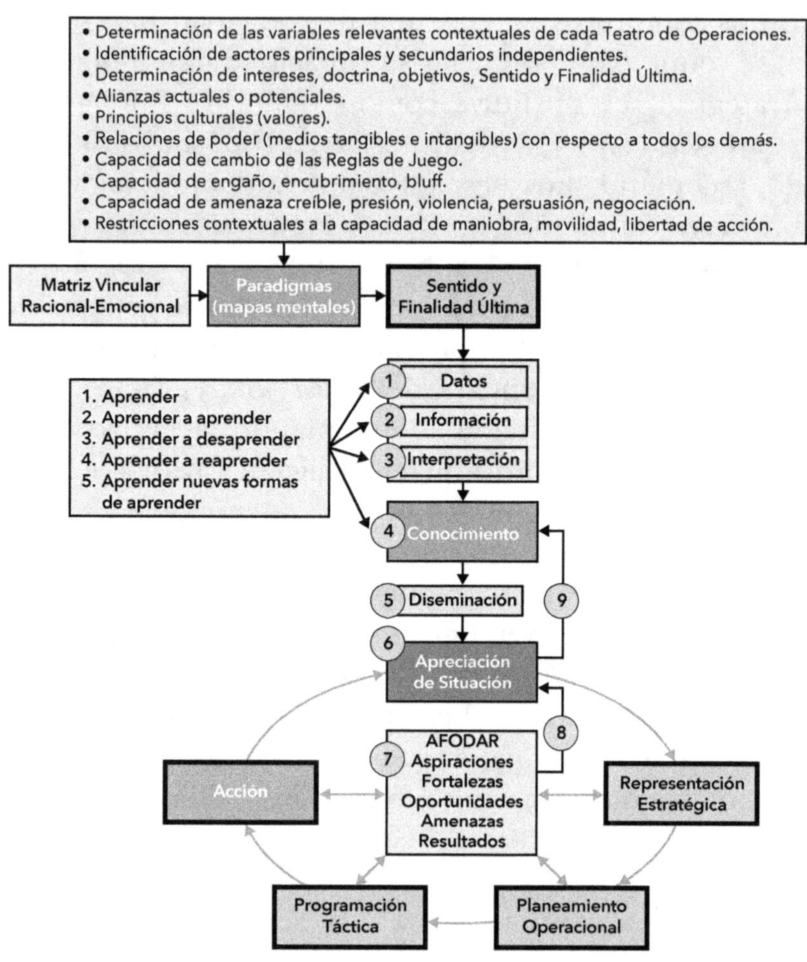

Figura 60. Inteligencia estratégica. (Levy, A., 2022.)

Por otra parte, en las empresas medianas o pequeñas, esta función de inteligencia estratégica debe ser cubierta asegurando, como mínimo, que quienes la conducen tengan la capacidad de complementar la acción del día a día con la de dedicarse a pensar. A mayor turbulencia del teatro de operaciones, mayor necesidad de pensar y repensar.

Recomendamos profundizar en los cinco niveles de aprendizaje general que presentamos en la Figura 60. Por más pequeña que sea la organización, desde su nacimiento como StartUp, esta es una responsabilidad ineludible.

En la Figura 60 hemos resumido nuestra concepción del dominio de la inteligencia estratégica, entendida como la capacidad de disponer del máximo conocimiento requerido para intentar formular la mejor estrategia posible para resolver un problema de conflicto contra uno o más actores con propósitos simétricos.

Comencemos por hacer una enumeración (no exhaustiva) de las consideraciones necesarias que cada actor "construye" como una representación (lógicamente, con un alto nivel de subjetividad ya que emerge de sus paradigmas o mapas mentales) sobre el contexto en el que tratará de diseñar una estrategia, entendida como "el arte de crear poder" (Freedman, L., 2013) contra otros actores con posturas opuestas o simétricas. Estos, como mínimo y para cada actor, son:

- Determinación de las variables relevantes contextuales de cada teatro de operaciones.
- Identificación de actores principales y secundarios independientes.
- Determinación de intereses, doctrina, objetivos, sentido y finalidad última.
- Alianzas actuales o potenciales.
- Principios culturales (valores).
- Relaciones de poder (medios tangibles e intangibles) con respecto a todos los demás.
- Capacidad de cambio de las reglas de juego.
- Capacidad de engaño, encubrimiento, bluf.

- Capacidad de amenaza creíble, presión, violencia, persuasión, negociación.
- Restricciones contextuales a la capacidad de maniobra, movilidad, libertad de acción.

1. Matriz vincular racional-emocional

   Allí se alojan la historia, los héroes y los mitos del sistema; los valores, los rituales y las creencias; los símbolos, la jerga y demás artefactos que pintan la identidad del sistema, su credo y su ideología, "la forma en que las cosas se hacen aquí", los "pedidos y las promesas mutuas".

2. Paradigmas (mapas mentales)

   Representaciones o Interpretaciones personales que cada miembro de un grupo puede subjetivamente construir basado en su percepción individual o representación de la "realidad" (Rogovsky, I., 1982); (Tory Higgins, E., 2005).

3. Sentido y finalidad última

   Para referirnos al concepto de sentido (nivel a) resulta más fácil definir antes primero el de finalidad última (nivel b). La finalidad última de una organización es una restricción ontológica, no optativa, del "ser" de esa organización sin la cual esa organización no es lo que esa organización "expresa" que es.

   En el caso de una empresa, definimos como finalidad última a la "creación sostenible de valor económico en el transcurso del tiempo asumiendo un riesgo aceptable". Si una empresa no busca crear valor económico, ya sea en forma de rentabilidad, retorno sobre inversión o EBITDA o *Earnings Before Interest, Taxes, Depreciation and Amortization* (utilidad antes de intereses, impuestos, depreciación y amortizaciones), no es una empresa.

Lo de "riesgo aceptable" es, por supuesto, una perspectiva absolutamente subjetiva que dependerá de la "actitud ante el riesgo" de la coalición gobernante (desde el extremo de la aversión hasta el de la propensión). pero esto es una empresa y si no busca esto no lo es.

Como hemos dicho más arriba, cuando nos referimos a sentido, en cambio, presentamos nuestra orientación hacia el "séxtuple balance" y proponemos "crear valor sostenible y sustentable asumiendo un riesgo aceptable". La clave está en el concepto de "sustentable" o "sustentabilidad": crear no solo valor económico, sino también crear valor social, ambiental, público, emocional y ético. Lo social, lo ambiental y lo ético se entiende sin necesidad de explicarlo. Lo público tiene que ver con que una empresa es una persona jurídica con obligaciones como pagar impuestos y respetar normas de organismos como el FDA en el caso de los productos farmacéuticos o alimenticios en los Estados Unidos. Lo emocional tiene que ver con crear una fuerte identidad compartida y una interpretación común que genere sentido de pertenencia y unidad de destino con fuerte intensidad direccional.

Entonces, en el marco del sentido, dada la finalidad última o restricción ontológica, la organización define su misión o "portafolio de actividades". para una empresa, su portafolio de negocios. para nosotros, portafolio de negocios.

4. Niveles de Aprendizaje
    – Aprender (adquisición de conocimiento nuevo).
    – Aprender a aprender (desarrollar el criterio de

discernimiento, valorativo y selección de conocimiento a incorporar).
- Aprender a desaprender (desafío metódico de lo dado por cierto).
- Aprender a reaprender (incorporación del conocimiento nuevo).
- A prender nuevas formas de aprender (cambio en el proceso de búsqueda, selección e incorporación de conocimiento).

5. Secuencia informacional

La secuencia informacional procesada por los mapas mentales o paradigmas del responsable individual o del grupo de responsables por este procesamiento (determinación de datos requeridos, priorización, obtención, análisis, conclusiones, testeos y distribución):
- Dato.
- Información.
- Interpretación.
- Conocimiento.

6. Diferenciaremos entre estos niveles lógicos:
- Inteligencia estratégica es la potenciación de la actitud y de la aptitud de las organizaciones entendidas como Sistemas Psico-Sociotécnicos Complejos (SPSTC) de realizar apreciaciones de escenarios verosímiles (aunque poco probables) futuros para generar aspiraciones. Las aspiraciones las ordenamos jerárquicamente (de las ideas a las acciones):
- Sentido compartido.
- Finalidad última.
- Objetivos estratégicos, que incluyen los conceptos

de misión y de visión.
– Objetivos Operacionales.
– Metas Tácticas.

La representación estratégica como "construcción mental" no-estructurable ya que no se conocen con certeza ni con alta probabilidad todas las variables relevantes, sus valores y sus interacciones, por lo cual no es posible definir un algoritmo o una cuenta. Esta representación es una "interpretación" que surge de los mapas mentales o paradigmas de quien percibe los factores del punto 1 y que genera el conjunto de objetivos (estratégicos) a lograr para alcanzar una finalidad última.

El ejemplo empresarial podría ser el de una empresa de productos alimenticios que, para incrementar su capacidad de crear valor económico (finalidad última) decide incorporar en su portafolio de negocios el negocio de los productos lácteos a nivel América del Sur (objetivo estratégico 1) y escalar sus inversiones para crecer en el negocio de alimentos congelados en las Américas y Europa Occidental (objetivo estratégico 2). Estos dos objetivos requieren decisiones estratégicas de diversificación. Para nuestro enfoque, el concepto de misión lo consideramos equivalente al de la decisión estratégica de portafolio de negocios. Y, para nuestro enfoque, el concepto de visión es "cómo nos imaginamos a la organización para que sea viable cumplir los puntos anteriores". Esto incluye la cultura organizacional que contiene a la estrategia y los procesos que soportan su capacidad de ejecución (modelo PENTA, Levy, A., 2020).

Pero, además requiere determinar la amplitud de línea

de leches, yogures y quesos y las capacidades requeridas a incorporar para optimizar la cadena de valor de cada una de estas líneas y sus ventajas competitivas contra las marcas competidoras en el teatro de operaciones de las Américas. Estas son decisiones estratégicas de diferenciación.

El planeamiento operacional como construcción mental semi estructurable en la que se conocen con certeza o alta probabilidad algunas de las variables relevantes, sus valores y sus interacciones (por lo cual es posible aproximarse con mayor o menor precisión a definir un algoritmo o una cuenta). En este segundo nivel, el planeamiento operacional es la articulación conjunta de las diferentes funciones organizacionales propias y recursos tangibles e intangibles para alcanzar cada objetivo estratégico. El producto de este nivel es el de los objetivos operacionales requeridos para lograr cada objetivo estratégico. El ejemplo empresarial podría ser cómo la empresa articula horizontalmente sus funciones verticales de producción, ingeniería de alimentos, finanzas, marketing y logística para definir las aspiraciones conjuntas a lograr para poder incorporar las líneas de leches, yogures y quesos. Cada aspiración conjunta entre las áreas será un objetivo operacional. En lo militar, estamos refiriéndonos a la "conjuntés" o "visión conjunta" del "sistema de armas" a integrar (Sillone, J. O., N° 2, Año 2, 2010).

Programación táctica como construcción mental estructurada en la que se conocen con certeza o alta probabilidad casi todas las variables relevantes, sus valores y sus interacciones (por lo cual es posible aproximarse con mucha mayor precisión a definir un algoritmo o una cuenta). En este tercer nivel, la programación táctica es la articulación conjunta de las diferentes tareas propias y recursos tangibles e intangibles para alcanzar cada objetivo operacional. El producto de este nivel es el de las metas tácticas específicas, medibles, logrables, realistas y controlables, consideradas como aptas, factibles y aceptables para lograr cada objetivo operacional. El ejemplo empresarial podría ser la gestión del proyecto de construcción de la planta de yogures o del proyecto de canales de distribución, depósitos y cámaras de congelación y cobertura de distribución física de esos canales.

7. AFODAR

AFODAR, como ya hemos mencionado en capítulos anteriores, es nuestra versión del antiguo "FODA". AFODAR considera que una fortaleza no es una fortaleza *per-se*, sino que lo será según una o más aspiraciones previas. Lo mismo sucede con las oportunidades, las debilidades y las amenazas. Lo serán solo en relación a las aspiraciones previas. Por otro lado, el FODA tradicional consistía solo en un proceso de diagnóstico. AFODAR, en cambio, requiere resultados. En el párrafo siguiente sostenemos que los resultados implican consolidar fortalezas, superar debilidades, neutralizar amenazas y/o aprovechar oportunidades.

– Aspiraciones por lograr (estratégicas, operacionales, tácticas).
– Fortalezas - Consolidación de fortalezas.
– Oportunidades - Aprovechamiento de oportunidades.

- Debilidades - Superación de debilidades
- Amenazas - Neutralización de amenazas
- Resultados obtenidos de las iniciativas surgidas para consolidar fortalezas, aprovechar oportunidades, superar debilidades y neutralizar amenazas.

Contrainteligencia

En cuanto a lo relacionado con la especialidad de contrainteligencia, Kevin Riehle (Riehle, K., 2015) profesor de Análisis de Contrainteligencia en el Quantico Academic Center de la National Intelligence University presenta la ecuación que determina el grado de la amenaza de la capacidad de inteligencia de un actor oponente o adversario. Esta es

A= I x C x O, Amenaza = Intento x Capacidad x Oportunidad.

El factor intento describe la voluntad del actor oponente de realizar acciones amenazantes. En el contexto de la inteligencia, esto es la voluntad de un agente de inteligencia oponente de emplear métodos clandestinos para recopilar información confidencial o "estratégicamente sensible" del actor analizado.

El factor capacidad describe los temas clave cuantitativos y cualitativos que facilitan el éxito del agente de inteligencia oponente, tales como expertise, libertad de movimiento, mecanismos de comunicación además de todos los recursos adicionales requeridos por su misión.

El factor oportunidad describe las relaciones espaciotemporales entre el agente de inteligencia y el *target* deseado y es impactado por la proximidad física del agente con el *target,* así como también por la proximidad virtual a través de la conectividad electrónica.

Riehle concluye que el nivel de intento, capacidad y oportunidad son únicos para cada servicio oponente de inteligencia, por lo cual es imprescindible medir cada factor de cada "otro" oponente para poder determinar el grado de su amenaza.

En estos momentos es máxima la importancia de analizar la capacidad de ciberinteligencia del adversario de penetrar en las redes informacionales digitales ya que el acceso global a las redes de información abre oportunidades a cada vez más actores con capacidad de aprovecharlas.

Riehle realizó una investigación que fue elegida en 2012 como finalista del "Galileo Award Director of National Intelligence". El propósito de este trabajo era el de identificar los indicios estratégicos derivables del análisis de las actividades de inteligencia soviéticas en los inicios de la Guerra Fría, desde el fin de la Segunda Guerra Mundial hasta la muerte de Stalin en 1953, de los cuales era posible deducir los intereses de seguridad interna de la URSS en esos tiempos. Estas preguntas fueron:

- ¿Qué tipos de preguntas trataban de responder los servicios soviéticos de inteligencia? ¿Cuáles eran sus Elementos Esenciales de Información (EEI)?
- ¿Qué tipo de fuentes de información eran el *target* de la inteligencia soviética? ¿Qué distribución y acceso trataban de desarrollar: militar, político, económico, científico, seguridad interna, etc.?
- ¿Qué alianzas establecieron los servicios soviéticos y cómo emplearon esas alianzas?

    – ¿Cómo estaban estructurados los servicios de inteligencia y cómo esa estructura revelaba sus prioridades?

Premisas de partida

La premisa fundamental de este trabajo es que el ser humano vive constantemente tomando decisiones. Que este es un proceso psicológico central durante toda su vida y en todos los ámbitos de su existencia.

Que estas decisiones siempre son o estratégicas u operacionales o tácticas y que, además, siempre son, explícita o implícitamente, grupales, sociales, organizacionales o sistémicas (tomándonos la licencia de darles a estos cuatro términos el mismo significado). El ser humano forma parte, siempre y en todos los ámbitos de su vida, de uno o más Sistemas Psico-Sociotécnicos Complejos (SPSTC).

Llamamos "estratégicas" a las decisiones que tienen que ver con la elección de fines u objetivos que resultan contrarios o simétricos, o en conflicto en relación con los fines u objetivos de otro u otros "decisores"; que llamaremos "operacionales", a las decisiones que consisten en la asignación de medios o recursos para el logro de esos objetivos y que llamaremos "tácticas" a las que consisten en el mejor empleo posible de esos medios o recursos.

El foco de nuestro modelo SIAF, *Strategic Intelligence Analytic Framework*, trata específicamente de la decisión ante situaciones únicas y no repetitivas. Esto no implica que, dada cualquier nueva configuración de las dimensiones del modelo y sus interacciones, el problema o la disyuntiva que la situación plantea sea la misma. Tampoco implica que una decisión ya experimentada en el pasado, implementada o no en ese momento, no pueda ser abordada desde un nivel más elevado de aplicación del modelo, alcanzado gracias a las recursividades homeostáticas socioculturales iterativas de los diferentes grados de aprendizaje que el modelo abarca e integra.

Llamaremos "explícitamente sistémicas" a aquellas en las que el vínculo interactivo con al menos otro ser humano es "manifiesto" (para no emplear el término "consciente", ya que podría generar interpretaciones ambiguas), con o sin explicitación de roles o jerarquías, y llamaremos "implícitamente sistémicas" a aquellas en las que el vínculo interactivo con al menos otro ser humano es "latente" (para no usar el término "inconsciente"), con o sin explicitación de roles o jerarquías.

Llamaremos Sistema Psico-Sociotécnico Complejo (SPSTC) a nuestro "sujeto decisor", abarcando los casos de un individuo, un grupo o una organización mayor.

Adelantemos en este módulo que nuestro modelo SIAF del proceso decisorio de inteligencia estratégica es un constructo cognitivo sistémico que incluye tres tipos de elementos: cinco dimensiones, tres fases y cuatro retroalimentaciones de ajuste (feedbacks).

Las tres fases sucesivas en el eje de "la flecha del tiempo" son:

A. La apreciación de situación, la prospectiva y la construcción de escenarios.
B. La evaluación de opciones.
C. El análisis de resultados.

Las cinco dimensiones que "contienen" a estas tres fases son:

A. La matriz vincular racional-emocional y los mutuos pedidos y promesas.
B. La inteligencia colectiva y la dispersión cognitiva.
C. Los mapas mentales.
D. Los metaobjetivos, finalidades últimas o propósitos superiores y los medios o recursos.
E. La capacidad de interpretación.

Los cuatro tipos de ajuste o "retroalimentación homeostática psico-sociotécnica" tienen que ver con la mejora de la calidad de las fases y de las dimensiones. Estas son:

A. El nivel de la decisión propiamente dicha.
B. El objetivo que condicionó esa decisión.
C. La capacidad de interpretación empleada en esa decisión específica.
D. El aprendizaje de mayor nivel posible, que consiste en el "desafío" cognitivo de todo el proceso interactivo, iterativo y sistémico del modelo completo (ver Figura 60).

La estrategia de abordaje

La lógica argumental es progresiva y recursiva, de manera tal que los temas fundamentales serán retomados una y otra vez a medida que se van presentando otros temas que alimenten y enriquezcan a los ya tratados. Esta circularidad en espiral ascendente es requerida para lograr una visión sistémica del total.

La teoría del otro y la utopía de la inteligencia artificial en el mundo de lo incognoscible: una aproximación elemental entre la ciencia y la superstición

Proponemos pensar en este módulo el enfrentamiento cognitivo entre dos seres "inteligentes" con objetivos opuestos (simétricos). Es el caso de dos estrategas militares, de dos estrategas políticos o de dos estrategas empresariales. Para ello proponemos dividir el enfoque en tres ciclos. Y también proponemos llamar al primer ciclo "lo que yo debería saber", llamar al segundo "lo que debería saber acerca de lo que cada uno podría hacer" y llamar al tercero "Lo que debería saber sobre lo que cada uno va a hacer".

Ciclo A
1. Lo que yo debería saber.
    1.1 ¿Qué pienso yo acerca mí?
    1.2 ¿Qué piensa él acerca de él (usemos el castellano tradicional según la Real Academia Española sin discriminar género)? ¿Es posible esta pregunta #1.2 sin la #1.3 que sigue?
    1.3 ¿Qué pienso yo acerca de que él piensa de él?
    1.4 ¿Qué piensa él acerca de qué pienso yo de mí? ¿Es posible esta pregunta #1.4 sin la #1.5 que sigue?
    1.5 ¿Qué pienso yo acerca de lo que él piensa de mí?
    1.6 ¿Qué piensa él acerca de lo que yo pienso de él? ¿Es posible esta pregunta #1.6 sin la #1.7 que sigue?

1.7 ¿Qué pienso yo acerca de qué piensa él que yo pienso acerca de él?

1.8 ¿Qué piensa él acerca de qué pienso yo que él piensa acerca de mí?

1.9 ¿Lo puedo saber?

Ciclo B

2. Lo que debería saber acerca de lo que cada uno podría hacer.

2.1 ¿Qué pienso yo acerca de lo que yo podría hacer?

2.2 ¿Qué piensa él acerca de lo que él podría hacer?

2.3 ¿Qué pienso yo acerca de qué piensa él que él podría hacer?

2.4 ¿Qué piensa él acerca de qué pienso yo que yo podría hacer?

2.5 ¿Qué pienso yo acerca de qué piensa él que yo podría hacer?

2.6 ¿Qué piensa él acerca de qué pienso yo que él podría hacer?

2.7 ¿Qué pienso yo acerca de qué piensa él que yo pienso que él podría hacer?

2.8 ¿Qué piensa él acerca de qué pienso yo que él piensa que yo podría hacer?

2.9 ¿Lo puedo saber?

Ciclo C

3. Lo que debería saber sobre lo que cada uno va a hacer.

3.1 ¿Qué pienso yo acerca de lo que yo voy a hacer?

3.2 ¿Qué piensa él acerca de lo que él va a hacer?

3.3 ¿Qué pienso yo acerca de qué piensa él que él va a hacer?

3.4 ¿Qué piensa él acerca de lo que yo pienso que yo voy a hacer?

3.5. ¿Qué pienso yo acerca de qué piensa él que yo voy a hacer?

3.6 ¿Qué piensa él acerca de qué pienso yo que él va a hacer?

3.7 ¿Qué pienso yo acerca de qué piensa él que yo pienso que él va a hacer?

3.8 ¿Qué piensa él acerca de qué pienso yo que él piensa que yo voy a hacer?

3.9 ¿Lo puedo saber?

Como dijimos en la introducción, Baron-Cohen formuló la hipótesis de la "teoría de la mente", también conocida como "empatía cognitiva", que se basa en que el cerebro dispone de mecanismos parcialmente innatos para darle sentido al comportamiento social. Se basa en la atribución de estados mentales –creencias, intenciones, deseos, emociones y conocimiento– a los otros, permitiendo la capacidad de predicción de comportamientos y habilidades de comunicación social (Baron-Cohen, S., 1995). En nuestro trabajo de inteligencia estratégica nos referimos a la teoría de la mente como la "teoría del otro".

Según Premack y Woodruff (1978) la teoría de la mente (para nosotros la teoría del otro), nos permite comprender que cada otro construye, en su arquitectura mental, representaciones diferentes que las nuestras y permitiéndonos interactuar con cada otro, interpretar esas representaciones e inferir sus comportamientos.

"Como humanos asumimos que los otros desean, piensan y creen, entre otros fenómenos similares, y entonces, inferimos estados no directamente observables, usando anticipatoriamente esos estados, para predecir el comportamiento de los otros así como el nuestro propio. Estas inferencias, que constituyen una teoría de la mente son según nuestro conocimiento, universales en los adultos humanos" (Premack y Woodruff, 1978).

Como vemos en el párrafo anterior, Premack y Woodruff dicen "para predecir el comportamiento de los otros así como el nuestro propio". Es decir, con el mismo criterio que para un otro diferente que nosotros mismos, inferimos los estados de su mente, inferimos los estados de la nuestra. Como si cada uno de nosotros fuéramos simultáneamente observador y observado. El yo observador infiere estados mentales en el yo observado. Es con este criterio que consideramos que sigue siendo válida nuestra perspectiva de teoría del otro ya que cuando inferimos nuestros propios estados, con todos los sesgos que esto lleva implícito, ya que se trata de una "representación" (o "percepción" o "construcción") subjetiva de lo observado, el inferir es función del observador y el resultado de la inferencia es la representación de la mente observada del observado. Es una función fundamental de la inteligencia estratégica hacer una introspección de nuestros paradigmas.

Aclaremos que cuando hablamos de nuestra teoría del otro no nos estamos refiriendo al "otro" de Jacques Lacan ni el de Sigmund Freud ni el de Ferdinand de Saussure, aunque los consideremos indiscutibles referentes del mundo de la mente. Por ejemplo, según Lacan, solo somos capaces de pensar y expresar nuestras ideas y emociones a través del lenguaje, y el único lenguaje del que disponemos es el del "otro". El "otro" es todo lo que se halla más allá de nuestros propios límites. Nos definimos y redefinimos a través de la existencia del "otro". El inconsciente es el discurso del "otro". En definitiva, el yo está siempre en el campo del "otro". Podríamos mostrar también la diferencia de nuestro enfoque con respecto al de Freud, aunque creemos que no es imprescindible en el ámbito de este libro. Con respecto a Saussure, nos diferenciamos en cuanto a qué estamos queriendo decir en este trabajo cuando hablamos de "otro", aunque adherimos y adoptamos sus categorías semiológicas de "significante" y "significado".

Es muy interesante y productivo analizar la vinculación de nuestro abordaje, eminentemente cognitivo, sistémico y constructivista, con los aportes, más cercanos a nuestra concepción teórica, de científicos como Elliott Jaques, Wilfred Bion, Henry Dicks, Leonard Browne, Ronald Hargreaves, John Rawlings Rees, Mary Luff y Tommy Wilson.

Nuestra orientación está fuertemente alineada con pensadores como Aaron Beck, Judith Beck, Herbert Simon, Allen Newell, Elizabeth Bates, Antonio Damasio, Philip Johnson-Laird, Daniel Kahneman, Amos Tversky y Lev Vygotsky.

Desde el punto de vista del lenguaje y la comunicación aplicados a la teoría del otro debemos considerar que lo que se despliega en el lenguaje entre un individuo y otro es un juego de señales, que serán individualmente interpretadas por cada uno de ellos.

La interpretación de las señales depende de una operación mediante la cual se activa información contenida en la memoria semántica de largo plazo (allí donde se almacenan los significados atribuidos en el pasado) para construir en la memoria de trabajo (*working memory*) un modelo mental acerca de lo que las señales significan

(Levy, A., 2019). La memoria de trabajo, también conocida como memoria operativa a corto plazo, se puede definir como el conjunto de procesos que nos permiten el almacenamiento y manipulación temporal de la información para la realización de tareas cognitivas complejas como la comprensión del lenguaje, la lectura, las habilidades matemáticas, el aprendizaje o el razonamiento. Se refiere a la capacidad que nos permite mantener en la mente los elementos que necesitamos para realizar una tarea mientras la estamos ejecutando.

En el mejor de los casos, la coincidencia entre los modelos mentales del emisor y del receptor del mensaje es solo parecida, pero puede incrementarse en función de múltiples variables. En primer lugar, la competencia comunicativa y, por lo tanto, decisoria, del emisor para generar mensajes no ambiguos para el oyente, lo que exige realizar un cálculo del conocimiento del otro y de sus capacidades inferenciales.

En segundo lugar, depende de la competencia comunicativa del receptor para llevar a cabo las inferencias que la comprensión de todo discurso implica según el cálculo de las intenciones comunicativas del emisor. A estas variables se suman también el grado de abstracción, conocimiento mutuo y significatividad que el tópico del mensaje tenga para los sujetos involucrados en el proceso.

La comunidad del código en que se vuelcan las representaciones que se desean comunicar debe suponerse solo aproximada, ya que el significado que cada hablante atribuye a las palabras no es interpretable de manera unívoca. La intención comunicativa nunca es transparente ni precisa para el destinatario, cualesquiera sean la atención que dispense, los conocimientos previos que posea y el esfuerzo interpretativo que realice. En rigor, las señales que este puede captar no son necesariamente todas las que el emisor se ha propuesto transmitir. Incluso, ni siquiera reflejan en una correspondencia uno a uno todas las proposiciones que se intentan comunicar. De hecho, tanto el emisor como el receptor llevan a cabo un gran número de inferencias que buscan complementar los "vacíos de significado" que dejan para uno y para el otro los enunciados comunicados y el feedback (Levy, A., 2019).

"Una vez que se tienen en la ontología estados mentales y capacidad para atribuirlos a otras personas, no hay más que un paso, o no hay siquiera un paso, hasta tener deseos acerca de esos estados mentales –desear que ella crea tal cosa o que él desee aquella– y generar intenciones para modificar los estados mentales de otras personas. La comunicación humana es tanto una manera de satisfacer esos deseos metarrepresentacionales como de explotar las capacidades metarrepresentacionales de la audiencia" (Hirschfeld y Gelman, 2002, p. 100).

Este punto es especialmente importante ya que no solo nos comunicamos con el objetivo de comprendernos y compartir significados. En inteligencia estratégica este punto incluye las comunicaciones orientadas hacia el engaño, el encubrimiento y el bluf y los mensajes relacionados con la amenaza, la presión, la violencia, la persuasión y la negociación.

"¿Qué representaciones mentales debe tener un organismo que no solo 'tiene representaciones' sino que 'sabe que las tiene' y es capaz de atribuirlas a otros? En las explicaciones que los hombres dan de la propia conducta humana, las representaciones son ubicuas. Forman parte del entramado de conceptos que sirven para interpretar y predecir las acciones propias y ajenas, para comprender el comportamiento, para explicarlo o juzgarlo moralmente" (Rivière, 2000, p. 271).

La teoría del otro es un constructo teórico que señala el fenómeno por el cual un sujeto se explica, predice e interpreta su conducta (se interpreta a sí mismo como si lo estuviera interpretando un otro siendo ese otro él mismo) y la de otros en función de estados mentales. Es decir, se adjudica a sí mismo y a sus semejantes la capacidad de determinar su comportamiento. Evidentemente, este tema resulta de importancia crítica en el proceso de inteligencia estratégica.

Tanto el decidir actuar cooperativamente como el decidir competir con otros individuos o sistemas exige poder anticipar, hipotetizar y manipular las representaciones ajenas de acuerdo con un propósito propio.

Este módulo está basado en el concepto fundamental cognitivo y epistemológico que hemos llamado teoría del otro. La estrategia militar, política y empresarial es teoría del otro. La inteligencia estratégica es teoría del otro: ya sea este mi oponente, mi aliado o el aliado de mi oponente. Con lo cual mi teoría del otro es mi SIAF sobre el otro, con lo cual en una estructura de 4 actores tendríamos:

- Mi SIAF (teoría del otro) sobre mi oponente.
- El SIAF de mi oponente sobre mí.
- El SIAF de mi aliado sobre el aliado de mi oponente.
- Mi SIAF sobre mi aliado.
- El SIAF de mi aliado sobre mí.
- El SIAF de mi oponente sobre mi aliado.

- El SIAF de mi aliado sobre mi oponente.
- Mi SIAF sobre el aliado de mi oponente.
- El SIAF del aliado de mi oponente sobre mí.
- El SIAF de mi oponente sobre su aliado.
- El SIAF del aliado de mi oponente sobre mi oponente.
- El SIAF del aliado de mi oponente sobre mi aliado.

Nos basamos en la concepción central de que toda estrategia es siempre una teoría del otro, ya que, necesariamente, esta se basa en conjeturas sobre el desempeño esperado del "estratega" en su entorno que, como tales, deben ser refutadas para incrementar su eficiencia y su efectividad en el logro de los objetivos para las que han sido formuladas. Esta sucesión de conjeturas y refutaciones es el núcleo metodológico del "pensamiento estratégico" como proceso de aprendizaje y, por lo tanto, como plataforma de la inteligencia estratégica basada en la teoría del otro.

Pero también nos basamos en la diferencia entre las decisiones estructuradas (programadas), las decisiones estructurables (programables) y las decisiones no estructurables (no programables).

Hemos adelantado que las estructuradas (programadas) se caracterizan por tres condiciones:

1. se conocen todas las variables intervinientes (por lo tanto, se puede construir o deducir un algoritmo o una ecuación o una cuenta. Es el mundo de los problemas),
2. se conocen con certeza o alta probabilidad (bajo riesgo) los valores de todas y cada una de esas variables y

3. Se conocen las vinculaciones (relaciones de interacción) entre todas esas variables. Las decisiones estructuradas son de nivel táctico o técnico.

Las estructurables (programables) son de nivel operacional, se conocen algunos (no todos) los puntos anteriores.

Pero las decisiones estratégicas son no estructurables (no programables). Se conoce muy poco sobre los tres puntos anteriores. No es el mundo de los problemas. Es el mundo de los dilemas. Especialmente por el hecho de que no podemos "estructurar" en un algoritmo la mente del oponente "inteligente" cuyos objetivos y maniobras son pensadas en contra de nosotros. Por lo tanto en estrategia no es posible construir un algoritmo sobre la teoría del otro como oponente y ni siquiera como aliado. Si no existiera un actor antagónico no haría falta estrategia ya que bastaría con un plan o con un programa (ver Figura 60).

En el ámbito de las organizaciones humanas en general y de las empresas en particular, este es el dominio de la más alta conducción cuando traza su plan de vuelo en el que la estrategia es "hacia dónde y para qué". Esta determinación es inseparable de los mapas mentales del o de los decisores tratando de incorporar en sus mentes como input a los mapas mentales de otros actores complementarios o antagónicos. Este punto es absolutamente clave en inteligencia estratégica. O sea que, en realidad, deberíamos decir "hacia dónde, porqué, para qué, con quién y contra quién". Recalquemos: si no existiera un actor antagónico no haría falta estrategia ya que bastaría con un plan o con un programa.

Este fenómeno mental de tratar de "incorporar tu

mente en mi mente" es la teoría del otro. Sin este concepto psicológico no se puede dirigir. No se puede liderar. No se puede competir. No se puede educar. No se puede obedecer. No se puede seguir. No se puede aprender. No se puede hacer inteligencia estratégica.

Entonces, en el marco de la teoría del otro, definimos cuatro "vectores-fuerza" de la psicología empresarial como columna vertebral de la inteligencia estratégica.

Un vector-fuerza hacia el oponente que llamamos "disuasión". Por ejemplo, en el ámbito militar el éxito de la guerra es que no haya guerra. Que el oponente "no se atreva". En el mundo empresarial sucede exactamente lo mismo cuando nos referimos a barreras de entrada o a barreras de imitación.

El otro vector-fuerza es hacia adentro. Y a este lo llamamos "compromiso". Compromiso de la gente interna que nos sigue.

Hay un tercer vector-fuerza hacia otros aliados estratégicos. A este lo llamamos "identificación". Conciencia de causa. Voluntad de vencer. Apego a la misión.

Y, por último, otro hacia el entorno, el escenario externo, al que llamamos "caracterización", que implica la capacidad de apreciación de situación (Figura 60).

Tanto disuasión como compromiso como identificación como caracterización "cursan" en el dominio de la teoría del otro.

Los cuatro vectores-fuerza son viables si y solo si se sustentan en otro concepto de la teoría del otro: "credibilidad". Confianza.

Tanto la disuasión como el compromiso como la identificación o la caracterización solo son viables si logramos generar "mapas mentales" creíbles.

Pensar es la mayor capacidad distintiva de una empresa. O debe serlo. Este es el dominio de la inteligencia estratégica.

Muchísimas empresas colapsadas no fueron víctimas de que les saliera mal el horóscopo. Fueron vulneradas por ser esclavas de sus propios patrones de pensamiento. El error sería pensar que eran empresas no inteligentes cuando lo correcto sería comprender que su inteligencia, estratégica fue mal dirigida por sus métodos de pensar, prisioneros de pensamientos pasados que modelaron su experiencia, y del pensamiento de que ese pensamiento que ayer fue exitoso lo seguirá siendo hoy y, para colmo, mañana también.

Entonces tenemos que diferenciar entre categorías como experiencia, expertise, habilidades, capacidades y conocimiento y los "procesos de pensamiento" que aplicamos cuando pensamos sobre estas categorías. Este es el trastorno del pensamiento inflexible que nos esclaviza. Hasta que no logramos pensar en cómo pensamos, seguimos esclavos de nosotros mismos.

Un ejemplo de alta relevancia para las empresas es el de cuán evidente resulta en el día a día comprobar cómo las áreas funcionales de una organización cualquiera piensan diferente. Finanzas piensa "de otra forma" que marketing. Marketing piensa "de otra forma" que producción.

Para colmo, es fácil comprobar como la alta gerencia piensa "de otra forma" que los mandos medios y que estos piensan de "otra forma" que el *staff*.

Y que los ingenieros piensan "de otra forma" que los contadores que piensan "de otra forma" que los economistas o que los expertos en investigación de mercado.

Pero cuando decimos "de otra forma" no nos estamos refiriendo a sus conclusiones sino a sus premisas de partida y a sus procesos de pensar.

La inteligencia estratégica no busca eliminar estas diferencias para que todo el mundo piense igual sino capitalizar estas diferencias, no en forma de "universo" sino de "multiverso", articulando todas estas diferencias y produciendo un emergente de pensamiento complejo de nivel superior. A esta capacidad la llamamos "pensamiento interactivo".

De aquí pasamos a un punto todavía más importante que es el de que no solo nos importa el pensamiento interactivo entre esas "otras formas" sino, más en profundidad, que la interacción entre "otras formas" es la interacción entre "formas opuestas". Ya no estamos en el mundo de los "problemas". Ingresamos en el mundo de los "dilemas".

Lógica versus intuición. Síntesis versus análisis. Convergencia versus divergencia. Jerarquías versus redes. Adaptación versus asimilación. Atención versus automatización. Sistémico versus lineal. Holístico versus dividido. Inducción versus deducción. Secuencial versus simultáneo. Pensamiento interactivo es lograr que estos polos no sean opuestos (simétricos) sino complementarios (sinérgicos).

Un grupo humano manifiesta un nivel de "inteligencia estratégica colectiva" superior cuando logra articular estos opuestos en sinergia.

Supuestamente (no para los autores de este trabajo), más temprano o más tarde, la inteligencia artificial, como teoría artificial de la mente, para nosotros teoría artificial del otro podría reemplazar a la mente del estratega en el dominio de la inteligencia estratégica.

Con la teoría artificial del otro escalaríamos a un nivel hipotético en el cual sostendríamos que podrían existir máquinas procesando algoritmos que incluyeran los tres ciclos que hemos presentado y que podrían detectar, comprender, aprender, aprender a aprender, aprender a desaprender, aprender a reaprender y aprender nuevas formas de aprender emociones, sentimientos, deseos, creencias, mitos, engaños, mentiras.

Incluyendo el odio.

Incluyendo el amor.

En el extremo, podríamos construir a Dios.

Dios no lo permita.

La estrategia como proceso de decisiones en red (Levy, A., 2013)

Las decisiones estratégicas deben traducirse en los niveles operacional y táctico para garantizar su ejecutabilidad. En el nivel de la gestión operacional, la estrategia comienza a concretarse bajo la forma de planes. El nivel táctico, a su vez, convierte las decisiones operacionales en programas y técnicas. La inteligencia estratégica debe considerar no solo a la estrategia propiamente dicha sino también su capacidad de transformarse en acción.

En la Figura 61 hemos incluido la taxonomía de Pavesi (Pavesi, P.,1981, 1986, 1994, 1997, 1998) en mundos rebeldes (el nivel de la representación estratégica), mundos esquivos (el nivel del planeamiento operacional) y mundos dóciles (el nivel de programación táctica).

La articulación entre los niveles estratégico, operacional y táctico exige a cada uno el desarrollo de características y competencias específicas de cambio, innovación, transformación y reinvención: flexibilidad, plasticidad y libertad de acción. En definitiva, de inteligencia estratégica. Así en el nivel de la decisión táctica podría ser suficiente la flexibilidad (entendida como resiliencia, recuperarse, volver a ser como antes). En el operacional, es preciso contar con plasticidad (capacidad de autorregenerarse en pos de lograr mejor un objetivo. Aquí hemos inventado el término prosiliencia). Por último, a nivel de la decisión estratégica se requiere la libertad de acción, movilidad o libertad de maniobra (en términos militares).

Como hemos visto, a medida que se va migrando desde el nivel táctico hacia el nivel estratégico se van incorporando los cinco niveles de aprendizaje que ya hemos visto anteriormente. Estos niveles son de creciente potencia epistemológica y todos imprescindibles en el dominio de la inteligencia estratégica (Figura 60):

1. aprender (adquisición de conocimiento nuevo);
2. aprender a aprender (desarrollar el criterio de discernimiento, valorativo y selección de conocimiento a incorporar);
3. aprender a desaprender (desafío metódico de lo dado por cierto);
4. aprender a reaprender (incorporación del conocimiento nuevo), y
5. aprender nuevas formas de aprender (cambio en el proceso de búsqueda, selección e incorporación de conocimiento).

Sin embargo estos cinco niveles de aprendizaje se requieren en los tres niveles de decisión. Es decir, tanto en el nivel de la decisión táctica como en el de la decisión operacional y como en el de la decisión estratégica son imprescindibles los cinco niveles de aprendizaje.

Comprender la decisión estratégica como una elección sistémica

La implementación de la estrategia conduce a una mayor organización, que suele traducirse en la división del SPSTC (Sistema Psico-SocioTécnico Complejo) en áreas funcionales altamente profesionalizadas. Si bien la especialización constituye un requisito indispensable para la ejecutabilidad de la estrategia, como efecto colateral, potencia la dispersión cognitiva del sistema. Sin estricto rigor metodológico, los roles familiares pueden ser asimilados al concepto de funciones organizacionales.

Cada sector tiende a desarrollar una cultura y una visión particulares. Se trata de un fenómeno que se percibe con frecuencia en los SPSTC. A mayor fraccionamiento organizativo o estructural, aumenta el riesgo de funcionamiento aislado y de adopción de una "visión túnel", propia de cada área, generando "dispersión cognitiva" entre los miembros del SPSTC.

La inteligencia estratégica debe asegurar el equilibrio entre la especialización –que incrementa la eficiencia y la efectividad– y el alineamiento de todo el SPSTC tras una visión comprendida, compartida y comprometida, aprovechando la inteligencia colectiva y disminuyendo la dispersión cognitiva.

Los SPSTC definen la inteligencia estratégica tomando como *input* la información del ambiente (entorno general, estrategias de los otros actores y exigencias de su campo de acción específico) y el feedback correspondiente a su propio desempeño.

Los factores ambientales mencionados no son estáticos. Están sometidos a una perpetua y cada vez más acelerada dinámica de cambio, que impacta sobre la estrategia trazada por el SPSTC convirtiéndola en una decisión necesariamente provisoria. Esto significa que la inteligencia estratégica debe considerar que la formulación de la estrategia constituye un proceso continuo y entrelazado con la acción. Por fuerza, el proceso decisorio embebido en la inteligencia estratégica es el bucle en espiral de la reflexión-en-la-acción. Esto no implica que se trate de un proceso repetitivo ya que cada iteración constituye una situación nueva.

Además de la fijación de la estrategia, compete a la inteligencia estratégica del SPSTC supervisar la consistencia de las decisiones operacionales y tácticas respecto de los propósitos y los fines trazados. Se trata de asegurar que la visión internalizada penetre todos los estratos y sectores del sistema.

La decisión estratégica debe fijar los propósitos principales del SPSTC a partir de muy poca información, para lo cual la dirección necesita desarrollar una inteligencia estratégica continua. Dada la complejidad de los datos con que se cuenta, el SPSTC está obligado a convertir su proceso de inteligencia estratégica en un sistema inductivo de aprendizaje. Los supuestos en que se funda la decisión estratégica necesitan ser sometidos, por medio del método inductivo, a un proceso constante de ajuste, corrección y mejora. La decisión estratégica es una hipótesis de trabajo, de la que se vale la conducción para tratar de alcanzar la finalidad última del SPSTC.

Además de la taxonomía de Pavesi, en la Figura 61 presentamos otras características explicativas de los tres niveles del proceso de inteligencia estratégica: el de la representación estratégica, el del planeamiento operacional y el de la programación táctica.

COMPLEJIDAD	←		
TIPOS DE DECISIÓN	ESTRATÉGICA	OPERACIONAL	TÁCTICA
CONFIGURACIÓN	NO PROGRAMABLE (NO ESTRUCTURABLE)	PROGRAMABLE (ESTRUCTURABLE)	PROGRAMADA (ESTRUCTURADA)
NIVELES DE CONDUCCIÓN	ALTA DIRECCIÓN Y GERENCIA	GERENCIA Y MANDOS MEDIOS	MANDOS MEDIOS Y STAFF
ESCENARIOS	MUNDOS REBELDES	MUNDOS ESQUIVOS	MUNDOS DÓCILES
RAZONAMIENTO	INSIGHT	SABIDURÍA	CONOCIMIENTO
CLASIFICACIÓN (FRISCHKNECHT, F., 1983)	HEURÍSTICA	DIALÉCTICA	ALGORÍTMICA
LÓGICA DE VALIDACIÓN	PRUEBA Y ERROR (INCREMENTALISMO LÓGICO)	CONECTIVIDAD	CÁLCULO
EPISTEMOLOGÍA DOMINANTE	CONSTRUCTIVISMO RADICAL (CIBERNÉTICA DE ORDEN 2)	CONSTRUCTIVISMO	RACIONALISMO (POSITIVISMO)
NIVELES DE CAMBIO MÍNIMO REQUERIDO	LIBERTAD DE ACCIÓN	PLASTICIDAD	FLEXIBILIDAD
CAPACIDAD COGNITIVA	5. APRENDER NUEVAS FORMAS DE APRENDER 4. APRENDER A REAPRENDER 3. APRENDER A DESAPRENDER 2. APRENDER A APRENDER 1. APRENDER	5. APRENDER NUEVAS FORMAS DE APRENDER 4. APRENDER A REAPRENDER 3. APRENDER A DESAPRENDER 2. APRENDER A APRENDER 1. APRENDER	5. APRENDER NUEVAS FORMAS DE APRENDER 4. APRENDER A REAPRENDER 3. APRENDER A DESAPRENDER 2. APRENDER A APRENDER 1. APRENDER
RESPONSABILIDAD	FIJACIÓN DE FINES	ASIGNACIÓN DE MEDIOS A FINES	EMPLEO DE MEDIOS
CONTENIDO	HECHOS POSIBLES	HECHOS PROBABLES	HECHOS CONCRETOS
INTELIGENCIA ARTIFICIAL	MUY POCO APLICABLE	POCO APLICABLE	MUY APLICABLE
PRODUCTOS	TEORÍA	ARTE	DOCTRINA

Figura 61. De la estrategia a la acción.

Siguiendo a Federico Frischknecht presentamos la Figura 62 en la que mostramos el conjunto de normas, roles y reglas que constituyen una organización y que regulan el comportamiento de los individuos que la integran.

	Sintáctica	Semántica	Pragmática
ORGANIZACIÓN	Lógica (sistemas)	Teoría (modelos)	Práctica (programas)
Nivel estratégico	Sistemas de comprensión	Sistemas de creencias	Cognición social
Nivel operacional	Inteligencia artificial	Sistemas expertos	Sistemas de apoyo a la decisión
Nivel táctico	Sistemas de control	Investigación operativa	Sistemas operativos

**Figura 62. Combinación de los niveles de decisión
con las dimensiones semióticas.**
(Adaptación de Frischknecht, F. (1979); De Saussure, F. (1945);
Morris, C. (1946); Morris, C. (1985); Peirce, Ch. S. (1894.)

En esta figura estas se combinan con las dimensiones semióticas: la sintáctica, la semántica y la pragmática.

La semiótica distingue entre:

- sintaxis como las relaciones entre los signos;
- semántica como las relaciones entre el signo y la cosa designada y
- pragmática como las relaciones entre el signo y sus condiciones de uso.

Evidentemente la inteligencia estratégica necesariamente debe ser vista como un proceso semiótico que abarca sus tres dimensiones. Toda producción e interpretación del sentido constituye una práctica significante, un proceso de semiosis que se vehicula mediante signos y se materializa en textos. Por otra parte, Ferdinand de Saussure distingue entre el significante como el que designa algo, y el significado como lo designado, conceptos que desde la semiología también tienen que ver con estos procesos y son parte de la inteligencia estratégica.

Riesgo, sesgos y heurísticas

Así como las disciplinas relacionadas con la Administración de organizaciones, la teoría general de los sistemas y la cibernética se han dedicado al estudio de la decisión y han hecho contribuciones que en esta tesis queremos generalizar para llegar a un modelo general de la psicología de la decisión humana, también la economía matemática, la estadística inferencial y la investigación operativa han realizado importantísimos aportes que también tienen alta relevancia para nuestro trabajo. En esta sección hemos de tratar de ampliar el foco de estos aportes para enriquecer nuestro modelo SIAF.

El primer punto que es importante incorporar de estos aportes es el de la relación entre la decisión y el riesgo. Quizás no resulta común la noción de que en esas disciplinas "duras" o "formales" siempre haya sido tenida en cuenta la concepción del riesgo como una variable absolutamente psicológica.

En los modelos más sofisticados, fuertemente orientados hacia las estructuras de variables cuantitativas, siempre se ha hablado del "espectro actitudinal ante el riesgo". Es así como, en un extremo de ese espectro se ha hablado de "propensión absoluta al riesgo" como la actitud de propender hacia aquellas opciones que implican una apuesta del total de los recursos disponibles, mientras que el extremo opuesto corresponde a la actitud de "aversión absoluta al riesgo", lo que implica no apostar absolutamente nada y no abandonar el estado psicológico de certeza completa. Cada individuo, al evaluar los resultados esperados de las opciones que se le presentan ante una determinada decisión, adoptará un determinado "posicionamiento actitudinal" entre los extremos de ese espectro.

Esto nos lleva a diferentes posibles extensiones futuras de este trabajo. Una de ellas sería la de investigar experimentalmente si es válido caracterizar a los individuos con alta frecuencia de posicionamiento actitudinal cercano al extremo de la aversión, ante un variado conjunto de diferentes decisiones, por un "estilo decisorio conservador". En el extremo opuesto, el de la propensión, se localizaría el estilo decisorio del jugador. Hasta podría pensarse en la construcción de una escala de distintas posiciones intermedias y correlacionar experimentalmente distintas decisiones en diferentes situaciones. En un ejemplo elemental, qué distribución de frecuencia de posicionamiento actitudinal adopta una muestra de cirujanos cardiólogos ante una determinada patología y en diversos niveles de urgencia.

Es un supuesto teórico de nuestro modelo SIAF que, en las tres fases, en el nivel de los mapas mentales, resulta imprescindible tener en cuenta que está influyendo un determinado posicionamiento ante el riesgo. También es un supuesto teórico del modelo SIAF que esta variable opera tanto para un decisor individual como para una decisión grupal o para el equipo de inteligencia estratégica. El punto a destacar es que debe ser tenido en consideración el "emergente sistémico" que puede surgir de la interacción de un grupo constituido por individuos con distintos posicionamientos actitudinales ante el riesgo.

Lo que no podemos dejar de tener en cuenta en el modelo SIAF es que, en toda decisión humana, las consecuencias imaginadas de las opciones consideradas no pueden limitarse al resultado de cada una de esas consecuencias, sino que también debe ser incluida la concepción del riesgo asumido en esa opción. Este concepto del compromiso entre el resultado esperado y el riesgo asumido lo tenemos en cuenta en el nivel de los mapas mentales.

Pero debemos tener en cuenta otra fuente de la complejidad del proceso. Esta tiene que ver con que el ser humano, en cada momento, con mayor o menor ponderación o prioridad, enfrenta la necesidad de tomar no una única decisión aislada, sino un "portafolio de decisiones". Estas decisiones pueden ser totalmente independientes entre sí, pero también pueden ser complementarias o contradictorias. El punto que debemos introducir, entonces, es que, dados los recursos cognitivos totales disponibles por el decisor y dado todo el conjunto de otros tipos de recursos, tangibles y/o intangibles, con mayor o menor conciencia de este "efecto portafolio", el decisor enfrenta simultáneamente no solo ese conjunto de decisiones "activadas", sino también los portafolios de opciones imaginadas para cada una de esas decisiones, los riesgos atribuidos a cada una de ellas y las correlaciones entre las decisiones, las opciones y los riesgos totales. Evidentemente, cada vez aparece como más distante el modelo ingenuo de la decisión racional en sentido absoluto.

En el modelo SIAF, este foco de complejidad debe ser considerado en el plano de los mapas mentales, en la memoria de trabajo y en las memorias de largo plazo.

Schwenk (Schwenk, C.R, 1988) ha presentado el listado de las heurísticas y sesgos más comunes:

1. Disponibilidad. Distorsión con respecto a la creencia de que un evento puede ser fácilmente recordado.

2. Percepción selectiva. Las expectativas previas pueden sesgar las observaciones de las variables relevantes para el proceso decisorio.

3. Ilusión de correlación. Provoca caer en la creencia de qué variables no relacionadas tienen correlación entre sí.

4. Conservadorismo. Fracaso en revisar en profundidad los pronósticos sobre la base de información nueva.

5. Ley de los pequeños números. Sobreestimación de que pequeñas muestras representan el total.

6. Sesgo de regresión. Fracaso en aceptar la regresión a la media.

7. *Wishful Thinking.* Asignación de una probabilidad demasiado alta a la ocurrencia del resultado deseado.

8. Ilusión de control. Sobreestimación de la capacidad de controlar los resultados.

9. Reconstrucción lógica. Creencia de que es lógica la reconstrucción de eventos que no pueden ser recordados con precisión.

10. Sesgo retrospectivo. Sobreestimación de la probabilidad de eventos pasados.

Marcela Aguirre (para ver este tema en profundidad, ver Aguirre, M., 2010) presenta, en primer lugar, una descripción de los sesgos más comunes que los especialistas más reconocidos han identificado. En segundo lugar, profundiza los sesgos provenientes del razonamiento estadístico y probabilístico. En tercer lugar, describe otros sesgos generales no incluidos en las categorías anteriores. En cuarto lugar, las violaciones a la axiomática de las preferencias de la Teoría de la Utilidad Cardinal de la economía neoclásica y, en quinto lugar, el sesgo de la emoción y su impacto en la toma de decisiones. Sobre la base del trabajo de Jean-Paul Sallenave (Sallenave, J.P., 1994) distingue:

1. Sesgos cognitivos en el nivel de percepción de la información:
   Percepción selectiva.
   Analogía.
   Representatividad.
   Impresión.
2. Sesgos cognitivos en el nivel de atribución de causa a los eventos:
   Sesgo de disponibilidad: Primacía, Halo y Diábolo.
   Sesgo de atribución egocéntrica o ilusión de control.
3. Sesgos cognitivos de representación formal de la realidad:
   Sesgo de anclaje.
   Sesgo de simplificación.
   Sesgo fundamental de formalización.

Luego Aguirre señala las heurísticas de Kahneman y Tversky, definiendo a las heurísticas como los métodos o algoritmos exploratorios en la resolución de problemas, en los que las soluciones se descubren por la evaluación del progreso logrado en la búsqueda de un resultado final:

– Heurística de la disponibilidad (*Availability*).
– Heurística de anclaje y ajuste (*Anchoring and Adjustment*).
– Heurística de representatividad (*Representativeness*).

Con respecto a los sesgos provenientes de la heurística de la disponibilidad, explica los siguientes:

- Facilidad de recordar (*Ease of recall*).
- Recuperabilidad (*Retrievability*).
- Asociaciones presuntas (*Presumed Associations*).

Con respecto a los sesgos provenientes de la heurística de la representatividad, explica los siguientes:

- Insensibilidad a las tasas de base (*Insensitivity to base rates*).
- Insensibilidad al tamaño de la muestra (*Insensitivity to sample size*).
- Mal concepto de la idea de chance (*Misconception of chance*).
- Regresión a la media (*Regression to the mean*).
- La falacia de la conjunción (*Conjunction fallacy*).

Con respecto a los sesgos provenientes de la heurística del anclaje y ajuste, explica los siguientes:

- Insuficiente ajuste y anclaje (*Insufficient anchor adjustment*).
- Sesgo de eventos conjuntos y disjuntos (*Conjunctive and disjunctive events bias*).
- Sobreconfianza o exceso de confianza (*Overconfidence*).

Luego enumera otros sesgos de razonamiento estadístico:

- La trampa de la confirmación (*The confirmation trap*).
- La percepción retrospectiva y el juramento del conocimiento o sesgo de *a posteriori* (*Hindsight and the course of knowledge*).
- Correlación ilusoria (*Illusory correlation*).

Describe otros sesgos generales, como:

- Sesgo de costos ocultos o costos en los que se ha incurrido.

– Sesgos de autoengaño.
– Exceso de opciones.
– Altruismo.

Por último, se refiere a los sesgos de la axiomática de las preferencias:

– Intransitividad de las preferencias.
– Violaciones a la invarianza.
– Efectos del modo de respuesta. Preferencia invertida.
– Principio de independencia y principio de la cosa segura.

Nuestro modelo PENTA como herramienta de inteligencia estratégica

En la Figura 63 presentamos nuestro modelo PENTA (Levy, A., 2020 versión digital sin cargo) con el cual hemos ayudado a diagnosticar, innovar, transformar y reinventar decenas de organizaciones de numerosos sectores, países y niveles de desarrollo. Como vemos, PENTA consiste en cinco engranajes clave y sus ocho ligas que se articulan entre sí generando un emergente sistémico como instrumento para el logro de su sentido y su finalidad última.

Los engranajes son:

– La estrategia.
– Los recursos.
– Los mercados.
– La cultura.
– Los procesos.

El modelo PENTA se basa en la idea de que ninguno de estos cinco engranajes puede ser comprendido ni eva-

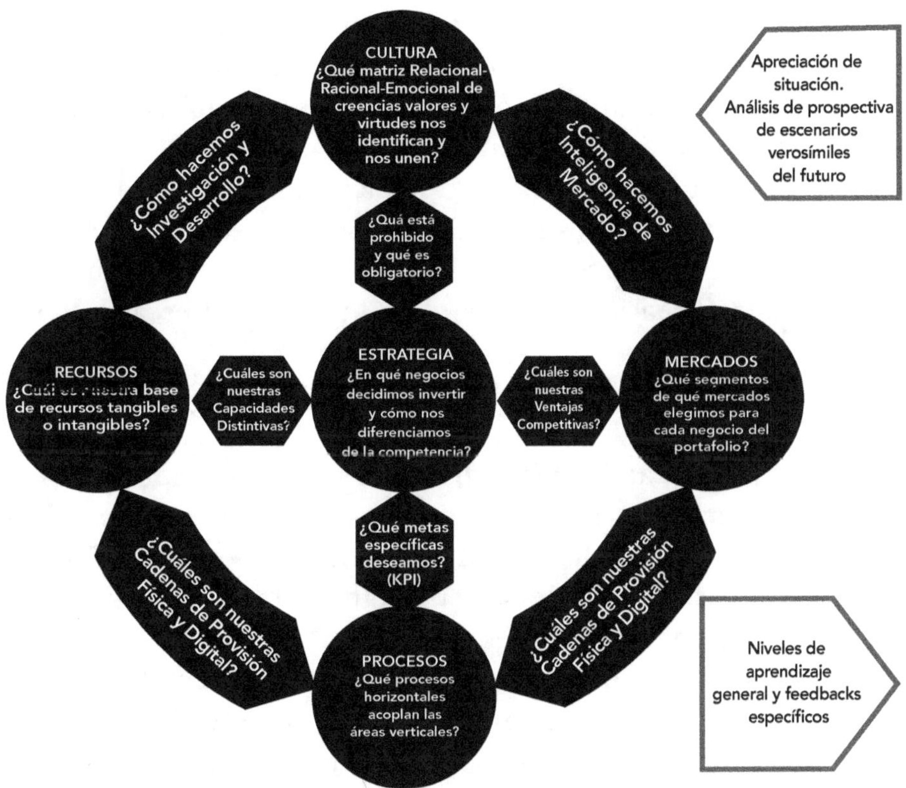

Figura 63. Nuestro modelo PENTA como esquema conceptual referencial y operativo para diagnosticar, innovar, transformar y reinventar una organización entendida como SPSTC.

luado ni decidido ni transformado sin tener en cuenta su vínculo con los otros cuatro.

Una estrategia es la mejor estrategia para una organización no "*per se*", sino "*según*". Según cuál sea su base de recursos (tangibles e intangibles), sus mercados (segmentos de necesidades, tendencias, competencia directa e indirecta), su cultura (creencias, conceptos guía, idiosincrasia, valores y virtudes compartidas) y sus procesos (estratégicos, operacionales y tácticos; de apoyo y de análisis).

Los recursos serán los adecuados según cuál sea la estrategia, los mercados, la cultura y los procesos.

Los mercados serán atractivos según cuál sea la estrategia, los recursos, la cultura y los procesos.

La cultura será la apropiada según cuál sea la estrategia, las cultura, los mercados y los procesos.

Y los procesos serán los más eficientes y efectivos según cuál sea la estrategia, la cultura, los mercados y los recursos.

Las ligas son:

- Las capacidades distintivas, que enlazan el engranaje de la estrategia con el de los recursos. Las capacidades distintivas son la diferenciación del sistema desde la perspectiva interna contra los sistemas oponentes.
- Las ventajas competitivas, que enlazan el engranaje de la estrategia con el de los mercados. Las ventajas competitivas son la diferenciación del sistema desde la perspectiva externa contra los sistemas oponentes.
- La doctrina, que enlaza el engranaje de la estrategia con el de la cultura (matriz vincular racional-emocional).
- Las metas, que enlaza el engranaje de la estrategia con el de los procesos.
- La investigación y desarrollo, que enlaza el engranaje de la cultura con el de los recursos.
- La inteligencia de mercado, que enlaza el engranaje de la cultura con el de los mercados.
- Las cadenas de provisión física y digital, que enlaza el engranaje de los procesos con el de los recursos.

- Las cadenas de distribución física y digital, que enlaza el engranaje de los procesos con el de los mercados.

El PENTA es un sistema. Una totalidad. Una ensambladura. Una constelación. Un Esquema Conceptual, Referencial y Operativo (ECRO) de inteligencia estratégica con el cual:

- Conceptualizamos los cinco engranajes y las ocho ligas más relevantes para cualquier empresa.
- Referimos a una organización en particular para entenderla, caracterizarla, analizarla y diagnosticarla con la tremenda potencia del modelo y
- Ayudamos a la Cadena de Comando Ejecutiva (CCE) (alta dirección), a las gerencias de mayor nivel, a los mandos medios y a todo el resto de su staff a operarla para alcanzar un estado deseado superior. A un PENTA mejor.

Por otra parte, PENTA es un mapa exhaustivo del total de las fuentes posibles de generación de iniciativas de innovación, transformación y reinvención. Además, y muy principalmente, cuando hablamos de "la visión" de una organización, según nuestro enfoque nos estamos refiriendo a cómo es el PENTA deseado, es decir, toda la Figura 63.

En la Figura 64 entendemos el conflicto entre organizaciones opuestas o simétricas como el conflicto entre sus PENTAS, como confrontamientos entre sistemas completos (SPSTC) y, también, a las alianzas estratégicas con organizaciones aliadas o complementarias como acoples entre sistemas completos (SPSTC).

Como ya dijimos, en una estructura de cuatro actores, tendríamos los siguientes análisis de inteligencia estratégica (SIAF o teoría del otro):

- Mi SIAF (teoría del otro) sobre mi oponente.
- El SIAF de mi oponente sobre mí.
- El SIAF de mi aliado sobre el aliado de mi oponente.
- Mi SIAF sobre mi aliado.
- El SIAF de mi aliado sobre mí.
- El SIAF de mi oponente sobre mi aliado.
- El SIAF de mi aliado sobre mi oponente.
- Mi SIAF sobre el aliado de mi oponente.
- El SIAF del aliado de mi oponente sobre mí.
- El SIAF de mi oponente sobre su aliado.
- El SIAF del aliado de mi oponente sobre mi oponente.
- El SIAF del aliado de mi oponente sobre mi aliado

Así nos podemos referir al conocido concepto de "cadena de valor" pero desde este modelo.

Nuestra cadena de valor es, desde este modelo, nuestra "cadena de aliados": el enlazamiento de los PENTA de los proveedores y los de los proveedores de nuestros proveedores hasta llegar al PENTA del proveedor de los insumos iniciales más básicos, por un lado, y, por el otro, el enlazamiento de los PENTA de los clientes y los de los clientes de nuestros clientes hasta llegar al consumidor o usuario final. Este enlazamiento será una articulación de vínculos B2B (*Business-to-business*), B2T (*Business-to-trade*) y B2C (*Business-to-consumer*). Nuestra propuesta es que

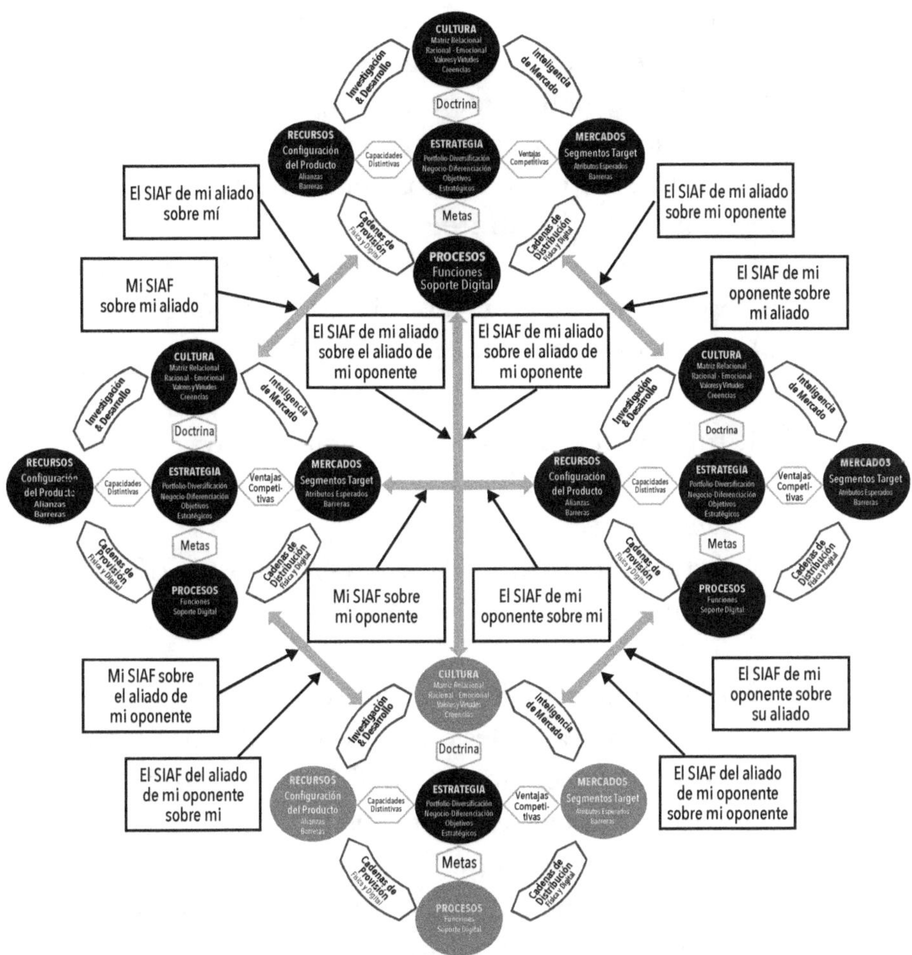

Figura 64. Nuestro modelo PENTA como herramienta de inteligencia estratégica para analizar tanto a los actores opuestos (simétricos) como a los actores aliados (complementarios) basado en la teoría del otro.

resulta extremadamente útil comprender este enlazamiento como un proceso cognitivo de SIAF, con mayor o menor empatía y con o sin alianzas estratégicas formales entre los actores de esa cadena de valor.

Con el mismo criterio, la cadena de valor de nuestro oponente será la cadena de sus aliados. Sus PENTA. Sus SIAF. El conflicto queda, entonces, configurado como una oposición sistémica entre cadenas de valor. No entenderlo de esta manera nos incrementaría seriamente el riesgo de miopía estratégica.

Este punto resulta de trascendental importancia cuando nos referimos a la aplicabilidad de la inteligencia artificial. Veamos los cuatro casos:

1. Inteligencia artificial táctica-descriptiva
Conjunto de variables estructurado: muy aplicable.
– *Dashboards*
– Actualización automática del Análisis de desempeño
– Refinamiento
– *Testings*
2. Inteligencia artificial táctica-diagnóstica
Conjunto de variables estructurado: Muy aplicable.
– Series cronológicas – Análisis proyectivo
– Causas básicas del desempeño
– *Drivers* del desempeño
3. Inteligencia artificial operacional-predictiva
Conjunto de variables estructurable: aplicable.
– Anticipativa – Análisis prospectivo
– Análisis de escenarios
– Señales del entorno
4. Inteligencia artificial estratégica-competitiva
Conjunto de variables no estructurable: muy poco aplicable.
– Teoría del otro
– Teoría del conflicto

- Bluff, camuflaje, disimulo
- *Gamechanging* (cambio de las reglas de juego)
- Disrupción

Este fenómeno mental de tratar de "incorporar tu mente en mi mente" es la teoría del otro que no se puede incorporar en inteligencia artificial. Sin este concepto psicológico no se puede dirigir. No se puede liderar. No se puede competir. No se puede educar. No se puede obedecer. No se puede seguir. No se puede aprender. No se puede hacer inteligencia estratégica. Con respecto a *gamechanging* o cambio de las reglas de juego en el plano de la decisión estratégica y adoptando la metáfora del ajedrez estaríamos diciendo que jugamos dentro o fuera del los 64 casilleros del tablero y que las piezas no tienen un movimiento obligatorio como el 2-1 del caballo o el diagonal del alfil.

CAPÍTULO 6

Decisiones estratégicas y teoría cognitiva

Este libro se basa en nuestro convencimiento –influido tanto por nuestra práctica en las empresas como por el estudio de los desarrollos científicos de la física, la biología, la cibernética, el constructivismo, el construccionismo social, la psicología cognitiva, la terapia familiar sistémica, la sinergética, la teoría del caos, la geometría fractal, la complejidad, la dinámica no-lineal, el abandono del determinismo de Newton y de la predictibilidad de Laplace– de que una empresa, un cluster o una ciudad o una región o un país es un:

1. Sistema: conjunto de elementos interrelacionados, interactivos e "interindependientes" –y sus interconexiones– siendo cada elemento tanto causa como consecuencia de los demás y del todo que emerge, separado y casi distinto de sus partes, que colectivamente impacta en el logro de un propósito común.

2. Autoorganizado: que se genera a sí mismo cambiando sus reglas en función de las consecuencias del comportamiento que producen. El proceso de autoorganizarse tiene lugar en condiciones de "inestabilidad acotada". Cada sistema autoorganizado es único ya que emerge de su propia historia inicial en la que muy pequeñas diferencias iniciales pueden llevar a resultados drásticamente diferentes. La sensibilidad del sistema a esas condiciones iniciales se denomina "efecto Mariposa". El aleteo de una mariposa en el mar de Japón puede producir un tornado en Uruguay.

3. Sociotecnológico: compuesto por humanos que aplican técnicas en una estructura de poderes y jerarquías enmarcadas en un conjunto de esquemas mentales, percepciones, actitudes y comportamientos compartidos.

4. Teleológico: creado y existente para lograr un propósito explícito que debe satisfacer a sus dueños, a sus clientes y a sus miembros.

5. Limitado: este propósito debe ser logrado con el mejor empleo posible de recursos limitados.

6. Contractual: en el que sus miembros deben ser aceptados y a la vez querer pertenecer.

7. Combativo: que debe combatir para sobrevivir.

8. Dinámico: caracterizado por actividad y cambio que le impide llegar al estado de SER ya que no puede dejar el estado de haSERse.

9. No-lineal: sus consecuencias no son proporcionales a sus causas, con lo cual enfrenta y produce complejidad. Los sistemas lineales tienen solución. Los no lineales típicamente no la tienen.

10. Cuasi-periódico: ya que repite ciclos pocas veces predecibles de orden y tranquilidad y de turbulencia y crisis.

11. De aprendizaje: que debe detectar anticipadamente fortalezas, debilidades, oportunidades y amenazas para el logro de sus objetivos y para generar iniciativas que sean apropiadas para consolidar fortalezas, aprovechar oportunidades, superar debilidades y neutralizar amenazas. Que debe aprender, aprender a aprender, aprender a desaprender, aprender a reaprender y aprender nuevas formas de aprender (cinco niveles) para disponer de la plasticidad de transformarse efectiva y eficientemente. Que debe balancear una mentalidad de búsqueda de estabilidad y cambio, por un lado, con otra de búsqueda de total aleatoriedad, por el otro.

12. Si así no fuera, el sistema queda a merced de cambios súbitos e inesperados en su entorno, llamados "avalanchas" (Kelly, S. y Allison, M. A., 1999).

13. Experiencial: ese aprendizaje en cinco niveles tiene lugar en la acción, reflexionando en plena acción sobre su acción.

14. En tiempo real: reflexionando en plena acción sobre su acción y corrigiéndose para impedir que la acción se detenga.

15. Debemos tratar de pensar a través de un esquema que nos permita captar la mayor cantidad posible de variables y sus interrelaciones. Pero, además, y aún más importante, es imprescindible que los distintos gerentes de la misma empresa (término que incluye tanto a una empresa como a un cluster,

una ciudad, una región o un país) puedan "leer" las cosas, intercambiando sus diferentes perspectivas personales y tratando de llegar a una comprensión común. En la mayoría de las empresas con las que trabajamos los equipos gerenciales asumen como responsabilidad fundamental de su trabajo esas horas que se dedican a la práctica de comprender "lo que pasa ahí afuera".

Supuestos en lugar de pronósticos

Hemos dicho más atrás que en algunos casos, al crear y recrear la competitividad de una organización, abrumadoramente en la menor proporción de los casos, es posible hacer algún pronóstico. Pero cuando esto no es posible (casi siempre), lo importante es hacer supuestos. Esta es una palabra clave. Supuestos en lugar de pronósticos. Ante fuerte turbulencia en el escenario, hacer pronósticos es consultar la bola de cristal.

Pero no hay más remedio que cumplir con esta responsabilidad. Es la única forma posible de evitar el iceberg. La viabilidad de una empresa depende de si sus características compatibilizan apropiadamente con las características de su contexto integrado por las redes de cadenas y de clusters y por el escenario general. En la medida en que las características del contexto cambien, la viabilidad continua de la organización depende de su habilidad para detectar esos cambios y mantener el acople, cambiándose a sí misma como corresponda.

Hemos visto que la empresa enfrenta un entorno real y objetivo. Hemos visto que ese entorno es clasificado en un entorno general, más exterior e indirecto, y un entorno inmediato, más próximo y directo. Hemos dicho que todo ello es un paquete de numerosas variables que se interrelacionan entre sí, configurando un sistema que hemos llamado arena competitiva. Y hemos visto que los gerentes, en forma individual y grupal, perciben (mejor o peor) o, dicho de otra forma, "construyen subjetivamente" ese sistema y así "se les arma" el escenario. Cuando la empresa ha desarrollado mejor la capacidad de aprender es posible que el escenario que percibe subjetivamente (y basado en el cual actúa), se parezca cada vez más al entorno "real" y "objetivo" que "está ahí afuera".

Mitroff y Linstone (Mitroff, I.I., Linstone, H.A., 1993) han sintetizado en forma muy explícita y comprensible lo que ellos llaman las "señales inconfundibles de que ahí afuera está pasando algo dramáticamente diferente". Es la diferencia básica entre las ideas organizacionales antiguas y las nuevas ideas.

Antes la idea era que las cosas no cambian, sino que solo se reciclan. Ahora es que el cambio que hoy está ocurriendo es tan importante que no puede ser enfrentado con las herramientas tradicionales.

Antes la idea era que cualquier problema puede ser descompuesto en subproblemas o partes componentes y estas ser resueltas individualmente hasta solucionar el problema total. Ahora se sabe que ningún problema importante puede ser resuelto independientemente de cualquier otro problema importante.

Antes la idea era que la sociedad iría a evolucionar hacia una regulación siempre creciente, que la desregulación era imposible. Ahora se comprende que no existe la protección completa.

Antes la idea era: "Si no está roto, no lo arregles". Ahora se trata de un arreglo perpetuo y en movimiento en el que las rupturas deben ser detectadas antes de que se transformen en la realidad de una catástrofe.

El vínculo

Ya varias veces usamos la frase "lo que está ahí afuera" para referirnos al entorno objetivo y al escenario que la empresa imagina o percibe subjetivamente. La razón de haber usado esta idea tantas veces es que tenemos que discutirla. La separación conceptual tan tajante entre "el afuera" y "el adentro" impide pensar en términos del vínculo. Recordemos que la competitividad implica que lo que evoluciona –apropiadamente o no– es el vínculo entre el significado que la empresa logra para el logro de sus objetivos y el entorno.

Esto nos acerca a un concepto que en una primera lectura puede ser recibido como una trivialidad. Sin embargo, no es tan trivial. El concepto es que, si una organización realmente pretende entender el entorno, debe comenzar por entenderse a sí misma. Muchas empresas se ven a sí mismas como entidades con vida propia, que deben enfrentar el problema de sobrevivir contra las amenazas externas. Una manera más efectiva de entender la organización es no como una entidad o como una cosa, sino como un flujo o como un proceso. Cuando la empresa se piensa como un flujo o como un proceso en constante transformación, "ahí afuera" aparecen no solo amenazas en el cambio continuo, sino también oportunidades.

Es importante prevenirse en contra de la miopía estratégica, puesto que esta condición puede hacer vulnerable a la empresa y provocar que esta pierda oportunidades. Cuando aparecieron las calculadoras de bolsillo, las empresas fabricantes de reglas de cálculo y máquinas de calcular sufrían de miopía competitiva. Esto las llevó a pensar que el mercado de sus productos estaba declinando y que sus negocios ya no eran buenos. En cambio, estas empresas deberían haberse visto a sí mismas como proveedoras de "cálculos rápidos", y haber aprovechado así la tremenda oportunidad que se les presentaba. Un buen consejo es no solo prevenirse de la miopía propia, sino tratar de descubrir en el mercado qué empresas están sufriendo del mal, y ver si hay algo para nosotros en la fiesta.

Cuando una empresa mira hacia afuera y trata de explorar cómo es y cómo está cambiando el entorno, debe darse cuenta de que, en realidad, está viviendo una excelente circunstancia para comprenderse a sí misma y para evaluar su vínculo con el mundo exterior. Como en el ejemplo de la biología, las características que definen a una empresa dependen de numerosas relaciones con el entorno, que muchas veces no son tan obvias, y que deben ser cuidadas si la organización pretende seguir existiendo. Así como un organismo y su medio son parte del mismo sistema de relaciones y existen solo por la relación mutua.

Pero la noción de vínculo es más rica que lo que parece ser cuando uno lo ve desde la perspectiva de "aprovechar las oportunidades que se están gestando afuera". Sirve también, por ejemplo, para comprender que muchas veces la misma empresa está produciendo cambios en su entorno que se han de transformar en amenazas para ella misma. El ejemplo clásico es el de las explotaciones agrícolas que logran mejorar sus resultados de corto plazo empleando fertilizantes, herbicidas, pesticidas o métodos mecánicos, que perjudican el suelo del que en definitiva depende la agricultura.

Cuando el cambio en el entorno es brusco y discontinuo, especialmente cuando la empresa debe encarar los desafíos que nacen por los cambios tecnológicos o por cambios en el mercado, se hace necesario un estilo abierto y flexible. La experiencia demuestra que la empresa opera con mayor eficacia en entornos turbulentos cuando abandona el diseño mecanicista para pasar a un diseño orgánico.

En entornos estables, la autoridad puede ser determinada según su posición jerárquica. En entornos turbulentos, el esquema de autoridad debe ser más informal y cambiante, y determinado por los conocimientos y la habilidad de los individuos.

En entornos estables, los sistemas de comunicación pueden ser definidos según reglas y especificaciones verticales, de arriba hacia abajo. En entornos turbulentos, deben ser más libres e informales. En este caso la comunicación debe ser el eje central de la forma de trabajo.

En entornos estables, el compromiso individual de cada miembro de la organización puede ser limitado a su tarea específica. La obediencia puede ser el valor más preciado. En entornos turbulentos, el compromiso debe ser con la empresa como un todo inseparable. El valor más preciado debe ser la habilidad de enfrentar la incognoscibilidad.

ATENCIÓN: llegamos así a un punto absolutamente neurálgico de lo que queremos transmitir en este libro, aprendido por haber pasado muchas horas trabajando en empresas de todo tipo y color. Se debe evitar que se produzcan esquemas fragmentados de pensamiento entre los distintos miembros del grupo gerencial. Nosotros lo exageraríamos aún más y diríamos entre todos los miembros de la organización. No solo entre el equipo gerencial. Se debe promover que cada miembro piense en su rol específico, pero también en el total.

Los objetivos inflexiblemente determinados, y las funciones pensadas solo como relaciones verticales, generan patrones de atención y responsabilidad que terminan convirtiéndose en visión-túnel e interés fragmentado. Esto, a su vez, provoca que uno tenga un enorme conocimiento de lo que está haciendo, pero no para qué lo hace.

La información y el conocimiento deben fluir libremente en la organización para que los diferentes sectores de la empresa no operen basados en imágenes diferentes de la situación completa.

Los objetivos específicos de cada unidad de la organización deben ser explicados mostrando cómo se ligan con los de otras unidades. Esta es la única forma de que se entiendan los propósitos principales y cuál es la contribución de cada unidad para el total. Además, esta es la única forma de evitar el particionamiento de la organización en subsistemas políticos, que sacrifiquen el logro de los propósitos principales para privilegiar los fines propios.

Los sistemas psico-socio-técnicos complejos y sus procesos decisorios

La psicología, como otras ciencias, ha considerado al hombre en forma aislada, y a todas sus manifestaciones como productos, atributos o propiedades inherentes a la condición "natural" del hombre. Este enfoque es la lógica extensión a la psicología del supuesto filosófico de que cada sustancia se caracteriza por sus atributos y, por lo tanto, cada objeto posee propiedades peculiares que solo dependen de él, de su "naturaleza".

Este enfoque ha entrado, sin embargo, progresivamente en crisis, porque las cualidades de todos los objetos dependen no solo de la '"naturaleza" del objeto, sino que son siempre cualidades relativas, que emergen de las relaciones que se establecen en un momento dado. Las propiedades de los objetos solo pueden ser definidas en función de un relativismo: el de las condiciones en las que existen en un momento dado. Y esto es vigente para todas las ciencias; un objeto duro lo es a determinada temperatura, presión y humedad de la atmósfera; en condiciones distintas puede ser blando. Un objeto de un color puede ser de un color totalmente distinto en condiciones diferentes. El aire es gaseoso, pero lo es a determinada presión y temperatura; modificando adecuadamente esas condiciones el aire puede ser líquido. El que contemos con condiciones relativamente estables hace que, en general y para un determinado sector del desarrollo de la investigación, las modificaciones relacionales no cuenten, pero sobrepasado un límite ya no se puede continuar la investigación sin tomar en cuenta este relativismo. En psicología estos hechos son, sin embargo, de una gravitación fundamental: la conducta de un ser humano o de un grupo está siempre en función de las relaciones y condiciones interactuantes en cada momento dado (Bleger, J., 1973, p. 39).

La luz blanca consiste de un conjunto articulado de los colores del arco iris, a pesar de que esto no es visible para un ojo desnudo. La mente consciente resulta de una delicada operación articulada de muchos lugares del cerebro. El producto final de la conciencia ocurre *desde* todos esos numerosos sitios en el mismo momento y no desde un sitio en particular, así como la interpretación de una sinfonía no se debe al trabajo de un solo músico y ni siquiera de una sección de la orquesta como los vientos o las cuerdas.

Los organismos multicelulares están hechos de múltiples organismos unicelulares organizados cooperativamente y que primero surgieron de la combinación de organismos individuales todavía más pequeños. El gobierno del sistema de un organismo multicelular es altamente descentralizado a pesar de contar con centros de liderazgo con poder avanzado de análisis y de decisión como el sistema endocrino y el cerebro. "La economía de un organismo multicelular tiene muchos sectores y las células de cada uno de esos centros cooperan entre sí. Si esto resulta familiar y lo hace a uno pensar en las sociedades humanas, es porque así debería ser" (Damasio, A., 2010, p. 34).

¿Qué es una organización humana? Para Russell Ackoff (1970), es un sistema de uno o más humanos capaz de tomar decisiones para autocontrolarse –por lo menos, parcialmente– que posee ciertas características esenciales:

- algunos de sus integrantes son animales;
- la responsabilidad por lo que se decide –a partir de un conjunto de opciones posibles respecto de una situación específica– se distribuye o se comparte, planificadamente o no, entre dos o más individuos o grupos de individuos;
- los subgrupos del sistema, definidos por áreas fun-

cionales, saben de la conducta de los demás por medio de la comunicación o la observación; y
– el sistema goza de cierta libertad de decisión respecto de los fines a perseguir y los medios a emplear.

Así, la definición de organización se ofrece como el denominador común de las empresas, las Organizaciones No Gubernamentales (ONG), las familias y los gobiernos, entre otros. El concepto de Ackoff se inscribe dentro de la teoría general de sistemas, que busca identificar sus propiedades, principios y leyes decisorias.

De todos los que han investigado y defendido el salto hacia una epistemología circular, Gregory Bateson ha sido uno de los pioneros más avanzados. Desde su libro *Mind and Nature*, Bateson distingue entre el mundo de los objetos físicos y el mundo de las formas vivas (Bateson, G., 1979). El mundo físico de Newton supone un modelo de bolas de billar en el que la causalidad es lineal y en el que las fuerzas actúan unidireccionalmente sobre las cosas. Bateson objeta que el mundo de las formas vivientes no puede ser explicado correctamente a través de esta metáfora. En el mundo de las formas vivientes, resultan trascendentes no solo la fuerza sino también la información y la interrelación.

En el caso de los sistemas vivos, no es posible asignar a una parte una influencia causal con respecto a otra. Según Bateson, un cerebro no "piensa". Lo que "piensa" es un cerebro dentro de un ser humano que parte de un sistema mayor que vive en balance con su entorno. No es posible trazar una frontera que separe una parte que piensa de otra que se beneficia con ese pensamiento. Lo que piensa es el circuito completo (Bateson, G., 1978).

Los procesos decisorios desde la teoría general de los sistemas

La Teoría General de Sistemas (TGS) nació en la década de los años 50. Los desarrollos fundacionales fueron realizados por Ludwig von Bertalanffy, un biólogo preocupado por las limitaciones que el enfoque analítico cartesiano y el mecanicismo de Newton imponían tanto a las ciencias naturales como sociales. Así, "[...] el principio clave en que se basa la TGS es la noción de totalidad orgánica, mientras que el paradigma anterior estaba fundado en una imagen inorgánica del mundo" (Arnold y Osorio, 1998, p. 1).

La TGS se propone establecer cuáles son los isomorfismos entre los modelos que las diversas disciplinas construyen para estudiar sus objetos. Por esta razón, sus aportes conceptuales y epistemológicos no solo han sido capitalizados por diversas ciencias (desde la biología hasta la politología) sino que ha permitido el desarrollo sistemático del trabajo interdisciplinario, en especial, en el campo de las ciencias cognitivas.

Un sistema es un complejo de elementos en interacción ordenada. "Siempre que se habla de sistemas se tiene en vista una totalidad cuyas propiedades no son atribuibles a la simple adición de las propiedades de sus partes o componentes. [...] se identifican los sistemas como conjuntos de elementos que guardan estrechas relaciones entre sí, que mantienen al sistema directa o indirectamente unido de modo más o menos estable y cuyo comportamiento global persigue, normalmente, algún tipo de objetivo" (Arnold y Osorio, p. 2). Un sistema es, por ejemplo, un átomo, una célula, el cerebro, un grupo de seres humanos, una galaxia o un cluster de galaxias.

275

La TGS permite abordar el estudio de los sistemas desde dos perspectivas. Por una parte, aquella que se concentra en las decisiones respecto a las interrelaciones de los componentes del sistema. Por otra, la que investiga los procesos decisorios de frontera, es decir, los que se verifican entre el sistema y su entorno o ambiente. Ambas perspectivas, que se vinculan de manera sistémica, serán retomadas una y otra vez en el desarrollo de este trabajo.

Según mantengan o no intercambio con el medio, puede diferenciarse entre sistemas abiertos y cerrados. Ludwig von Bertalanffy (1950) distingue unos de otros del siguiente modo:

De acuerdo con el segundo principio de la termodinámica[1], los sistemas cerrados deben alcanzar un estado de equilibrio, en el cual el sistema permanece constante en el tiempo y los procesos se detienen. Los sistemas abiertos, en cambio, pueden alcanzar un estado estable (*steady state*), aunque dado que los procesos de intercambio con el medio continúan, nunca entran en reposo por completo.

El estado de equilibrio de los sistemas cerrados depende de las condiciones iniciales. En cambio, los sistemas abiertos pueden alcanzar un mismo estado final partiendo de condiciones iniciales diversas y siguiendo

---

1   "La segunda ley de la termodinámica da una definición precisa de una propiedad llamada entropía. La entropía se puede considerar como una medida de lo próximo o no que se halla un sistema al equilibrio; también se puede considerar como una medida del desorden (espacial y térmico) del sistema. La segunda ley afirma que la entropía, o sea, el desorden, de un sistema aislado [cerrado] nunca puede decrecer. Por tanto, cuando un sistema aislado alcanza una configuración de máxima entropía, ya no puede experimentar cambios: ha alcanzado el equilibrio" (*Enciclopedia Encarta*, 2006).

caminos distintos. Esta propiedad decisoria de los sistemas abiertos se denomina equifinalidad.

Mientras que los sistemas cerrados tienden a estados de máxima entropía (estados de probabilidad y desorden crecientes), los sistemas abiertos despliegan procesos decisorios antientrópicos, que apuntan al establecimiento de un orden, diferenciación y organización superiores.

Un sistema no es un agregado de elementos sino una totalidad, cuyos componentes y atributos solo pueden interpretarse y comprenderse en función del conjunto. La distinción entre sistemas abiertos y cerrados introducida por Von Bertalanffy permitió avanzar en la investigación de los fenómenos físicos, biológicos y sociales (Von Bertalanffy, 1950). En esta línea, Katz y Kahn (1969) afirman que, en tanto sistemas abiertos, las organizaciones humanas no solo importan energía (*inputs*) desde sus entornos para transformarla –por medio de un proceso decisorio característico del sistema– en productos (*outputs*) que luego exportan al entorno. Desarrollan, además, entropía negativa mediante la decisión de promocionar un mayor ordenamiento interno.

Conviene señalar que la expresión "energía importada desde el entorno" debe entenderse en sentido amplio. Refiere a todo aquello que el sistema decide tomar para convertirlo –mediante alguna clase de trabajo– en un producto. Así, según el caso, la noción de energía puede traducirse, en materias primas, información, conocimientos científicos o tecnológicos, demandas del mercado, etcétera.

El funcionamiento de los sistemas abiertos no se reduce a una reproducción continua del circuito decisorio "recursos → decisiones → procesos → decisiones →

productos". Una vez producido el primer *output*, el ciclo se reinicia homeostáticamente tomando como *inputs* no solo la energía que provee el entorno sino también las señales acerca de la estructura del ambiente y el modo en que el sistema está funcionando respecto este. La retroalimentación (feedback) "[...] puede ser negativa (cuando prima el control) o positiva (cuando prima la amplificación de las desviaciones). Mediante los mecanismos homeostáticos de retroalimentación, los sistemas regulan sus comportamientos de acuerdo con sus efectos reales y no a programas de *outputs* fijos. En los sistemas complejos están combinados ambos tipos de corrientes (circularidad, homeostasis)" (Arnold y Osorio, p. 8-9). El punto aquí, especialmente en el caso de los sistemas humanos y no de un termostato, es distinguir y acordar con claridad si los procesos recursivos de iteración implican que se trata de una decisión repetitiva o no repetitiva la que resulta de esa iteración.

El concepto de homeostasis es especialmente importante en este trabajo. Más allá de tratarse de un concepto central en la TGS, en el dominio de las ciencias cognitivas, siguiendo a Damasio (Damasio, A., 2010) la homeostasis es un aspecto crítico del aprendizaje, especialmente del propósito vital básico: la optimización del proceso de regulación exitosa de la vida.

La vida requiere que, en su dinámica interior, el cuerpo mantenga, a toda costa, una colección de rangos de parámetros relacionados con docenas de componentes. Por ejemplo, entre otros, la búsqueda de fuentes de energía o la incorporación y la transformación de esa energía apuntan a mantener los parámetros químicos del interior del cuerpo en un rango compatible con la posibilidad de vivir. Este rango es el llamado homeostático y el proceso de lograr este estado de balance es el de la homeostasis.

Damasio critica la asimilación del concepto de sistema y del concepto de homeostasis de una máquina no viva con cualquier ejemplo de organismo vivo. Un moderno Boeing 777 podría asimilarse a un organismo vivo ya que cuenta, entre muchos componentes más, con computadores en su centro de comando, canales de información anticipada (feedforward) que alimentan a esos centros, procesos regulatorios de retroalimentación (feedback) hacia la periferia, y hasta un "metabolismo" que transforma combustible en la energía que alimenta a sus turbinas. Sin embargo, todo organismo vivo está equipado naturalmente con reglas y elementos homeostáticos globales que, en caso de mal funcionamiento, el organismo perece. Pero, además, cada componente de ese organismo, cada célula que lo integra, es en sí misma un organismo vivo, equipado naturalmente con sus propias reglas y elementos homeostáticos que, en caso de mal funcionamiento, ese organismo perece.

Y aquí Damasio nos brinda un concepto fundamental que tiene que ver con la evaluación, con el valor, con el "valor biológico" de la vida. Todo elemento, proceso o función de un organismo tendrá mayor o menor valor en cuanto a su contribución al proceso homeostático de regulación de la vida. Para este trabajo este concepto de valor resulta fundamental ya que debemos incorporarlo en sentido amplio como guía del proceso decisorio humano, más allá de su mera significación económica. En lo biológico, sabemos que ciertos sectores y configuraciones dentro del rango homeostático están asociados con la regulación óptima de la vida mientras que otros son menos eficientes. Todo aquello que, de una manera u otra, induzca a una regulación óptima de la vida, será lo de mayor valor.

También en línea con las contribuciones de Damasio, el impulso homeostático es el motor de los desarrollos culturales. La elaboración de reglas morales y de leyes de los sistemas judiciales han sido una respuesta a la detección de desequilibrios causados por comportamientos sociales que pusieron en peligro a los seres humanos y a sus agrupaciones sociales. Los instrumentos culturales resultantes han sido creados para restituir el equilibrio y el balance. Los sistemas económicos y políticos, así como el desarrollo de la medicina, fueron una respuesta a los problemas funcionales que tuvieron lugar en el espacio social y que requirieron correcciones en ese espacio, ya que llegaron a comprometer la regulación de la vida de los individuos involucrados. Damasio llama a este tipo de autorregulación "homeostasis sociocultural".

La retroalimentación descansa sobre un mecanismo decisorio selectivo, ya que los sistemas no pueden tomar cualquier clase de *inputs* sino solo aquellos para los que está preparado (por ejemplo, el cuerpo humano solo puede metabolizar algunas sustancias). La noción de codificación resume los mecanismos decisorios selectivos del sistema que determinan si ciertos *inputs* serán rechazados, o aceptados y trabajados por la estructura. Gracias al proceso de codificación, el sistema reduce la variedad y multiplicidad del mundo a unas pocas categorías significativas y simplificadas. "La naturaleza de las funciones, los trabajos o las actividades realizados por el sistema determina cuáles son sus mecanismos de codificación y perpetúa el funcionamiento" (Katz y Kahn, p. 96). Por lo tanto, para que se verifique la retroalimentación homeostática no solo se necesita un *input* sino también la decisión de una disposición inherente al sistema que habilite su procesamiento. Esta decisión es la de, antes que nada, contar con un proceso decisorio.

Como ya se ha señalado, los sistemas abiertos intentan alcanzar un *steady state*, un estado en que el comercio entre el sistema y su medio, así como las relaciones entre las partes, se mantienen estables. La aproximación a un estado estable exige al sistema decidir autorregular sus funciones en consonancia con las alteraciones del entorno mediante el feedback a fin de preservar su misión esencial. Un ejemplo empresarial elemental de este proceso es la alteración de los ritmos de producción de acuerdo con la estacionalidad de la demanda: el procedimiento no busca otra cosa que mantener una tasa de ganancia más o menos constante. Otro ejemplo es la adaptación de los ritmos de vacunación de una población de acuerdo a la estacionalidad típica de las patologías durante el transcurso del año.

La autorregulación se enlaza también con los procesos decisorios de diferenciación, mecanismo que favorece tanto la supervivencia como el crecimiento del sistema. A través de la especialización, el sistema se torna capaz de aprovechar mejor un mayor número y clase de recursos. De este modo, los conceptos de retroalimentación, autorregulación y diferenciación contribuyen a explicar la equifinalidad.

La caracterización de los sistemas abiertos brindada hasta aquí puede aplicarse tanto a los seres vivos (plantas, animales, personas) como a las organizaciones creadas por el hombre. A continuación, nos centraremos en los atributos distintivos y definitorios de estas últimas, ya que en las premisas iniciales hemos imaginado el hombre constantemente en sociedad.

Como cualquier sistema abierto, las organizaciones humanas toman decisiones buscando alcanzar un estado estable en el intercambio con su entorno. Esta meta depende de factores internos y externos. Entre los primeros se cuentan la disponibilidad de recursos materiales y humanos (insumos, herramientas, personas interesadas en y capaces de llevar a cabo las tareas que el proceso exija, etc.); y la habilidad para decidir emplearlos y organizarlos de manera "racional", predecible y eficiente para la consecución de los propósitos de la organización. Más adelante nos hemos de referir en profundidad a los conceptos de "racional" y de "racionalidad", especialmente en los dominios de las ciencias sociales. Entre los factores externos, existe un amplio abanico de variables –más o menos independientes respecto del quehacer de la organización– que pueden impactar en la estabilidad del intercambio entre el sistema y su entorno (cambios tecnológicos, modificación de hábitos culturales, transformaciones meteorológicas y ambientales, disminución de la mano de obra disponible, incremento de la delincuencia, agotamiento de materias primas y demás).

Las organizaciones son sistemas decisorios abiertos en los que pueden identificarse aspectos sociales y técnicos, cuyas interacciones determinan el desempeño (Emery y Trist, 1960). El subsistema técnico incluye la maquinaria, los procesos, los procedimientos y el espacio donde se ubican y desarrollan. El subsistema social comprende a las personas, las relaciones que establecen entre sí, los estilos de comportamiento, las actitudes, los hábitos y los valores. El subsistema social opera de acuerdo con una estructura formal e informal de poder y un sistema explícito de recompensas. Ambos subsistemas implican procesos decisorios.

En el marco de sus estudios laborales en el Instituto Tavistock de Londres, Emery y Trist desarrollaron el concepto de sistema sociotécnico como modelo de análisis organizacional. Aunque la noción surgió de la investigación acerca de las condiciones de organización del trabajo en la industria, pronto se reveló apta para el análisis y la intervención en las organizaciones en general. El concepto de sistema sociotécnico fue elaborado para enfatizar la correlación recíproca entre hombres y máquinas, y para diseñar condiciones laborales –tanto técnicas como sociales– que permitieran integrar de manera armónica la producción y la atención de los aspectos humanos. Así, los autores buscaron entender la complejidad de las situaciones verdaderas en vez de analizarlas en aspectos artificialmente separados (Ropohl, 1999).

El vínculo entre el subsistema social y el subsistema técnico en el marco de las organizaciones ofrece la particularidad de no ser lineal. La organización (que, provisoriamente, podríamos llamar el "sistema abierto madre") no es el resultado de una simple adición de dos subsistemas (técnico y social), sino un emergente sistémico de la interacción entre esos subsistemas y el entorno. La vida cotidiana ofrece múltiples ejemplos de esto. Una oficina pública (sistema abierto madre) no se torna *necesariamente* más eficiente solo porque adquiera tecnología informática para sus procesos (subsistema técnico). Por el contrario, si el cambio no ha sido acompañado por decisiones tendientes a la modificación de los hábitos del personal y a su capacitación (subsistema social), el trabajo puede verse entorpecido y los destinatarios del servicio (entorno), privados de este. Con una traducción mínima, esto aplica a una familia.

De manera intencional, hemos destacado la palabra "necesariamente". Las organizaciones son Sistemas Psico-Socio-Técnicos Complejos (SPTC), ya que las relaciones entre sus elementos desarrollan una dinámica que no puede determinarse *a priori*. No es posible predecir, con certeza y al margen de la experiencia, el rumbo que seguirá la interacción entre cierta *clase* de sistema y el entorno.

Los sistemas difieren en su complejidad decisional. El universo permite observar un proceso decisorio continuo de cambio por medio del cual sistemas nuevos, con diversas formas de organización, hacen su aparición a expensas de otros. Los sistemas evolucionan inexorablemente hacia nuevos niveles de orden u organización y, por lo tanto, de complejidad. Sin embargo, todos esos sistemas, más ordenados y organizados, se encuentran inmersos en un océano de sistemas desordenados y desorganizados, en una interacción indeterminable (Alonso, 1990).

En lo que sigue, hemos optado por emplear el concepto de SPSTC (Levy, A., 2007) en vez del término "organización" porque consideramos que refleja con mayor rigor el carácter sistémico sociocultural de nuestro enfoque y recuerda el principio de equifinalidad, clave para el tratamiento de la decisión humana. Más adelante, profundizaremos en las implicancias ontológicas y epistemológicas de nuestra elección.

Magda Osman (Osman, M., 2010) describe la relación entre el factor humano, la ergonometría y la ingeniería cognitiva en los SPSTC, remarcando que los primeros sistemas de control, basados en una ingeniería más elemental, estaban focalizados en la resolución de problemas de diseño tales como la transmisión de información a través de redes muy amplias (por ejemplo, en las telecomunicaciones) y en cómo lograr un óptimo control dinámico (por ejemplo, en la propulsión de cohetes). Hasta ese momento, los sistemas de control eran diseñados con el objetivo de resolver problemas específicos en los que el operador humano era solo un elemento más del sistema completo. Lo que Osman puntualiza es que los SPSTC deben integrar tanto la perspectiva de "la máquina", de lo "duro", del "cohete" como la perspectiva de las capacidades del humano como agente que toma decisiones.

Esto implica la necesidad de diseñar sistemas que sean adecuados a las capacidades humanas, más que diseñar sistemas en los que los humanos se adecuen a las capacidades del lado "duro" del sistema. En este sentido, y desde la perspectiva de los procesos de la decisión, el foco debe estar puesto en la consideración de la incertidumbre del entorno en relación con la acción del humano y con los tipos de comportamiento de control adaptativo emergentes de la interacción con los sistemas de control. Este tema es muy pertinente para nuestro trabajo ya que de esta interacción sociotécnica se deben describir las vías del aprendizaje humano y, fundamentalmente, los procesos de toma de decisiones que esta interacción implica.

Según Osman, en este vínculo interactivo entre el

humano y lo no-humano, el marco de referencia debe ser cómo el humano se desempeña con respecto a las complicaciones adicionales que implican el feedback, el control, la estabilidad o la inestabilidad, la dinámica y las brechas (retardos) de tiempo. Cómo responde el humano tomando decisiones ante sistemas técnicos duros muy confiables, pero muy complicados, como control de tráfico aéreo, las operaciones militares, las plantas de energía nuclear, las redes de transporte ferroviario o las plantas de procesos químicos.

Dado el tipo de sistema con el que la gente interactúa y controla, la cantidad de componentes o variables de ese sistema con las que el operador humano puede tener que interactuar define lo que se llama "espacio del problema". Este espacio pude ser acotado o puede ser amplio y puede tener que ver con la información compartida entre la gente que el sistema intermedia (una bolsa de valores), o entre la gente y el conjunto de sistemas de control (control de tráfico aéreo y sistemas de gestión de vuelos) o entre gente y máquinas (conducir un automóvil).

El problema de diseño es el de reducir el espacio del problema de tal forma que, si bien toda la información requerida para la toma de decisiones puede estar disponible en el momento apropiado, esta información no sobrecargue la capacidad del operador de decidir. Por ejemplo, en el caso de los sistemas de gestión de vuelo, las variables como la información sobre las rutas, recomendaciones de navegación, tráfico aéreo, eficiencia del combustible, estado de energía de las turbinas o comandos de pilotaje automático.

Pero al tratarse de SPSTC, estamos refiriéndonos a sistemas de control interligados con redes sociales, por lo que lo que puede hacer que un sistema incierto pueda ser todavía más incierto es el de los componentes humanos individuales y grupales. Esto incrementa la necesidad de predecir con mayor exactitud los efectos que pueden generarse de cada decisión. Para complicar el escenario todavía más, las decisiones de este tipo no son aisladas o independientes, sino que configuran redes de decisiones conectadas en el espacio y en el tiempo. Para colmo, los efectos de estas decisiones pueden no ser experimentados en forma inmediata sino que se pueden manifestar después de retardos temporales.

Para lo que en este trabajo sobre la decisión humana concierne, si vemos las complejidades e incertidumbres asociadas a la interacción humana con los sistemas técnicos, al concentrarnos en la decisión estratégica, esta complejidad se potencia ya que se trata de "acoples" o "coordinaciones" socio-técnicas de un sistema sociotécnico complejo versus los "acoples" o "coordinaciones" sociotécnicas de otro (u otros) SPSTC y, además, opuesto.

> Cuando pensamos en qué se requiere para entender y controlar nuestro mundo, el problema más grande que la psicología, la neurociencia, la ingeniería, la cibernética y la investigación sobre el factor humano enfrentan es el de encontrar una forma coherente para describir las propiedades exactas del mundo y, correspondientemente, describir los procesos psicológicos involucrados en controlarlo. Para dar un paso adelante, la primera y más obvia acción a ejecutar es la de encontrar una pregunta apropiada que nos ayude a priorizar las cosas que nos interesan (Osman, M., 2010, p. 254).

La decisión estratégica

Comprender a la decisión estratégica como una elección sistémica entendida como la definición de Propósitos o "metaobjetivos" en el marco de la incertidumbre y la ambigüedad.

La estrategia es la decisión o el conjunto de decisiones que orienta la actividad de los SPSTC estableciendo sus propósitos, la lógica dominante de los procesos de frontera entre el sistema y su entorno (Levy, A., 2007). La creación de valor (entendiendo "valor" en el sentido más amplio posible) es la "razón de ser" o la "restricción ontológica" o el propósito fundamental rector y "sentido de existencia". A este nivel lo llamamos el de los "metaobjetivos". Por ejemplo, el metaobjetivo, en el caso de las empresas, es la creación de valor económico; en el de las ONG, la creación de valor social; para los gobiernos, la creación de valor público. En lo biológico (Damasio, A., 2010) hemos dicho que el valor, como metaobjetivo o propósito fundamental rector, es la regulación de la vida orientada a mantenerla. ¿Y para una familia?

Más atrás nos hemos referido a los conceptos de homeostasis básica y de homeostasis sociocultural. Estas dos variedades de homeostasis, separadas por billones de años de evolución, promueven el mismo metaobjetivo o propósito fundamental (o restricción ontológica, ya que un objetivo puede ser cambiado por otro y este no): la supervivencia de los organismos vivos en sus respectivos nichos ecológicos. Según Damasio, la conciencia surge en el humano debido a su valor biológico, como una contribución para una más eficiente gestión de ese valor. En el caso de la homeostasis sociocultural, el objetivo se amplía para abarcar la búsqueda deliberada de bienestar (Damasio, A., 2010).

La noción de valor biológico ya es absolutamente adoptada en la concepción moderna del cerebro y de la mente. Pero Damasio se pregunta por qué constantemente le otorgamos valor a todo lo que nos rodea: alimento, casa, oro, joyas, obras de arte, acciones de la bolsa, servicios y hasta a otra gente. Por qué todos le asignamos tanto tiempo a calcular pérdidas y ganancias a todos esos ítems. Por qué esta valuación incesante y cuáles son los parámetros de comparación contra los cuales ese valor es calculado. "A primera vista, pareciera que estas preguntas no tienen lugar en una conversación sobre el cerebro, la mente y la conciencia. Pero en realidad sí lo tiene ... La noción de valor es central para nuestra comprensión de la evolución del cerebro, la evolución de la mente y la actividad momento a momento del cerebro" (Damasio. A., 2010, p. 46). Recién cuando introducimos la noción de "necesidad" podemos llegar a la clave del concepto de valor biológico: el propósito de la lucha de un organismo viviente por mantener su vida y las necesidades imperiosas que surgen de esa lucha. El valor debe ser entendido como indisolublemente ligado a la necesidad y la necesidad indisolublemente ligada a la vida.

Las valuaciones que hacemos en nuestras actividades sociales y culturales de todos los días tienen una conexión directa o indirecta con la homeostasis. "Esta conexión explica por qué el circuito del cerebro humano ha sido tan extravagantemente dedicado a la predicción y a la detección de ganancias y pérdidas, por no mencionar la promoción de las ganancias y el temor a las pérdidas. En otras palabras, explica la obsesión humana por asignar valor" (Damasio, A., 2010, p. 48).

El valor se relaciona directa o indirectamente con la supervivencia. En el caso del humano, siguiendo con Damasio, el valor también se relaciona con la *calidad* de esa supervivencia entendida como bienestar. Este es el propósito básico o el metaobjetivo del ser viviente. La evolución significó cambios en el transcurso del tiempo que pasaron de la simple supervivencia a la búsqueda progresiva de cada vez más sofisticados rangos de bienestar. Esto hizo posible analizar los posibles futuros y retrasar o inhibir respuestas automáticas, llegar a retrasar la gratificación, evaluar elegir algo bueno hoy versus algo mejor mañana o rechazar algo bueno en el hoy que pueda tener consecuencias futuras no deseadas.

Como veremos más adelante, el concepto de "emoción" es absolutamente inseparable del proceso de decisión humana. En esta punto, siguiendo con la contribución de Damasio, debemos destacar que el tópico de la emoción debe ser entendido como inseparable del de "vida" y del de "valor" ya que el principio de valor opera mediante mecanismos de recompensas y castigos, así como también a través de impulsos y motivaciones, que son parte de la familia de las emociones. Desde las emociones básicas hasta las que más nos interesan en este trabajo, las emociones sociales como la compasión, la vergüenza, la culpa, la satisfacción, los celos, la envidia, el orgullo o la admiración. Estas emociones son gatilladas en entornos sociales y desempeñan un rol muy importante en la toma de decisiones. Como veremos más adelante cuando nos refiramos al concepto de mapas mentales, el "grado" de emoción sirve como un "marcador" de la importancia relativa. En la evolución humana, la estrategia ha sido la de elegir automáticamente aquellas imágenes o mapas mentales más valiosos para la gestión de la vida. Las imágenes o mapas mentales de mayor valor, dada su importancia para la supervivencia, resaltaron por factores emocionales.

> Ningún conjunto de imágenes de cualquier tipo ni de cualquier tópico jamás falla de estar acompañado por un obediente coro de emociones y de sentimientos consecuentes. Al estar observando el Océano Pacífico vestido en su ropaje matutino, protegido por un suave cielo gris, no solo estoy *mirando*, también estoy *emocionando* ante esta belleza majestuosa y sintiendo un conjunto total de cambios psicológicos que se traducen ... en un estado calmo de bienestar. Esto no está sucediendo a través de un deliberado proceso que yo posea y yo no tengo ningún poder de prevenir los sentimientos ni tengo el poder de iniciarlos. Ellos vienen, ellos son y ellos permanecerán, en una u otra modulación, en tanto el mismo objeto consciente quede a la vista y en tanto mis reflexiones lo mantengan en alguna forma de reverberación (Dalmasio, A., 2010, p. 254).

La carga semántica que le estamos dando al término "valor" la extrapolamos a cualquier rol y a cualquier vínculo, desde el de una madre hasta el de un médico, desde la amistad hasta el amor. El incremento continuo del valor puede considerarse como el fin estratégico por excelencia. Sería bueno, desde esta perspectiva, poder sostener que para un ser humano este propósito superior es el de vivir una vida plena de sentido procurando crear el valor de su propia felicidad y la de sus seres queridos. Por eso, fijar la estrategia constituye el proceso de toma de decisiones más importante, porque implica definir el "ser" (misión) y el norte vital del "devenir" (visión).

En muchos casos la estrategia supone una situación de conflicto respecto de otros SPSTC, que compiten por la captura de un blanco u objetivo (*target*) situado en un teatro de operaciones (por ejemplo, un mercado o una población con alguna patología). El resultado de esa lucha significa siempre el triunfo de un SPSTC sobre otro (competidor, enemigo). Todo conflicto deviene indefectiblemente en la conquista de una posición solo para una de las partes, a pesar incluso de los pactos que se hayan establecido o de las negociaciones realizadas. Cada vez que un SPSTC decide avanzar sobre un blanco de su teatro de operaciones, decide actuar en un conflicto. Podríamos ampliar este concepto implicando el conflicto no contra otro SPSTC, sino contra un sistema no humano como puede ser una enfermedad de un paciente o una epidemia en una población o una catástrofe natural o un problema social como la delincuencia.

Muchos especialistas consideran que "lo estratégico" solo implica "lo dialéctico" contra una mente opuesta individual o colectiva. En este trabajo ampliaremos esta perspectiva para abarcar como "estratégico" al abordaje o a la confrontación contra cualquier fenómeno cuyos procesos homeostáticos de autorregulación implique una amenaza. Es el caso de las epidemias o de los cambios climáticos que llevan incorporados esos procesos homeostáticos.

El rasgo distintivo de la decisión estratégica consiste en que se desarrolla en el marco de la incertidumbre, a partir de diversas informaciones que no admiten ser relacionadas de manera lineal ("si A, entonces B"). La decisión estratégica no es la solución a un problema estructurado y limitado, sino más bien una respuesta posible a una pregunta que admite infinitas soluciones. Trazar la decisión implica adoptar una opción contando con datos igualmente creíbles pero incompatibles entre sí. La ambigüedad es la característica esencial de este particular nivel de incertidumbre. Este punto será profundizado más adelante.

El concepto de incertidumbre se adueña poderosamente del dominio de las decisiones estratégicas y debe ser considerado como foco central de nuestro modelo. Incertidumbre como ignorancia. Incertidumbre como miedo. El mundo de la decisión estratégica es el mundo de vivir con incertidumbre.

> Sin incertidumbre no habría esperanza, no habría ética y no habría libertad de elección. Es solo porque no sabemos lo que el futuro tiene para nosotros (por ejemplo, la fecha y la manera exactas de nuestras propias muertes) que podemos tener esperanza. Es solo porque no sabemos exactamente los resultados futuros de nuestras elecciones que nuestra elección puede ser libre y que nos puede presentar un dilema ético. Más aún, hay mucha incertidumbre en el mundo y una de nuestras más básicas elecciones es si vamos a aceptar esa incertidumbre como un hecho o si vamos a tratar de escaparnos de ella. Aquellos que eligen negar la incertidumbre, inventan un mundo estable de ellos mismos. El deseo natural de esa gente de reducir la incertidumbre, que puede ser básico para todo el emprendimiento cognitivo de comprender el mundo, es llevado hasta el punto extremo de los que creen que la incertidumbre no existe. La definición que de un optimista hace un estadístico como alguien que cree que el futuro es incierto, no es tan cínica como inicialmente parece ser (Hastie, R., Dawes, R., 2010, p. 333).

Quienes toman decisiones estratégicas trabajan tomando como base probabilidades subjetivas, posibilidades y supuestos, nunca probabilidades objetivas. Lo que confiere verdadero carácter estratégico a la decisión es la imposibilidad de confiar en un análisis de probabilidades objetivas. Cuando pueden ser estimadas las probabilidades objetivas de ocurrencia de distintos movimientos externos (ya sea de los competidores, de la delincuencia, de una epidemia o del enemigo, o del público-objetivo o del escenario general), la incertidumbre se reduce y el SPSTC puede recurrir al pronóstico estadístico, al algoritmo, al cálculo, plataforma de las decisiones operacionales o de las decisiones tácticas, pero no estratégicas.

La decisión estratégica se adopta en un marco que no permite determinar –es decir, establecer con necesidad– la totalidad de las variables intervinientes, sus valores y la relación entre ellas y, por lo tanto, resulta imposible comprender y establecer cabalmente cuál es el emergente sistémico. Esto nos devuelve a las implicancias conceptuales profundas de la teoría general de sistemas tratadas en párrafos anteriores. Si abordamos el análisis empleando como puntos de partida las definiciones de sistemas abiertos y de complejidad, debemos asumir, en primer lugar, que ninguna decisión estratégica puede garantizar *a priori* sus resultados y, en segundo lugar, que la equifinalidad esencial de los sistemas abiertos niega la posibilidad de convertir una estrategia particular —cualquiera sea– en un protocolo canónico. No hay garantías. No hay recetas.

Pavesi (Pavesi, 1986, p.1) define: "Para un decisor D, en un momento t, en posesión de cierto conocimiento (o información) h, existe cierto grado de incertidumbre en el universo U bajo su consideración, cuando D percibe que ese universo tiene más de un comportamiento posible. Un comportamiento es posible cuando tiene cierta propensión a suceder. En términos de probabilidad, un comportamiento es posible cuando su probabilidad es mayor que cero".

Inmediatamente aclara que, al investigar el concepto de propensión a suceder y la medición de la entropía, existen grados de incertidumbre de acuerdo con restricciones que influyen sobre el comportamiento del universo. Que cuando no existe ninguna restricción, la incertidumbre es máxima y que cuando las restricciones son máximas, la incertidumbre es nula, o sea, es el caso de la certeza. De esta forma, una restricción sería todo aquello que reduzca la incertidumbre. En este sentido, la información es tratada como conocimiento, pero Pavesi demuestra que, si bien la incertidumbre es ignorancia, no resulta obligatorio que, en el caso de universos "abiertos", el conocimiento implique menos incertidumbre. Adhiere a la corriente que considera al universo como esencialmente incierto y que, aun con toda la información imaginable, con todo el procesamiento necesario, con todo el conocimiento obtenido y sistematizado, siempre habrá un residuo esencial de incertidumbre absolutamente irresoluble.

"Salvo los genios y los idiotas, repetimos, la mayor parte de los seres humanos se encuentran en situaciones de incertidumbre la mayor parte de las veces. La historia de cómo el ser humano se arregla para disminuir la incertidumbre es la historia de la civilización" (Pavesi, 1986, p. 13). Pero Pavesi señala que la incertidumbre siempre es percibida, siempre subjetiva, porque siempre se aloja en un determinado observador y ejemplifica con el caso de un ser humano con absoluta incertidumbre ante un aparato complejo que no conoce, mientras que quien diseñó ese aparato complejo tiene incertidumbre absolutamente nula. Pero, además, frente al mismo universo, dos decisores distintos con la misma información y en el mismo momento, pueden percibir distintos grados de incertidumbre y el mismo decisor, en dos momentos diversos, puede tener diferente apreciación de la incertidumbre. Con respecto al concepto de restricción, puntualiza que la incertidumbre es función de restricciones, que toda incertidumbre es debida a la ausencia de restricciones, que todo conocimiento es posible por la existencia de restricciones. "La equiprobabilidad implica ausencia de restricciones. La certeza implica la presencia máxima de restricciones. Una situación intermedia lleva a una incertidumbre relativa. Todos los conceptos de incertidumbre, información, propensión a suceder, conocimiento, giran alrededor de la noción de restricción" (Pavesi, 1986, p. 31).

Para nuestro propósito de contar con un modelo apto para describir la toma de decisiones estratégicas, debemos relacionar el concepto de restricción con el de estructuración. Toda decisión puede ser calificada de acuerdo a su estructura, desde situaciones muy estructuradas hasta poco estructuradas. La decisión estratégica enfrenta situaciones de estructuración casi nula. La incertidumbre es mayor en las situaciones poco estructuradas y menor o nula en las muy estructuradas. Este es el caso de las decisiones tácticas programadas. Las operacionales se encuentran en situaciones intermedias. Una estructura, dada por un conjunto de variables, los valores de esas variables y las interrelaciones entre esas variables, implica siempre ciertas restricciones. Las restricciones son máximas cuando estos tres elementos son fijos, ya que su probabilidad objetiva es uno, es decir, la incertidumbre es nula. Este caso es el opuesto a la situación extrema que puede llegar a enfrentar una decisión estratégica. Un universo es "abierto" cuando cualquiera de los tres elementos no se cumple. Pavesi demuestra que en un universo cerrado, la información siempre reduce la incertidumbre, pero que en un universo abierto, la información reduce, aumenta o mantiene la incertidumbre, sobre la base de que todo conocimiento que no reduce la incertidumbre no es información.

En relación al concepto de libertad, Pavesi destaca que un decisor tiene máxima libertad cuando dispone de infinitas alternativas entre las cuales elegir, pudiendo elegir indistintamente cualquiera de ellas. La libertad es nula (y el orden es absoluto) y la entropía es cero (siguiendo la segunda ley de la termodinámica) cuando el decisor tiene un solo curso de acción, una sola opción. "La libertad máxima definida anteriormente es una entelequia. Se trata de una situación de máximo desorden: todo es posible, nada es predecible, todo depende de las circunstancias momentáneas del individuo. No hay estructura, no hay posibilidad de desarrollo, de crecimiento, de creación. Es el caos y de allí, la muerte. La libertad nula también es la muerte. El orden perfecto es el de los cementerios, por lo menos desde un punto de vista macroscópico" (Pavesi, 1986, p. 112).

"El determinismo se halla así definitivamente erradicado de nuestra visión del universo. De la interacción del hombre con el universo surgen mundos nuevos e inesperados. Dentro de cierta franja de mezcla óptima de orden-desorden, la innovación, la creatividad, la modificación del mundo, la incertidumbre enriquecedora de ciertos aspectos basados sobre la certeza tranquilizante de otros son el arquetipo de un mundo cambiante y generoso" (Pavesi, 1986, p. 117).

La estrategia como proceso de decisiones en red

Como veremos en el modelo base, la estrategia es el resultado de un despliegue cognitivo de decisiones realizado por un SPSTC. El proceso exhibe tres momentos o fases principales: la apreciación de situación, la evaluación de opciones y el análisis de resultados.

La apreciación de lo que está sucediendo dispara, por una parte, la adquisición de un *insight* respecto de la red de relaciones e interdependencias que definen el campo o entorno y, por otra, el desarrollo de una prospectiva (ideas acerca del futuro, hipotetización de escenarios, evaluación de alternativas de interpretación, etc.). Es la apreciación de situación, prospectiva y construcción de escenarios. De esta forma surgen objetivos más operativos y opciones alternativas.

La elección, apunta a la eliminación de opciones hasta llegar a la preferida. Así, en el máximo nivel se define la misión y se establece la visión tras la cual se alineará el conjunto del sistema, reservando la capacidad de maniobra suficiente para fijar rumbos contingentes. Si el ser humano quisiera, por ejemplo, planificar su vida profesional, este es exactamente el camino. Una vez alcanzado este grado de desarrollo del proceso, la conducción del SPSTC asegura que la estrategia impregne al todo, traduciéndose primero en objetivos, luego en planes, pasando después a programas y presupuestos, hasta manifestarse en los controles e incentivos. estos son los componentes de la tercera fase de evaluación de la que surgen el conjunto de niveles de retroalimentaciones homeostáticas de aprendizaje del modelo base.

Desde el punto de vista epistemológico, toda decisión es una teoría antes de ser transformada en acción. Como tal, debe ser considerada como un constructo cognitivo provisorio, que debe ser desafiado sistemáticamente mediante el reinicio del ciclo Apreciación-Evaluación-Análisis. En los siguientes párrafos nos detendremos en las principales fases de este proceso:

- percibir qué está sucediendo: representaciones del presente;
- hipotetizar escenarios futuros: representaciones del mañana;
- identificar fortalezas, debilidades, oportunidades y amenazas para optimizar la calidad del proceso decisorio;
- comprender a la estrategia como el metalenguaje de todo el proceso decisorio;
- encadenar los niveles lógicos entre la decisión y la acción;
- comprender la decisión estratégica como una elección sistémica y
- evaluar la validez, la internalización y la ejecutabilidad de la red de decisiones adoptadas.

Cuando nos referimos al tema de la "racionalidad", núcleo de especial importancia en este dominio, es el propósito de este trabajo respetar a rajatabla los conceptos presentados por Patricia Bonatti (Bonatti, P. *et al.*, 2010) con respecto al mismo. No estamos hablando de la racionalidad aplicable en las situaciones repetitivas que corresponden al campo de la investigación operativa, entre otras disciplinas fuertemente cuantitativas de las ciencias "duras", que cuentan con modelos rigurosos para la elección de la decisión "racional óptima en sentido absoluto". Nos estamos refiriendo, en cambio, a las decisiones que se requieren ante situaciones únicas y no repetitivas en las que estas técnicas "normativas" y "axiomáticas" solo pueden servir como ayudas o como sugerencias.

Siguiendo a Bonatti, todo es racional mientras exista un mínimo de reflexión, de deliberación. Es imposible optimizar en el amparo de esta teoría, en la mayor parte de las situaciones no triviales. Es cierto, pero la teoría mínima (de la racionalidad instrumental mínima) nos permite optimizar con la propia racionalidad percibida por el actor, percibida o no por el/los observador/es. Para la teoría mínima de la racionalidad instrumental mínima se busca siempre optimizar, dentro de los límites de la propia situación. El actor siempre optimiza en el mundo percibido con su propia visión, su propia subjetividad, sus propios procesos biológicos y culturales.

Preguntemos a alguien que satisface, por qué no sigue buscando y su respuesta será que está satisfecho. (Está optimizando.) Bonatti aclara que estamos refiriéndonos a las conductas deliberadas ya que las que no lo son, serán actos impulsivos, actitudes folklóricas. Igualmente para poder explicarlas se deben siempre conocer las razones. Sin razones no se puede explicar la acción humana.

Cada vez que en este trabajo utilicemos los términos "racional" o "racionalidad", debemos distinguir si lo estamos haciendo en su significado tradicional, "en sentido absoluto" del cálculo riguroso, o si lo hacemos desde esta perspectiva de la "racionalidad instrumental mínima" (Bonatti, P., 2010) o racionalidad "en sentido relativo".

Percibir qué está sucediendo: representaciones del presente

A causa de la ambigüedad, los estrategas se encuentran obligados a elaborar sus decisiones a partir de posibilidades, de probabilidades subjetivas y no de probabilidades objetivas. En la medida en que el emergente sistémico se convierte en un dato que elude la determinación, los SPSTC deben asumir el desafío de tratar de saber todo cuanto sea posible acerca de sí mismos y del entorno, de "lo que está ahí afuera". Los SPSTC deben tratar de aprender a desarrollar representaciones cada vez más ricas y abarcativas. Y deben aprender a desaprender para no transferir en forma mecánica la experiencia pasada a las circunstancias actuales o futuras. En este sentido, la extrapolación estadística puede ser el peor enemigo de la decisión estratégica. Esto lo veremos al referirnos a la apreciación de situación, la prospectiva y la construcción de escenarios cuando presentemos el modelo base.

Durante las últimas décadas, se ha cuestionado duramente el valor de la experiencia hasta casi convertir su rechazo en un eslogan. Y si bien acordamos con la esencia del cuestionamiento, consideramos que vale la pena aclarar el fundamento conceptual, ya que si este es omitido –como ocurre con frecuencia en los materiales de divulgación—, el sentido epistemológico del planteo queda desvirtuado.

Si la estrategia exige pensar posibilidades, la experiencia resulta una fuente riquísima de aprendizaje porque permite *reconstruir ejercicios de construcción de modelos de la realidad*. La experiencia no solo provee un dato, una noticia acerca de qué ocurrió en el pasado. Por sobre todo, ofrece la oportunidad de aprender sobre la habilidad, la dificultad o la incapacidad que un SPSTC desplegó para entender (representar) y actuar en una situación particular. Desde esta perspectiva, la experiencia constituye un extraordinario disparador, que amplía nuestro repertorio representacional. Siempre y cuando la podamos desafiar críticamente.

Para el estratega, el recurso a la experiencia solo se transforma en un obstáculo serio cuando se la aborda con un espíritu mecanicista. Si se estudia el pasado desde una óptica determinista, si se recurre a él con la convicción de que los resultados de una decisión, bajo circunstancias análogas, se repetirán necesariamente en el futuro, la experiencia pierde su poder inspirador de un proceso creativo de ideación. Por supuesto, evitar el mecanicismo jamás justifica desconocer o subvalorar lo ocurrido, ya que una decisión semejante solo disfrazaría que se haya optado por la ignorancia "en sentido absoluto".

Hipotetizar escenarios futuros: representaciones del mañana

De acuerdo con Bertotto (2002), los escenarios son imágenes de la realidad en un momento futuro, obtenidas a partir de las diferentes posibilidades de evolución de las variables que sean escogidas, conforme al análisis realizado de la situación. Se trata de una construcción representacional que busca abarcar todos los hechos, las circunstancias y las contingencias que podrían componer el entorno general en un momento determinado. Los escenarios se construyen con el objetivo de que sirvan al SPSTC para adoptar decisiones respecto del empleo de su poder que es función de sus recursos tangibles e intangibles.

El escenario es una hipótesis. Permite imaginar eventos de distinta naturaleza (políticos, familiares, económicos, médicos, sociales, militares, etc.) con el propósito de centrar la atención en los procesos causales y los problemas que originan para adoptar –según la conveniencia del SPSTC que elabora esa hipótesis– la estrategia aplicada o sectorial orientada a la concreción de los objetivos previstos en el mediano y corto plazo.

La construcción del escenario incluye todos los conflictos que involucran el empleo de los recursos. Así, ante un problema de orden estratégico, el SPSTC puede "[...] evaluar las alternativas y escoger la solución más apta, factible y aceptable" respecto de sus intereses y en función de la magnitud, la calidad y las posibilidades del sistema en un momento dado. Según Bertotto, el proceso de elaboración del escenario exige:

- identificar a los actores;
- definir los intereses propios y ajenos en juego;
- determinar cuáles son los obstáculos, actuales o potenciales, que afectan la consecución de los objetivos previamente establecidos, explicitados y aceptados;
- relacionar intereses (esto supone que el SPSTC posee la capacidad de síntesis necesaria para armo-

nizar intereses contrapuestos y lograr la cooperación entre los actores); y

- tomar las decisiones de atribuir poder, de dosificar los medios y de posicionar las fuerzas de acuerdo con el escenario alternativo seleccionado.

Cualquiera sea el escenario, el empleo del poder debe confrontarse con intereses antagónicos internos y externos o con sucesos no humanos autorregulados que generan conflictos. Esto hace preciso formular hipótesis que contemplen cómo administrar los recursos disponibles para superarlos. Además de un ámbito estratégico, en todo escenario se deberán considerar o determinar los sistemas de alianzas, los cuales pendularán entre la cooperación y la competencia.

La calidad de la estrategia depende siempre de la calidad de los escenarios que un SPSTC es capaz de inventar, especialmente en la fase 1 de Apreciación de Situación y Prospectiva. Por esta razón, y a fin de generar un abanico variado de escenarios posibles en el caso de un grupo de dos o más humanos, la estrategia debe ser el fruto de un trabajo de equipo. Entre esos escenarios, deben incluirse al menos tres: el más probable, el peor y el mejor (para ese grupo humano y en esa circunstancia).

Identificar fortalezas, debilidades, oportunidades y amenazas para optimizar la calidad del proceso decisorio

Dijimos que todo SPSTC se orienta hacia un propósito fundamental y permanente: aumentar capacidad de lograr su "razón de ser" o su "sentido de creación de valor". Este, según el tipo de sistema de que se trate, puede ser familiar, económico, social, médico o público. La estrategia es la decisión "madre" de cuál es la misión mediante la cual el sistema alcanzará su propósito y, con este fin, decide en qué conjunto de actividades operará. En el hospital se tratará de su portafolio de servicios de salud. En una escuela, su portafolio de actividades educativas, formativas y recreativas. En una empresa, su portafolio de productos. En una persona, su portafolio de actividades laborales en su rol profesional pero también el conjunto de todas las actividades que despliega al desempeñar todos y cada uno de sus roles como ser humano en sociedad.

Desde el punto de vista interno, la postura estratégica expresa el grado en que un SPSTC aprovecha los recursos para consolidar sus habilidades distintivas. Desde el punto de vista externo, permite detectar las capacidades críticas de éxito respecto de un teatro de operaciones o campo de acción. Estas serán, entre dos empresas, las ventajas competitivas de una respecto a la otra, para dos intervenciones quirúrgicas alternativas, aquella que asegure mayor efectividad en la recuperación del paciente. Recordemos que una patología puede ser considerada como un proceso autorregulado opuesto al proceso autorregulado de mantenimiento de la vida.

Detectar y comprender la interrelación entre los recursos a fin de captar el todo y no la parte dependen de la habilidad cognitiva particular del evaluador. El emergente sistémico –con frecuencia, difícil de estimar– no puede establecerse substrayéndose de quiénes sean los individuos que realizan la evaluación, ya que nada es un recurso *per se* sino *según* la representación que construye la persona o el equipo evaluador ante la necesidad de tomar una decisión en particular.

La elección de los teatros de operaciones y campos de acción exige explicitar y especificar las características que los hacen importantes para el SPSTC. Por ejemplo, una zona geográfica para el despliegue de un plan de vacunación masiva. De manera análoga a lo señalado respecto de la plataforma de recursos, ningún teatro de operaciones es atractivo *per se*. No depende solo de características intrínsecas (por ejemplo, el sector socio técnico que lo compone) sino también de lo que el evaluador le atribuye de acuerdo con sus propósitos y recursos.

Dado que el atractivo de un teatro de operaciones se establece en función de los recursos, la elección de ese teatro requiere detectar las habilidades distintivas del SPSTC. Estas representan las capacidades diferenciales en el manejo de los recursos que el sistema posee respecto de su apreciación de situación. Las habilidades distintivas constituyen la piedra de toque para decidir si un teatro bajo análisis resulta atractivo o no.

Las habilidades distintivas, por ejemplo las requeridas para elegir un colegio primario para una hija, en su calidad de fuente de capacidades esenciales de éxito en un contexto, son un recurso crítico. Deben protegerse, consolidarse y comunicarse entre todos los miembros del SPSTC, con independencia de sus áreas de trabajo, funciones y niveles jerárquicos. Para los estrategas, resulta imprescindible entender la relación entre una o más habilidades distintivas y la generación de capacidades. Si bien las capacidades pueden ser "representaciones" en el campo simbólico del *target* (por ejemplo, la confianza de un paciente a su médico o la capacidad de disuasión de la policía con respecto al crimen) el SPSTC nunca debe perder de vista que son generadas desde el sistema por medio de la articulación de una o más habilidades distintivas ya que constituyen su propia inteligencia colectiva.

Si bien más adelante profundizaremos en el tema de inteligencia colectiva, inicialmente podemos definir este concepto como la inteligencia grupal compartida por los miembros de un SPSTC, desde una familia hasta una comunidad mayor, que emerge de la competencia y de la colaboración entre sus integrantes. Tom Atlee (Atlee, 2002) sugiere que la inteligencia colectiva puede ser el antídoto contra los sesgos cognitivos individuales para permitir a todo el sistema lograr una superación de su desempeño individual evolucionando hacia niveles más altos de complejidad y de armonía. James Surowiecki (Surowiecki, 2004) destaca que, irónicamente, la inteligencia grupal requiere independencia de pensamiento además de conocimiento, comprensión y juicio superior, diferenciándose del "comportamiento de horda".

La capacidad de crear y desarrollar habilidades distintivas incide de manera directa en el logro de la efectividad y eficiencia decisional, en particular, cuando esas habilidades permiten presentar una oferta cuyo grado de innovación significa un quiebre respecto de lo disponible hasta ese momento. Estos conceptos se aplican tanto a una familia, a una empresa como a un gobierno o a una ONG.

Solo después de que la dirección del sistema comprende y comunica en forma clara cuál es la capacidad crítica de éxito, resulta posible establecer los objetivos específicos de cada unidad o área o rol.

Ese conocimiento decisorio es el fruto de un proceso humano, social e histórico en el que intervienen tres elementos: el sujeto cognoscente, el objeto de conocimiento y el conocimiento como producto del proceso cognitivo (la inteligencia decisoria). El carácter dinámico, sistémico y dialéctico del conocimiento elaborado explica, en buena medida, por qué los SPSTC no pueden fijar el conjunto de decisiones que constituyen su estrategia de una vez y para siempre sino que, por el contrario, deben someterla a una revisión y desafío metódicos.

Comprender la estrategia como el metalenguaje de todo el proceso decisorio

Hemos señalado que en el planteo estratégico pueden distinguirse tres niveles o estratos de decisión: el estratégico propiamente dicho, el operacional y el táctico.

- Nivel de la decisión estratégica. Establece los fines y propósitos que persigue el SPSTC. Define los objetivos (*goals*) respecto del teatro de operaciones. Se trata de una decisión tomada a partir de información ambigua y, por lo tanto, no puede programarse con rigor de la "racionalidad en sentido absoluto".
- Nivel operacional. A partir de información de posibilidades, fija dónde, cuándo y en qué circunstancias el SPSTC asigna sus recursos. Implica tomar decisiones, que pueden programarse en mayor o menor medida según la decisión "y su circunstancia", asignando medios para la consecución de los fines estratégicos.

– Nivel táctico. Prevé como se emplearán los recursos asignados, en línea con los propósitos y objetivos estratégicos, para actuar en un teatro de operaciones específico. Las decisiones tácticas pueden formularse como un algoritmo. Por ejemplo, es el protocolo del procedimiento rutinario de una operación de apendicitis.

Pavesi (Pavesi, P., 1994, 1997, 1998) ha desarrollado una nomenclatura eficiente para explicitar la morfología de marco de estos tres diferentes tipos de decisiones, distinguiendo entre mundos rebeldes, mundos esquivos y mundos dóciles. Bonatti (Bonatti, 2007) señala que la frontera entre estas tres morfologías de marco no es tajante sino borrosa, que no se trata de mundos "puros" pero que resulta muy importante distinguirlos para evitar el error de pretender aplicar técnicas apropiadas en uno pero que en otro resultan no solo inadecuadas sino peligrosas. Los que más nos interesan en este trabajo, los Mundos Rebeldes, son muy difíciles, casi imposibles de estructurar, y los sesgos y heurísticas son de alto impacto ya que la mente tiende siempre a rechazar la incertidumbre y la complejidad.

Pavesi llama "rebeldes" a los mundos de la negociación, de la maniobra, los mundos de la estrategia, de la política. En estos mundos se opera tratando de transformarlos en "dóciles", para poder manejarlos. A veces se lo hace burdamente, desfigurando las características esenciales del mundo analizado, provocando así un fracaso. Fracaso que se extiende al modelo que se pretendía utilizar en lugar de relacionarlo con la ignorancia manifiesta en el mundo de aplicación.

"Los 'mundos esquivos y rebeldes', entonces, son los que nos presentan un mayor desafío ya que son los mundos en los que siempre pueden aparecer elementos nuevos e insospechados, en los que para adquirir algún tipo de conocimiento se debe echar mano a todas las herramientas, a todos los procesos factibles para maniobrar y, a través de la prueba y error, ir estableciendo las restricciones existentes para reducir su variabilidad y poder así aumentar nuestro conocimiento del mundo en cuestión" (Bonatti, P., 2010, p. 18).

Los tres ámbitos señalados muestran que el problema estratégico consiste en definir en qué actividades o tareas se asignarán recursos, para operar efectiva y eficientemente en qué campos y en qué teatro de operaciones a fin de crear su propósito fundamental constituido por un particular concepto de valor sostenible. Entendida bajo este concepto, la estrategia se presenta como un problema global, pues involucra a todo tipo de recursos disponibles para el ser humano o para el grupo.

En el caso de un hospital, las habilidades distintivas, entendidas como inteligencia colectiva, ofrecen un criterio de decisión sólido. Por ejemplo, la prestación de servicios fundada en habilidades distintivas aplicables en todas las actividades médicas (o en varios de los que un SPSTC forma parte) hace de la diversificación un proceso sano. Las habilidades distintivas no solo deben guiar las políticas sino, además, brindar un patrón para la fijación de prioridades en la asignación de los recursos. Por ejemplo, la habilidad distintiva de anticipar los desarrollos de alta tecnología aplicable a los procedimientos de diagnóstico médico o la habilidad distintiva de prever cuáles serán los requerimientos instrumentales del bienestar en los escenarios futuros para elegir un colegio.

Por eso, la cultura organizacional debe asegurar la protección, la consolidación y el cultivo de las habilidades distintivas. Estas deben convertirse para la dirección de cualquier SPSTC en una prioridad, transmitida como inteligencia colectiva a todas sus áreas estratégicas de ese hospital, en todos los niveles y en todas las funciones, fomentando el cuidado y el incremento de las tecnologías y el know how médico que potencian estratégicamente a cada unidad del sistema.

La misión expresa la vinculación lógica entre los requerimientos del portafolio de especialidades médicas, de los teatros de operaciones en los que el vector estratégico de cada unidad del sistema interviene y las habilidades distintivas con que el SPSTC decide actuar. Ninguno de estos elementos puede comprenderse en forma aislada respecto de los demás porque la interacción entre ellos produce un emergente sistémico.

La situación de conflicto (competencia) impone que el proceso decisorio tome en cuenta no solo la interdependencia de propósitos entre el SPSTC y los oponentes, sino también los intereses y propósitos del conjunto de actores implicados. Dependiendo de la índole del sistema, esos actores pueden ser los accionistas, los proveedores y los clientes de una empresa, los médicos, paramédicos y administrativos de un hospital, los fieles de una congregación, los contribuyentes de un municipio, los votantes de un partido político o los voluntarios de una ONG o los miembros de una familia ante la decisión de elegir un colegio primario para Hannah de cinco años.

Comprender la decisión estratégica como una elección sistémica

La implementación de la estrategia conduce a una mayor organización, que suele traducirse en la división del SPSTC en áreas funcionales altamente profesionalizadas. Si bien la especialización constituye un requisito indispensable para la ejecutabilidad de la estrategia, como efecto colateral, potencia la dispersión cognitiva del sistema. Sin estricto rigor metodológico, los roles familiares pueden ser asimilados al concepto de funciones organizacionales.

Cada sector tiende a desarrollar una cultura y una visión particulares. Se trata de un fenómeno que se percibe con frecuencia en los SPSTC. A mayor fraccionamiento organizativo o estructural, aumenta el riesgo de funcionamiento aislado y de adopción de una "visión túnel", propia de cada área, generando "dispersión cognitiva" entre los miembros del SPSTC.

La estrategia debe asegurar el equilibrio entre la especialización –que incrementa la eficiencia y la efectividad– y el alineamiento de todo el SPSTC tras una visión comprendida, compartida y comprometida, aprovechando la inteligencia colectiva y disminuyendo la dispersión cognitiva.

Evaluar la validez, la internalización y la ejecutabilidad de la red de decisiones adoptadas

Los SPSTC definen la estrategia tomando como *input* la información del ambiente (entorno general, estrategias de los otros actores y exigencias de su campo de acción específico) y el feedback correspondiente a su propio desempeño.

Como hemos dicho, los factores ambientales mencionados no son estáticos. Están sometidos a una perpetua y cada vez más acelerada dinámica de cambio, que impacta sobre la estrategia trazada por el SPSTC convirtiéndola en una decisión necesariamente provisoria. Esto significa que la formulación de la estrategia constituye un proceso continuo y entrelazado con la acción. Por fuerza, el proceso decisorio estratégico es reflexión-en-la-acción. Esto no implica que se trate de un proceso repetitivo ya que cada iteración constituye una situación nueva.

Además de la fijación de la estrategia, compete a la dirección del SPSTC supervisar la consistencia de las decisiones operacionales y tácticas respecto de los propósitos y los fines trazados. Se trata de asegurar que la visión internalizada penetre todos los estratos y sectores del sistema.

La decisión estratégica debe fijar los propósitos principales del SPSTC a partir de muy poca información, para lo cual la dirección necesita desarrollar un aprendizaje continuo. Dada la ambigüedad de los datos con que se cuenta, el SPSTC está obligado a convertirse en un sistema inductivo de aprendizaje. Los supuestos en que se funda la decisión estratégica necesitan ser sometidos, por medio del método inductivo, a un proceso constante de ajuste, corrección y mejora. La decisión estratégica es una hipótesis de trabajo, de la que se vale la conducción para tratar de alcanzar el propósito principal del SPSTC.

Bibliografía

"Proyecto BIRF-MICIP/MICIP" (Noviembre del 2000), Ministerio de Comercio Exterior, Industrialización y Pesca del Ecuador-/INCAE.

Abelson, R.P. y Levi, A. (1985). *Decision-making and Decision Theory*. En Lindzey, G.; Aronson, E. (eds.). *The Handbook of Social Psychology*. (3rd ed.) New York: Random House.

———— (1970). *A Concept of Corporate Planning*. New York: Wiley.

————(1981). *Creating the Corporate Future: Plan or be Planned for*. New York: John Wiley & Sons.

———— (1986). *Management in Small Doses*. New York: John Wiley & Sons.

Adizes, I. (1988), *Corporate Lifecycles: How and why corporations grow and die and what to do about it*, Prentice Hall, New Jersey.

———— (1996), *The Pursuit of Prime: Maximize your company's success with the Adizes Program*, Knowledge Exchange, Santa Mónica.

Aguirre, M. (2010), "Sesgos Cognitivos", en Bonatti, P. (2010), Coordinadora, *Teoría de la decisión*, Pearson, Buenos Aires.

Altenberg, T., y Meyer-Stamer, J. (1999), "How to promote clusters: policy experiences from Lain America", *World Development*, 27(9).

Altschul, C. y Carbonell, R. (2003). *Transformando: prácticas de cambio en empresas argentinas*. Buenos Aires: Eudeba, 2004.

Amin, A., (2000), "Industrial districts", en E. Sheppard y T. Barnes en (eds), *A companion to economic geography*, Oxford: Blackwell.

Anderson, J.R. (1995). *Cognitive Psychology and its Implications*. (4th ed.). New York (NY): W.H. Freeman & Co.

Ansoff, I.H. (1970). "Toward a Strategic Theory of the Firm". En *Business Strategy*. New York: Penguin Books.

Argyris, C.; Schön, D. (1974). *Theory in Practice*. San Francisco: Jossey-Bass.

———— (1982). *Productive and Contraproductive Reasoning Processes. Organizational Dynamics*, Amacom, Otoño.

Arnold Cathalifaud, M.; y sorio, F. (1998). "Introducción a los conceptos básicos de la Teoría General de Sistemas". En *Cinta de Moebio*, Nº 3, abril. Facultad de Ciencias Sociales, Universidad de Chile. Disponible en línea http://www.moebio.uchile.cl/03/frprinci.htm.

Ashby, W.R. (1952) *Design for a Brain*, Wiley.

————(1958) "Requisite Variety and its Implications for the Control of Complex Systems", *Cybernetica*, Vol 1.

————(1957), *An Introduction to Cybernetics*, Chapman & Hall.

Atlee, T. (2002) *The Tao of Democracy: Using Co-Intelligence to Create a World That Works for Us*, Imprint Books/Booksurge y WorldWorks Press.

Baghai, M. y Quigley, J. (2011), A*s One: Individual Action* - Collective Power, Portfolio / Penguin.

Bandura, A. (1986). *Social foundations of thought and action: A social-cognitive theory*. Upper Saddle River, NJ: Prentice-Hall.

Baptista, R. y Swann, P. (1999), "A comparison of clustering dynamics in US and UK computer industries", *Journal of Evolutionary Economics*, 9.

————(1998), "Clusters, innovation and growth: a survey of the literature", en G.M.P Swann, M. Prevetzer y D. Stout (eds), *The dynamics of industrial clustering: international comparisons in computing and biotecnology*. Oxford: Oxford University Press.

Barmash, L. (1973). *Great business disasters*. New York: Ballantine Books.

Baron-Cohen, S. (1995), *Mindblindness: An Essay on Autism and Theory of Mind*, Cambridge, MA, MIT Press.

Bar-Tal, D. (1990). *Group beliefs. A conception for analyzing group structure, processes, and behavior*. New York (NY): Springer-Verlag.

Bass, B.M. (1994) "Transformational Leadership and Team and Organizational Decision Making" en Bernard M. Bass y Bruce J. Avolio, ed. I*mproving Organizational Effectiveness Through Transformational Leadership*, Sage Publications.

———— (1994), "Transformational Leadership and Team and Organizational Decision Making en Bass, B. M.; Avolio, B.J., ed. *Improving Organizational Effectiveness Through Transformational Leadership*, Sage Publications.

Bateson, G. (1972), *Steps to an Ecology of Mind: Collected Essays in Anthropology, Psychiatry, Evolution, and Epistemology*, Chicago, IL, University of Chicago Press.

——— (1978). "The Birth of a Double Bind", en Berger; M. (ed.), *Beyond the Double Bind*, Brunner/Mazel.

———(1979). *Mind and Nature"*, E. P. Dutton.

——— (2001). E*spíritu y naturaleza.* Buenos Aires: Amorrortu.

Becattini, G. (1990), "The Marshallian industrial district as a socio-economic notion", en F. Pyke, G. Bacattini y W. Sengenberger, *Industrial districts and inter-firmco-operation in Italy*, International Labour Organization, International Institute for Labour Studies.

Bertotto, J. (2002). *La formación del conductor estratégico.* Buenos Aires: Editorial Centro de Estudios Estratégicos.

Birley, S. (1990), *Entrepreneurs networks: Their creation and development in different countries*, Cranfield, Cranfield School of Management.

Bleger, J. (1973). *Psicología de la Conducta*, Paidós.

Bonatti, P (2010), Coordinadora, *Teoría de la Decisión*, Pearson.

Boulding, K.E. (1981), "A Preface to Grants Economics: The Economy of Love and Fear", *Praeger scientific.*

Brown, A. (1987). "Metacognition, executive control, self-regulation, and other mysterious mechanisms". En Weinert, F.E.; Kluwe, R.H. (eds.). *Metacognition, motivation, and understanding.* Hillsdale (NJ): Lawrence Erlbaum Associates. Pp. 65-116.Cameron, Sutton y Whetten, 1988

Camus, J.F. (2003), "Atención. Psicología cognitiva", en *Houdé et al., op. cit.*, pp. 37.

Carroll, L.A. (1992). "Desperately seeking SA". En *TAC Attack*, 32, pp. 5–6.

Ceruti, M. (1994). "El mito de la omnisciencia y el ojo del observador". En Watzlawick, P.; Krieg, P. (comp.). *El ojo del observador.* Contribuciones al construccionismo. Barcelona: Gedisa.

Christensen, C. (1997). *The Innovator's Dilemma. Cambridge, MA: Harvard Business School Press.*

——— y Horn, M. (2008), "Disrupting Class: How Disruptive Innovation Will Change the Way the World Learns", McGraw-Hill.

————; Raynor, M. (2003), "The Innovator's Solution: Creating and Sustaining Successful Growth", Harvard Business School Press.

Churchman, C.W. (1984), *The Systems Approach.* Nueva York, Delacorte Press.

Craik, K.J.W. (1943). *The nature of explanation.* Cambridge: Cambridge University Press.

Damasio, A. (2010) *Self Comes to Mind: Constructing the Conscious Brain{,* Pantheon.

Delamer, G.R. (2005). *Estrategia. Para la política, la empresa y la seguridad.* Buenos Aires: Answer Just in Time – Instituto de Publicaciones Navales.

De Saussure, F. (1945), *Curso de Lingüística General,* Buenos Aires, Editorial Losada.

Dror, I.E. (2007) *Perception of risk and the decision to use force,* Policing.

———— y Fraser-Mackenzie, P.A.F. (2008) "Cognitive Biases in Human Perception, Judgement and Decision Making: Bridging Theory and the Real World", en *Criminal Investigative Failures,* Ed. Kim Rossmo, Taylor & Francis.

Durso, F.T. y Gronlund, S.D. (1999). "Situation awareness". En Durso, F.T. (ed.). *Handbook of applied cognition.* New York, NY: John Wiley & Sons.

Echeverría, R. (2000), *La Empresa Emergente: La confianza y los desafíos de la transformación,* Granica, Buenos Aires.

Emery, F.E. y Trist, E.L. (1960). "Socio-technical systems". En *Management Sciences Models and Techniques,* Vol. 2, London.

———— (1965). "The casual texture of organizational environments". En *Human Relations,* Vol. 18, 21-32.

Endsley, M.R. (1990), "Predictive utility of an objective measure of situation aware-ness", en *Proceedings of the Human Factors,* Vol. 34, pp. 41-45.

Flavell, J.H.; Miller, P.H y Miller, S.A. (2002). *Cognitive development.* (4th edition). Upper Saddle River (N.J.): Prentice Hall.

Fodor, J.A. (2000). *The modularity of mind.* (11th ed.) Cambridge (MA): The MIT Press.

Freedman, L. (2013), *Strategy: A history,* New York, NY, Oxford University Press.

Fritz, O., Mahringer, H. y Valdenama, M. (1998), "A risk-oriented analysis of regional clusters", en M. Steiner (ed), *Clusters and re-*

gional specialization: on geography, technology and networks, Londres: Pion.

Frye, D. y Moore, C. (1991). "The acquisition and utility of theories of mind". En Frye, D.; Moore, D. (eds.). *Children's theories of mind*. Hillsdale: Erlbaum.

Gaonac'h, D. (2003). "Memoria. Psicología". En Houdé *et al.*, *op. cit.*, pp. 284-286.

Gardner, H. (1985), *La nueva ciencia de la mente: historia de la revolución cognitiva*, Editorial Paidós Transiciones, Barcelona, España.

Gharajedaghi, J. (2005), *Systems Thinking: Managing Chaos and Complexity - A Platform for Designing Business Architecture*. Burlington, Butterworth-Heinemann.

Gore, E. (2003). *Conocimiento Colectivo: La formación en el trabajo y la generación de capacidades colectivas*, Granica.

————— y Dunlap, D. (2006), *Aprendizaje y organización: una lectura educativa de las teorías de la organización*, 3ª ed., Buenos Aires: Granica.

————— (2006). *Aprendizaje y organización: una lectura educativa de las teorías de la organización*. 3ª edición. Buenos Aires: Granica.

Greenwald, B. y Kann, J. (2005), *Competition Demystified: A radically simplified approach to business strategy*, Portfolio, Penguin Books, New York.

Hamel, G. y Prahalad, C.K. (1989). *Strategic intent.* En Harvard Business Review, May-June, pp. 63-76.

————— (1990). "The core competence of the organization". En *Harvard Business Review*, May-June, pp.79-91.

Hastie, R. y Dawes, R (2010) *Rational Choice in an Uncertain World: The Psychology of Judgement and Decision Making*, SAGE Publication Inc.

Hiatt, J. y Creasey, T. (2012) *Change Management: The people side of change*, Prosci, Colorado.

Higgins, T. (2000), "Social cognition: learning about what matters in the social world". En *European Journal of Social Psychology*, Nº 30, pp. 3-39.

Hirschfeld, L.A. y Gelman, S.A. (2002). *Cartografía de la mente. La especificidad de dominio en la cognición y en la cultura*. Barcelona: Gedisa Editorial.

Hirst y Manier (Hirst, W., Manier, D.,1995) "Opening vistas for cognitive psychology", en Martin, L., Nelson, K y Tobach, E, *Sociocultural Psychology: Theory And Practice of Doing and Knowing*, 1995, Cambridge University Press.

Houdé, O.; Kayser, D.; Kœnig, O.; Proust, J.; Rastier, F. (2003). *Diccionario de ciencias cognitivas*. Buenos Aires: Amorrortu.

Isenberg, D.J. (1984). "How Senior Managers think". En *Harvard Business Review*, November/December, pp. 80-90.

Janis, I.L. (1989). *Crucial decisions: leadership in policymaking and crisis management*. New York: The Free Press.

Jaques, E. (1989). *Requisite organization. The CEO's guide to creative structure and leadership*. Arlington (VA): Cason Hall and Co.

Johnson-Laird, P.N. (1983). *Mental models. Towards a cognitive science of language, inference, and consciousness*. Cambridge: Cambridge University Press.

Jovchelovitch, S. (2002) "Re-thinking the diversity of knowledge: Cognitive polyphasia, belief and representation", *Psychologie et Société*, 5.

Kahneman, D. y Tversky, A. (1979). "Prospect theory: an analysis of decisions under risk". En *Econometrica*, 47, pp. 313-327.

Kaplan, R.. y Norton, D. (1996), "The Balaced Scorecard: Translating Strategy into Action", *Harvard Business Review Press*, Boston, Massachusetts.

————— (2004), "Strategy Maps: Converting Intangible Assets into Tangible Outcomes", *Harvard Business Review Press*, Boston, Massachusetts.

Kaplan, S. y Foster, R. (2001), *Creative destruction. Why companies that are built to last underperform the market -and how to successfully transform them*, New York: Doubleday.

Kast, F.E. y Rosenzweig, J.E. (1979). *Organization and management. A systems and contingency approach*. New York: McGraw-Hill.

Katz, D. y Kahn, R.L. (1969). "Common characteristics of open systems". En Emery, F. (ed.). *Systems thinking*. Harmondsworth: Penguin Books.

Kelly, S. y Allison, M.A. (1999), *The Complexity Advantage: How The Science of Complexity Can Help Your Business Achieve Peak Performance*, McGraw-Hill, New York.

Koenig, O. (2003). "Modularidad. Neurociencia". En Houdé *et al.*, *op. cit.*, pp. 305-306.

Kolb, D.A. (1984). *Experiential learning. Experience as the source of learning and development*. Englewood Cliffs (N.J.): Prentice Hall.

Kosacoff, B. (1993), *El desafío de la competitividad, la industria argentina en transformación*, CEPAL, Alianza Editorial.

Kosslyn, S.; Koenig, O. (1992). *Wet mind. The new cognitive neuroscience.* New York (NY): The Free Press.

Krugman, P. (1991), *Geography and trade,* Cambridge, MA, MIT Press.

Laffley, A.G. y Ram Charan, R. (2008), *The Game-Changer: How you can drive revenue and profit growth with innovation,* Crown Business, New York.

Levy, A.R. (2016), *Metzadá: El modelo sociocognitivo sistémico del proceso de toma de decisiones estratégicas,* Buenos Aires, EDICON.

———— (2017a), *StartUps: El caso 123Seguro,* EDICON, Buenos Aires.

———— (1981). *Planeamiento estratégico.* Buenos Aires: Macchi.

———— (1983). *Estrategia competitiva.* Buenos Aires: Macchi.

———— (1985). *Estrategia en acción.* Buenos Aires: Macchi.

———— (2000). *Por qué ganan los que ganan. Estrategia y psicología del desarrollo económico empresario. (Y lo que le falta a muchísimas empresas).* Buenos Aires: Levy Marketing Press.

———— (2003). *Liderando en el infierno. Competitividad de empresas clusters y ciudades.* Buenos Aires: Paidós.

———— (2007) *Estrategia, Cognición y Poder: Cambio y alineamiento conceptual en Sistemas Psico-Socio-Técnicos Complejos,* Granica.

———— (2010), *Empuje Estratégico,* Buenos Aires, Granica.

———— y Franco, H. (2018), *El Proyecto Directriz de la Alta Dirección: Top Management's Project Management,* EDICON, Buenos Aires.

———— (2013), *Estrategia: La Razón y la Emoción,* Buenos Aires, EDICON.

———— (2017b), *Readiness: La Era del Instante: vulnerabilidad o colapso de las empresas cuando cada vez es tarde más temprano,* EDICON, Buenos Aires.

———— (2019 b), *Río Rojo: Viabilidad Empresarial en la Era del Instante,* Editorial El Lector, Asunción de Paraguay.

———— (2019 c), *Psicología Empresarial: La perspectiva humana de la Dinámica Estratégica-Operacional en la Era del Instante,* Buenos Aires, EDICON.

———— (2019c), *Psicología Empresarial: La perspectiva humana de la Dinámica Estratégica-Operacional en la Era del Instante,* Buenos Aires, EDICON

———— (2020), *PENTA: Comando Empresarial en la Era del Desconocimiento,* Atlantic International University, Archivo Digital ISBN 978-987-86-7443-8 (https://content.bhybrid.com/publication/7b41bff6/mobile/)

Levy, A.R.; Schlanger, K. (2015), *Dinámica Empresarial: La gestión de los cambios cruciales para el colapso o la creación de valor*, Buenos Aires, EDICON.

Levy, A.R.; Terreno, M.F. (2019 a), *El Mito del Liderazgo: Morgue de Almas o Banda de Hermanos. Una visión crítica del liderazgo como capacidad humana extremadamente difícil de desarrollar a pesar de que digan lo contrario*, EDICON, Buenos Aires. https://content.bhybrid.com/publication/5622b220/mobile/Lorenz 1963

Levy, A.R.; Pla, P. (2022), "La Complejidad como dilema y la Viabilidad Estratégica-Operacional", *Revista de Investigación de Modelos Financieros*, Año 11, Vol. 2, Facultad de Ciencias Económicas, Universidad de Buenos Aires, Buenos Aires.

Löwenhard, P. (1990). "Mind: mapping and reconstruction of reality". En Alonso, M. (ed.). *Organization and change in complex systems.* New York (NY): Parangon House.

MacArthur, R.H. y Wilson, E.O. (2001). *The theory of island biogeography.* Princeton (NJ): Princeton University Press.

Mateos, M. (2001). *Metacognición y educación.* Buenos Aires: Aique.

Maturana Romesín, H. (1996). *Desde la biología a la psicología.* Santiago de Chile: Editorial Universitaria.

———— (2006) (artículos/004) "Ontology of Observing: The Biological Foundations of Self Consciousness and The Physical Domain of Existence", Instituto de Terapia Cognitiva INTECO, Santiago de Chile, http://www.inteco.cl/articulos/004/texto_ing.htm

———— y H., Varela, F. (1984), *El árbol del conocimiento,* Santiago de Chile: OEA/Editorial Universitaria.

———— y Nisis, S. (1997). *Formación humana y capacitación.* Santiago de Chile: UNICEF-Chile/Dolmen.

McGrath, R.G. (2013), "The End of Competitive Advantage: how to keep your strategy moving as fast as your business", *Harvard Business Review Press*, Boston, Massachusetts.

Melot, A.M. (2003). "Metacognición. Psicología". En Houdé *et al.*, *op. cit.*, pp. 290-292.

Mill, J.S. (1980). *El utilitarismo.* Buenos Aires: Hyspamérica.

Miller, D. y Friesen, P.H. (1977). "Strategy-making in context: ten empirical archetypes". En *Journal of Management Studies*, 14 (3) 253-280.

Mitkin, F. y Magnano, C. (2011), "Acordando significados", en F. Mitkin (ed.), *Desarrollo de cadenas productivas, clusters y redes empresariales:*

Herramientas para el desarrollo territorial, Fondo Multilateral de Inversiones, Banco Interamericano de Desarrollo, Agencia para el Desarrollo Económico de Córdoba.

Mitroff, I.I.; Linstone, H.A. (1993). *The unbounded mind. Breaking the chains of traditional business thinking.* New York (NY): Oxford University Press.

Molinari Marotto, C.; Duarte, D.A. (1998). "El concepto de 'modelo mental' y su papel en la investigación neurolingüística de las anáforas". En *Revista del Instituto de Investigaciones de la Facultad de Psicología*, Universidad de Buenos Aires. Año 3, Nº 1, 27-39.

Morris, C (1971), *Fundamentos de la Teoría de los Signos*, Editorial Paidós, Barcelona.

——— (1946), *Signos, lenguaje y conducta*, Buenos Aires, Losada.

——— (1985), *Fundamentos de la teoría de los signos*, Barcelona, Paidós.

Neisser, U. (1967), "Cognitive Psychology", *Psychology Press*, New York.

Nystrom, P.C. y Starbuck, W.H. (1984). "To avoid organizational crisis, unlearn". En *Organizational Dynamics*, Vol. 12 (Spring), 53-62.

Osman, Magda (2010), *Controlling Uncertainty: Decision Making and Learning in Complex Worlds*, Wiley-Blackwell.

Paniccia, I. (2002), *Industrial districts: evolution and competition in Italian firms*, Cheltenham: Edward Elgar.

Pavesi, P. F. J. (1981), "Decisión y Libertad: ¿somos libres o no al decidir?", *Revista de Contabilidad y Administración*, XII, 623.

——— (1986), "La Incertidumbre del Universo", Publicación del Instituto de Investigaciones Administrativas, Facultad de Ciencias Económicas, Universidad de Buenos Aires.

——— (1994), Tesis Doctoral: "Lo normativo y lo descriptivo y su conflicto en las praxeologías: el caso de las teorías de la utilidad", Instituto de Investigaciones Administrativas, FCE, UBA.

——— (1997), "Esbozo de una Teoría Mínima de la Racionalidad Instrumental Mínima", Trabajo presentado en las III Jornadas de Epistemología de las Ciencias Económicas, Facultad de Ciencias Económicas, UBA.

——— (1998), "Bunge y las Teorías de la Elección Racional: Una discusión", Trabajo presentado en las IV Jornadas de Epistemología de las Ciencias Económicas, Facultad de Ciencias Económicas, UBA.

Peirce, Ch. S. (1894), "¿Qué es un signo?", en http://www.unav.es/gep/Signo.html

Pérez Echeverría, M.P., *et al.* (2001) *Psicología del Aprendizaje Universitario*, Ediciones Morata, Madrid.

Pfeffer, J. y Salancik, G. (1978). *The external control of organizations: A resource dependence perspective.* New York: Harper & Row.

Piaget, J. (1968). *Six psychological studies.* New York: Random House.

Pichon-Rivière, E. (1999), *El proceso grupal*, Nueva Visión.

Pitrat, J. (2003). "Metacognición. Inteligencia artificial". En Houdé *et al., op. cit.*, pp. 293-295.

Porter, M. E. (1985), *Competitive advantage: Creating and sustaining superior performance*, Nueva York: The Free Press.

——— (1990), *The Competitive Advantage of Nations*, New York: Free Press.

——— (1996), "Competitive advantage, agglomeration economies, and regional policy", *International Regional Science Review*, 19(1).

——— (1998a), "Location, clusters and the 'new' microeconomics of competition", *Business Economics*, 33(1).

——— (1998b), "Clusters and the new economics of competitiveness", *Harvard Business Review*, Diciembre.

——— (2000), "Locations, clusters and company strategy" en G. L. Clark, M. Feldman y M. Gertler (eds.). *Oxford handbook of economic geography*, Oxford: Oxford University Press.

——— (2001), "Regions and the new economics of competition", en A. Scott (eds), *Global city regions*, Oxford: Blackwell.

Pozo, J. I. (2002). "La adquisición de conocimiento científico como un proceso de cambio representacional". En *Investigações em ensino de ciências*, Vol. 7, Nº 3, Diciembre.

Premack, D. y Woodruff, G. (1978), "Does the chimpanzee have a theory of mind?", *Behavioral and Brain Sciences*, Volume 1, Issue 4: A Special Issue on Cognition and Consciousness in Nonhuman Species, Cambridge University Press, pp. 515- 526.

Prigogine, I. (1996). *El fin de las certidumbres.* Santiago de Chile: Andrés Bello.

Putnam, H. (1960). "Minds and machines". En Hook, S. (ed.). *Dimensions of mind.* New York: Collier.

Quinn, J.B. (1992). *Intelligent enterprise. A knowledge and service based paradigm for industry.* New York (NY): The Free Press.

Riehle, K.P., "A Counterintelligence Analysis Typology" (2015, Vol.32, No1), *American Intelligence Journal, New Paradigms in Intelligence*

Analysis, NMIA, National Military Intelligence Association, Washington, DC.

Rifflet-Lemaire, A. (1971), *Lacan*, Edhasa, España.

Rivière, A. (2000). "Teoría de la mente y metarrepresentación", En Chacón, P.; Rodríguez, M. (comps.), *Pensando la mente. Perspectivas en filosofía y psicología*, Madrid, Biblioteca Nueva.

Roberts, M.J. (1993). "Human reasoning: Deduction rules or mental models, or both?". En *The quarterly journal of experimental psychology*. Vol. 46A, N° 4, 569-589.

Rodríguez, D. y Torres, J. (2003). "Autopoiesis, la unidad de una diferencia: Luhmann y Maturana". En *Sociologias*, Porto Alegre, Año 5, N° 9, enero-junio, 106-140.

Rogovsky, I. (1982), *Fuentes cognitivas de las falsas concepciones del hombre*, GR GLOBAL, Instituto para el Desarrollo Organizacional, ARAIOT, Center for Integrative Leadership, Israel.

Rojo, R.E. (2005). "Por una sociología jurídica, del poder y la dominación". En *Sociologías*, Porto Alegre, Ano 7, N° 13, jan/jun, 36-81.

Ropohl, G. (1999). "Philosophy of socio-technical systems". En *Society of Philosophy and Technology*, Vol. 4, N° 3, primavera, 59-71.

Ruiz, A. B. (1996). "The contributions of Humberto Maturana to the sciences of complexity and psychology", citando a Maturana, 1987 y a Maturana y Mpodozis, 1992, en *Journal of Constructivist Psychology*, 9, 4, 283-302.

Saffe, J. (2011), "Externalidades y economías externas: una distinción sutil", en F. Mitkin (ed.) *Desarrollo de cadenas productivas, clusters y redes empresariales: Herramientas para el desarrollo territorial*. Fondo Multilateral de Inversiones, Banco Interamericano de Desarrollo, Agencia para el Desarrollo Económico de Córdoba.

Sallenave, J.P. (1994), *La gerencia integrada*, Grupo Editorial Norma.

Sanders, T.I. (1998). *Strategic thinking and the new science. Planning in the midst of chaos, complexity and change.* New York (NY): Free Press.

Schelling, T.C. (1960). *La estrategia del conflicto.* Madrid: Tecnos.

Schlemenson, A. (2007) *Remontar las crisis: el desenvolvimiento de las organizaciones en su contexto*, Granica.

Schön, D. A. (1983). *The Reflective Practitioner: How Professionals Think in Action.* New York: Basic Books, Harper Torchbooks.

Schwenk, C. R. (1988:4), "The Cognitive Perspective on Strategic Decision Making", *Journal of Management Studies*.

Scribner, S. (1985) "Vygotsky's uses of History", en *Culture, communication and cognition*, Cambridge University Press.

——— (1990) "A sociocultural approach to the study of mind", en Gary Greenberg y Ethel Tobach (Editores) *Theories in the evolution of learning*", LEA.

Segal, L. (1994). *Soñar la realidad. El constructivismo de Heinz von Foerster.* Barcelona: Paidós.

Senge, P. (1990). *The fifth discipline.* New York: Doubleday.

Senor, D. y Singer, S. (2009), *Start-Up Nation: The Story of Israel's Economic Miracle*, Hachette Book Group, New York.

Shackle, G.L.S. (1966). *Decisión, orden y tiempo en las actividades humanas.* Madrid: Tecnos.

Sillone, J. O. (2010), "Bases conceptuales para las Operaciones Conjuntas en la Historia Antigua. El enfrentamiento entre Grecia y el Imperio Persa", en *Revista Visión Conjunta*, Buenos Aires, Escuela Superior de Guerra Conjunta de las Fuerzas Armadas.

Simon, H.A. (1957) *Administrative Behavior: A study of decision-making processes in administrative organizations*, Free Press.

Skyttner, L. (2006), *General Systems Theory: Problems, Perspective, Practice*, SkSingapur, World Scientific Publishing Company.

Steiner, M. (eds) (1998), *Clusters and regional specialization: on geography, technology and networks*, Londres, Pion.

Sternberg, R.J. (1984). *The triarchic mind. A new theory of human intelligence.* New York: Penguin Books.

Stibel, J. F., Dror, I.E. y Ben-Zeev (2008) "The Collapsing Choice Theory: Dissociating Choice and Judgment In Decision Making", *Theory and Decision*, Springer.

Stibel, J. M. (2005a) "Mental models and online consumer behavior", *Behavior & Information Technology* 24.

——— (2005b) "Increasing productivity through framing effects for interactive consumer choice", *Cognition, Technology and Work.*

——— (2007) "Discounting do's and don'ts", *MIT Sloan Management Review* 49.

Surowiecki, J. (2004) "The Wisdom of Crowds: Why the Many Are Smarter Than the Few and How Collective Wisdom Shapes Business, Economies, Societies and Nations", *Little*, Brown.

Swann, G. M. P., Prevezer, M. y Stout, D. (eds) (1998), *The dynamics of industrial clustering: international comparisons in computing and biotechnology*, Oxford, Oxford University Press.

Termodinámica. En Enciclopedia Microsoft® Encarta®, http://es.encarta.msn.com©, 1993-2004, Microsoft Corporation. Reservados todos los derechos. Artículo disponible en línea en http://es.encarta.msn.com/encyclopedia_761571911_1____4/Termodinámica.html#s4. Consultado 15/08/06.

Tomasello, M.; Kruger, A.C. y Ratner, H. (1993), "Cultural learning". En *Behavioral and Brain Sciences*, Vol.16, N°3, 495-557.

Tory Higgins, E. (2000). "Social cognition: learning about what matters in the social world". En *European Journal of Social Psychology*, N° 30, 3-39.

————— (2005). "Motivational Sources of Unintended Thought: Irrational Intrusions or Side Effects of Rational Strategies?" en Hassin, R.R., Uleman, J. S. y Bargh, J. A. *The New Unconscious* (2005), Oxford University Press.

Tulving, E. y Craik, F.I.M. (eds.) (2000). *The Oxford handbook of memory*. New York (NY): The Oxford University Press.

Tyler, Stephen (1969, 1987) "Cognitive Anthropology", Waveland Pr Inc.

Varela, F. (1975). "A calculus for self-reference". En *International Journal of General Systems*, N° 2, 5-24.

Von Bertalanffy, L. (1950). "The theory of open systems in physics and biology". En *Science*, Vol. 111, 23-29.

————— (1976). *Teoría general de los sistemas*. México: Fondo de Cultura Económica.

Von Foerster, H. (1984). "On constructing a reality". En Watzlawick, P. (ed.). *The invented reality*. New York: Norton.

————— (1991). *Las semillas de la cibernética. Obras escogidas*. Barcelona: Gedisa.

Von Glasersfeld, E. (1984). "An introduction to radical constructivism". En Watzlawick, P. (ed.). *The invented reality*. New York: Norton.

————— (1987). *The construction of knowledge. Contributions to conceptual semantics*. Seaside (CA): Intersystems.

————— (1991). "Knowing without Metaphysics: Aspects of the radical constructivism position". En Steier, F., *op. cit.*

————— (1994a). "La construcción del conocimiento". En Fried Schnitmann, D. (comp.). *Nuevos paradigmas, cultura y subjetividad*.

————— (1994b). "Despedida de la objetividad". En Watzlawick, P.; Krieg, P. (comp.). E*l ojo del observador. Contribuciones al construccionismo*. Barcelona: Gedisa.

Von Neumann, J. y Morgenstern, O. (1944). *Theory of games and economic behavior.* (3rd ed.). Princeton: Princeton University Press.

Vosniadou, S. (1994). "Capturing and modeling the process of conceptual change". En *Learning & Instruction*, 4, 45-69.

Vygotsky, L. (1995). *Pensamiento y lenguaje.* Paidós: Barcelona.

Watzlawick, P. (ed.) (1984), *The Invented reality. How do we know what we believe we know? Contributions to constructivism,* New York: Norton.

——— (1977), *Change. Principles of problem formation and problem resolution,* New York: Norton.

Watzlawick, P. y Krieg, P. (comp.) (1994), *El ojo del observador. Contribuciones al constructivismo. Homenaje a Heinz Von Foerster,* Barcelona: Gedisa.

Wilson, B. (2001), *Soft Systems Methodology: Conceptual Model Building and its Contribution.* Londres, Wiley.

Wittgenstein, L. (2017), *Tractatus logico-philosophicus – Investigaciones filosóficas,* Editorial Gredos, Madrid.

World Economic Forum (2017/2018), The Global Competitiveness Report.

Ziff, P. (1960), *Semantic Analysis,* Ithaca, New York: Cornell University Press, New York.